保幼小連携体制の形成過程

一 前 春 子 著

風 間 書 房

目　　次

第 I 部　問題と方法

第1章　保幼小連携の問題

1.1　はじめに

　保幼小連携とはカリキュラムの開発・指導方法の改善，保育者・小学校教諭の研修会や意見交換会による相互理解・情報の交換，幼児と児童の交流活動の活発化などにより，幼児期の教育（保育所，幼稚園，認定こども園における教育）と児童期の教育（小学校における教育）の連続性を保ち円滑に接続する試みである。幼児期の教育と小学校の教育をつなぐ（接続）ということから幼小連携，幼小接続と呼ばれることもある。文部科学省と厚生労働省が共同で作成した事例集においては，保幼小連携の必要性を「各施設がそれぞれの果たすべき役割を果たすとともに，保育所や幼稚園等と小学校との間で幼児児童の実態や指導方法等について理解を深め，広い視野に立って幼児児童に対する一貫性のある教育を相互に協力し連携することが求められている」（文部科学省・厚生労働省，2009）としている。

　幼児期の教育から児童期への教育への移行に対する問題意識は日本だけのものではない。Clifford & Crawford（2009）は，フランス，ドイツ，ニュージーランド，スウェーデン，アメリカにおいて幼児期の教育から児童期の教育への移行に関心がもたれていると述べている。幼児期の教育と児童期の教育の良さをなくすことなく，子どもが自分の力で道を切り開く機会を奪わない形で移行期を変革することが求められているという。4-8歳の教育に関する研究によると，移行期の教育学的連続性を保障するためにヨーロッパ内の多くの国がカリキュラムの開発に取り組んでいることが示されている（CIDREE，2007）。

　移行期の重要性として，Pianta & Cox（1999）は子どもの発達の環境（context）に対する依存の大きさや後の学校でのコンピテンスへの影響を挙げている。移行期に子どもがうまく適応できないと感じたときにそれを子ども自身の特性が原因であると考え介入することはおそらく有効ではない。それよりも，子どもをサポートしていたはずの保護者と子どもの関係性や保育者・小学校教諭の指導の在り方，子どもと友人との関わり方がどのような子どもの感情や行動を導いていたのかを分析し介入する方が子どもの適応への支援となり得るし，それ以降の学校での意欲や達成にもよい影響をもたらす。

　本論文は，地方自治体レベルの保幼小連携の取り組みを検討することを目的とする。まず，幼児期の教育から児童期の教育への移行を支える枠組みとしての保幼小連携について整理する。その上で，地方自治体が作成した資料や調査によって得られる保幼小連携担当者の認識を通して検討を行う。

　以下では，最初に，第 1 章 2 節において保幼小連携が幼児期の教育から児童期の教育への移行を支えるという枠組みとして有効であり，保幼小連携の実践が必要であるとの認識の形成について論じる。次に，第 1 章 3 節において，保幼小連携という概念は幼児期の教育を担う幼稚園の創設時から現在に至るまで議論されてきたものであり，その議論が基盤となって現在の保幼小連携の実践が成り立っていると考えられることを論じる。第 1 章 4 節において，教育課程によって学習効果を高める研究や発達における環境移行の研究など子どもと実践者を対象とした実践研究がなされたことを論じる。最後に，第 1 章 5 節と 6 節において，幼児期の教育から児童期の教育への移行を支えるという枠組みに保護者や地域住民，地方自治体が参加することの重要が指摘されたこと，2000年代の日本の研究では子どもだけではなく保護者も移行対象者として認識され地方自治体が保幼小連携に重要な役割を務める実践が行われるようになったことを論じる。

1.2　保幼小連携の必要性

　保幼小連携の必要性が認識されるようになったのは次に挙げるような考え

方が広まってきたことによると考えられる。第一に質の高い幼児期の教育が
それ以降の学習を支えるものであること（OECD, 2001），第二に人的資本へ
の投資を行い認知的・社会的な基礎的能力を培う時期として幼児期は他の時
期よりも有効であること（Cunha, Heckman, Lochner, & Masterov, 2005），第三
に幼児期の教育と児童期の教育の間に子どもの問題行動や学習上の困難を引
き起こす危険性をはらむ非連続性が存在することである。

　幼児期に培われた基礎的能力が児童期においても十分に発揮されるために
は，幼児期の教育と児童期の教育の手法や環境が全く異なるものではなく連
続性を持っている方が望ましいことになる。しかしながら，総合的な活動と
しての遊びを中心とする幼児期の教育から教科教育を中心とする児童期の教
育への移行の時期には非連続性が生じる。幼児期の教育においては，遊びの
中で子どもが保育者や友人と関わりを持ち自発的に活動を選択する。保育者
は主導的な立場を取らず環境を通して指導を行う。これに対して児童期の教
育においては，定められた時間の中で教師が主導して授業が進む。授業内の
活動の多くは子どもが教師に与えられた課題をこなすことによって占められ
る。

　非連続性は人生の様々な場面で生じるものであり，非連続性を乗り越える
ことによって統制感や自信，対人交渉力などを高めていくこともある。幼児
期の教育から児童期の教育へ移行するときにも，新しい場面に適応し，適応
した自分に自信を持つ子どももいるだろう。しかしながら，適応できず，無
力感を持ち，児童期の教育のやり方に興味を持てない子どももいる。そのよ
うな子どもであっても新しい場面での課題に挑戦し乗り越えられるように，
幼児期の教育と児童期の教育に連続性を保つことが重要だと考えられる。

　連続性が保たれなかった場合に生じる危険性の事例とも考えられる報告が
ある。東京都の公立小学校第1学年の児童の実態調査（東京都教育委員会，
2009）によると，教師の話を聞かない，指示通りに行動しないなど授業規律
が成立しない状態が数ヵ月にわたって継続する状況を2割の校長・教諭が経

験したと回答していた。同時に，このような不適応状況の発生の予防に効果的と思われる対応策の中に，保育所や幼稚園における小学校との接続を見据えた幼児教育の充実，保育所保育士や幼稚園教諭と小学校教諭との合同研修や意見交換などの充実，保育所や幼稚園の5歳児と小学校の児童との交流活動の充実などが挙げられていた。

　移行期の連続性を保つために考慮すべき対象として，組織における連続性，教育プログラムにおける連続性，保育・教育の専門家の専門性における連続性，家庭における連続性がある（Neuman, 2002）。組織における連続性とは，移行期の教育の政策決定を担う部署の在り方によって連続性を保とうとするものである。日本では保育所は厚生労働省，幼稚園や小学校は文部科学省，認定こども園は文部科学省と厚生労働省の所管である。地方自治体においても教育と保育（福祉）という形で窓口が異なる。所管を統合して政策決定を一元化するか所管は分割したまま連携を強化することで連続性を保つことができる。既に幼児期における福祉と教育の統合や連携強化の試みが報告されている（Kaga, Bennett, & Moss, 2010）。スウェーデンとスロベニアはそれぞれ1996年，1992年にすべてまたは一部が統合されたシステムとなっており，ニュージーランド，ブラジル，ジャマイカにおいてもそれぞれ1986年，1996年，1998年に統合が行われた。

　教育プログラムにおける連続性とは，移行期における教育の目標・評価の手法や特定の領域における目的を共通の枠組みの下に設定したカリキュラムを開発することやそのカリキュラムを実践するための最適な指導方法を選択することである。保育・教育の専門家の専門性における連続性とは，保育士や幼稚園・小学校教諭の養成課程や専門家として仕事に就いてから行われる研修の中で，共通の養成・研修プログラムを設けるなどして就学前と就学後の子どもの経験に対する理解を深めることである。家庭における連続性とは保護者が教育に対して意見を表明し参加することができるよう情報面でも活動の場としても学校・園（所）が開かれていることである。

　幼児期の教育と児童期の教育の関係性については 2 つの考え方がある。一方には幼児期の教育はそれ以降の学校教育に必要な言語的・数学的能力を育成すべきだという考え方である。これは幼児期の教育は小学校以降の教育の準備をする時期であるという考え方に結び付きやすい。この考え方に基づく場合，小学校教育のカリキュラムや指導方法を幼児期にも応用するという手法がとられる可能性がある。これに対して，保幼小連携とは幼児期の教育を小学校以降の教育の準備期間と見なしたり，子どもが失敗しない環境を用意するということではないとする考え方がある。Fabian（2007）は，移行（transition）を「与えられた社会的状況に順応することによって，個人が生活し対処することを学ぶという連続した社会的行為から構成される複雑なプロセス」と定義している。つまり，子どもが家庭・学校・地域において自分の能力で問題を解決していくことを可能にする環境を提供することが移行期の連続性を保つとする考えである。この考え方に基づくと，幼児期か児童期のどちらかの教育の在り方が他方に一方的に影響を与えるような手法は取られなくなる。

　幼児期の教育と児童期の教育の連続性を高めようとする試みと移行期の子どもが能力を十分に発揮できる機会を設けようとする試みから保幼小連携の必要性が示されたと考えられる。保幼小連携の必要性が保育・教育の専門家や子どもの保護者，行政関係者に共有されることで学校・園（所）の活動や地方自治体レベルの連携の取り組みへとつながった。

1.3　日本における保幼小連携の起源と現在の政策的基盤

　幼児期の教育と児童期の教育の非連続性や接続の在り方についての問題意識は，1876（明治 9）年の東京女子師範学校附属幼稚園の創設の時代に遡ることができる。東京女子師範学校附属幼稚園創設の 5 年後の1881（明治14）年に東京女子師範学校附属幼稚園に小学校への円滑な移行を目的とする「接続級」が置かれたことは，既に学校制度の面から幼稚園と小学校を接続しよ

うとした発想があったことを示している。

　本節では，第一に，幼児教育雑誌『幼児の教育』における移行期に関する言説を整理する。『幼児の教育』は1901（明治34）年の創刊から現在まで欠落部分がなく全巻を閲覧することができる。また，『幼児の教育』の寄稿者には幼稚園教員（保母），小学校教員，幼児・児童の父母，研究者などさまざまな立場から幼児教育に関わっている者が含まれる。以上の二点から，多様な角度から移行期に関する議論の時代的変化を読み取る資料として有用性が高いと考えられる。そこで，『幼児の教育』にみる移行期に関する言説を整理することで，現在の保幼小連携の在り方や課題の改善の方向性を考える資料とする。

　第二に，幼児期の保育所・幼稚園・小学校の教育制度上の位置づけを整理する。政策決定における連続性は移行期の連続性を保つ要素の一つである。しかしながら，日本においては保育所・幼稚園・小学校の所管が異なることで，政策決定における連続性を保つことが困難になっている。そこで，保育所・幼稚園・小学校が教育制度においてどのような目的を持ったものとして位置づけられてきたのか，制度の変更によって移行期の連続性を高める試みはなされてきたのか，いつから保幼小間の連携が政策として明示されるようになったのかといった点を明らかにすることで，政策決定における連続性の課題を改善する可能性を探る。

1.3.1 『幼児の教育』にみる移行をめぐる言説

　『幼児の教育』は，『婦人と子ども』の名称で1901（明治34）年に創刊され，現在も発刊されている幼児教育雑誌である（1919（大正8）年に『幼児教育』，1923（大正12）年に『幼児の教育』と改題）。『幼児の教育』にみられる幼小連携の記事のテーマの変化は教育制度・政策の変化と連動していると考えられる。幼児教育の方向性に影響を与えるような提言をしていた研究者の記事から，過去の教育制度・政策が幼小連携に対する視点にどのような影響を与

えたのかをみることができる。以下に，1901（明治34）年から1999（平成11）年の間を20年で区切り5つの時期に分けて研究者の意見を整理した。時期の区切りとして，『幼児の教育』に記載された幼小連携の記事の本数や執筆者の所属，記事のテーマの分析から記事の内容の変化が起きたと示唆された5つの時期の区分を用いた（一前・秋田・増田・高辻，2011）。

(1) 1901（明治34）年から1919（大正8）年

　1876（明治9）年の東京女子師範学校付属幼稚園の開設にはじまった幼稚園は，1899（明治32）年に文部省令である「幼稚園保育及設備規程」によってその保育の目的や内容が定められた。『婦人と子ども』上では，幼稚園教育と家庭教育の比較や小学校教員の幼稚園出身者の取り扱いといった問題を通じて幼稚園が果たすべき役割が論じられた。京都市嘉樂小学校の藤田（1909）は，幼稚園教育経験者は家庭から来た者と比較して，唱歌や遊戯を多く知り，小学校1学年の前半期の時点での国語算術等の成績がよく，特に手工細工に優れており，学校生活に慣れているといった長所と同時に，1学年の前半期以降は技能的方面を除いて成績が不良であり，規律を守らない，物知り顔をする，よく喋るなどの行動が見られ，躾に困難をきたすこともあるといった短所を挙げている。そして，幼稚園と小学校との連絡を行うこと，幼児の個性を観察し保育を行うこと，幼児の心身の発達状況を考えて保育の目的と方法を明確にするなどの方策によって幼稚園を改善することを提案していた。これに対して，新潟県新發田幼稚園主の市島（1918）は，幼稚園経験者の成績は小学校入学時に良くても高学年に進むと悪くなるという疑念に対して，小学校の成績によるとそのような結果はみられないと指摘した。そして，幼稚園の保育が効果を挙げている理由として，幼稚園に通わせる父兄が児童に対して注意を払うことにより，幼稚園の保育と相俟って家庭においても保育に努める関係が生じることを挙げた。この議論から，新しい就学前施設である幼稚園が，家庭教育とは異なる独自の存在価値を確立しよ

うとしていたと考えられる。

　東京高等師範学校教授の佐々木（1911）は，幼稚園から小学校に進学した児童が，課業が系統的になり教材の分量も増えることから急激な変化を感じる問題を指摘し，欧州には幼稚園と小学校の中間にあたる媒介学級があると紹介している。そして，日本では幼稚園と小学校の連絡が不十分であるため，その対応策として小学校に幼稚園の様子を知っている小学校教員を採用し，フレーベル流の教育法を小学校が取り入れることを提案している。

　東京女子高等師範学校教授であり附属小学校主事である藤井（1919）も，幼稚園と小学校の連絡は十分とはいえず，いくつもの問題があることを認めている。幼稚園と小学校の連絡方法として，小学校1年は幼稚園保母がそのまま持ち上がって教え，小学校教師は幼稚園の保母を経験してみることにより幼稚園と小学校の調和を図ることや，小学校に手工を取り入れて教授法をより自由にするなどの教育法の改善が考えられるとしている。

　幼稚園の歴史の当初から，幼稚園と小学校の間の教育課程や環境の違いから生じる問題があったこと，欧米の教育制度を参考にして幼稚園と小学校をつなぐ方法を見出そうとしていたこと，幼稚園と小学校の相互理解が重視されていたことがわかる。

(2)　1920（大正9）年から1939（昭和14）年

　1926（大正15）年に幼稚園単独の勅令である「幼稚園令」が定められ，幼児教育機関としての幼稚園の存在意義が確立された時期から幼稚園と小学校を連絡する具体的な方策が話題に上るようになってきた。

　テンプル（1920a, 1920b）は，シカゴ教育大学助教授の立場から，幼稚園と小学校との連携に取り組んだ例として，シカゴ教育大学における教員養成制度と付属小学校を紹介している。シカゴ教育大学の教員養成課程では，4-8歳の子どもの精神的身体的特性を熟知することが理念とされ，付属小学校では，低学年の教師は幼稚園保母としての教養を持ち，幼稚園の保母は小学校

を教える資格を持つ。教員養成制度を整備することで，幼稚園から小学校への急激な変化が生じないように配慮していることがわかる。

　東京女子高等師範学校附属幼稚園の主事を務めた倉橋（1923）は，幼稚園と小学校の連携について，「一つは教育行政の上から教育系統と云ふものを立て變へることであります。それから一つは教育の行政に於ける系統は必ずしも幼稚園と小學校とを一つに結付けないでも，其教育の方法に於て其關係を見出して行くと云ふことです」とした。ただし，前者の方法では幼稚園を義務教育にする必要がでてくるため実施は教育費の点から困難である。そのため，後者の方法で教育の内的結び付けをしていくことを提案している。ある目的をたててその目的に向かって問題を解決していく方法を取り入れることで，子どもは自分の興味を主体として過ごした幼稚園の生活から先生を主とした受身の生活に変わるという急激な変化を経験することはないと述べている。

　また，東京府女子師範学校附属主事である木下（1927a, 1927b, 1927c）は，幼稚園と尋常一年との連携について，課程内容も含めて論じている。そして，幼稚園の生活を尋常一年にまで上にのばす場合には，尋常一年の児童を遊戯的・活動的にし，尋常一年の教科目の教授を幼稚園と連絡し，幼稚園にある教科目を小学校に新たに加えることなどが必要になり，尋常一年の生活を幼稚園に広げる場合には，尋常一年の教科目をいかに幼稚園に移すかという問題が生じると指摘している。

　幼稚園から小学校への急激な変化を和らげるための方法として，教育内容の連絡や教育制度の改革も含めた様々な案が出され，それらの提案を実施する場合の問題点の検討も行われていたことが確認できる。

(3) 1940（昭和15）年から1959（昭和34）年

　倉橋（1940）は子どもの情報の共有という視点から幼稚園と小学校の連絡を取り上げ，幼児の情報を受け取った小学校がそれを教育の基礎資料として

扱わず，評価の先入観として受け取るのではないかという懸念を論じている。客観的科学的な記述に，愛を加えた表現によって幼稚園から小学校へと伝えるのが適切であるという倉橋の記述からは，幼稚園と幼稚園教育の成果を受け取る小学校が相互に信頼し子どもの教育という共通の目的の下で連携することへの期待が見られる。

　1941（昭和16）年の「国民学校令」を受けて国民幼稚園の在り方を論じた一連の論文の中で，倉橋（1941a, 1941b, 1941c）は，国民学校低学年の教育方法が一新されたため，学科別主義や抽象主義がなくなり幼稚園と小学校の連絡が円滑になるとしている。幼稚園と小学校の連絡とは，先回りして教えるということではなく各教科の方針を明らかにし各教科の標準を知っておくことであるとも述べているが，第二次世界大戦の終結により教育制度が一新されることになるため，『幼児の教育』誌上でこの議論が深められる機会はなかった。

　第二次世界大戦終結後の1947（昭和22）年の「教育基本法」，「学校教育法」の公布により，幼稚園は学校教育機関に位置づけられることとなった。この頃，教育改革を審議する教育刷新委員会の中では，幼児教育改革の一環として5歳児保育の義務化が検討されたが実施には至らなかった。日本では1956年に私立幼稚園が国・公立幼稚園のほぼ倍の設置数となり，現在でも私立幼稚園は幼稚園全体の中で大きな割合を占めている。このような私立幼稚園の存在は，現在の日本の保幼小連携の多様さを生み出している。

　フレーベル以降の幼稚園の変化を解説した連載の10回目において，お茶の水女子大学の津守（1956）は，アメリカの幼稚園の変遷について触れている。そして，公立小学校付属の幼稚園の設置が進められ1912年の時点で全幼稚園の85.2％を占めるようになったこと，1933年までには80-90％の幼稚園教育養成機関で小学校の資格を同時に与えるようになったこと，幼稚園と小学校の教師の相互の意見の交換により幼稚園の教育が小学校教育に影響を与え，図画や工作が小学校の学科として導入されるようになっていったこと，

1930年ごろまでに幼稚園の教育が小学校に影響を与える形で幼稚園と小学校との統合が形成されたことに言及している。

このような海外の教育制度の解説が，頻度は少ないにせよ『幼児の教育』に掲載されたことから，幼稚園と小学校の移行期の問題への対策として，幼稚園と小学校の移行期における接続級の設置や幼児期の教育の義務化という視点が幼稚園・小学校関係者に共有されたのではないかと考えられる。

⑷　1960（昭和35）年から1979（昭和54）年

1956（昭和31）年に刊行された「幼稚園教育要領」には，小学校の教育課程を考慮して，具体化された幼稚園教育の目標の下に指導計画をたてることが明記された。保育内容は健康，社会，自然，言語，音楽リズム，絵画製作の6領域に分類され，系統的に組織化されることとなった。

この「領域」の考え方について，お茶の水女子大学の坂元（1960, 1962）は，小学校に道徳があるから幼稚園にも同じことをする時間が必要であるというような小学校の教科指導の計画をそのままもちこむ考え方は誤りであると述べ，幼稚園では領域別に分類されているそれぞれの内容が有機的に寄り集まって具体的な活動や内容となっているのだから，小学校の教科のように領域ごとに案をたてても指導計画とはならないと指摘している。

1971（昭和46）年，中央教育審議会は答申「今後における学校教育の総合的な拡充整備のための基本的施策について」で，幼年期の教育効果を高める先導的試行を提案した。幼年期の教育効果を高める先導的試行とは，4-5歳児から小学校の低学年の児童を対象として一貫した教育を行うことで，幼稚園と小学校の教育の連続性の問題を克服することを目指したものであった。

この先導的試行に関連して，坂元（1970, 1971）は，4-7歳を対象とする幼年期の一貫教育は，現在の小学校でやっていることを早期に始めるという考えに基づいているのではなく，幼児にふさわしい教育をすることを目指しており，幼稚園と小学校の教育の連続性の問題，特に小学校の低学年における

教育の改善の効果が得られると述べている。

　しかし，この先導的試行に対しては，いくつかの問題点も指摘されている。明星大学の岡田（1971）は，六・三制と四・四制とが並列的に制度化され，後者が早期教育による才能開発にとって望ましいということになれば，幼児の頃から選別による教育が行われる危険がありはしないか，両親が労働している家庭の子どもは利用できない可能性があり，教育の機会均等の理念が否定されることになるのではないかと疑問を呈している。津守（1971）は，どのような性質の子どもも幼稚園に受け入れられることが幼児教育にとって重要だが，先導的試行は知的促進の教育が強められ幼児教育の本質がまげられること，幼児期から小学校2年生までを区切りとした教育体系は本来はよい区切りであるが，実際には知的促進教育を助長するだけに終わる危険があることを懸念している。

　既に小学校入学試験のための準備をしたり文字や数を覚えさせたりする幼稚園があることに対して，山下（1960, 1964）は，幼児教育の本質は生活の充実と指導であり，基本的生活習慣を確立し社会性を養い豊かな情操を培うことが生活指導の内容であるとして，幼稚園が準備教育の場とされることに危惧を示している。

(5)　1980（昭和55）年から1999（平成11）年

　1987（昭和62）年の教育課程審議会答申「幼稚園，小学校，中学校及び高等学校の教育課程の基準の改善について」で「生活科」新設が示され，1992（平成4）年から小学校低学年に「生活科」が導入された。1960年代から議論されてきた教育内容や教育方法の工夫によって幼稚園と小学校をつなぐ試みのひとつの結実が「生活科」の設置であるといえる。

　低学年の児童の発達上の特徴を踏まえた学習活動を展開する生活科は，それまでの「社会科」や「理科」の科目内容を単に引き継ぐ役割を持っているのではなく，低学年の児童が主体的に学習する科目として登場した。この生

活科の登場について，岡山大学の秋山（1991）は，具体的な活動や体験を通して総合的に指導する幼稚園教育を理解することで，生活科の教育を確立していくことができると述べている。

1998（平成10）年告示の「幼稚園教育要領」に「小学校以降の生活や学習の基盤の育成につながることを配慮」すること，「小学校学習指導要領」に幼稚園との連携や交流を図ることが明記されてから，幼小連携の必要性が一層認められ，2000年代から『幼児の教育』上でも幼小関連の実践記事が増加していくことになる。

1.3.2　行政面の動き

⑴　小学校・幼稚園・保育所の成り立ち

小学校，幼稚園，保育所の成り立ちに目を向けると，小学校の起源は1869（明治2）年に京都の町衆の小学校創設構想から始まった上京第二十七番組小学校にさかのぼる。法令によるものとしては，1872（明治5）年の「学制」の発布によって初等教育機関としての小学校が設置され，小学校の普及充実が図られた。1947（明治22）年に公布された「学校教育法」により，小学校は六・三制義務教育のうちの6年間を担うこととなった。

幼稚園に関しては，1876（明治9）年に日本初の幼稚園とされる東京女子師範学校付属幼稚園の開設後，1899（明治32）年に文部省令である「幼稚園保育及設備規定」によって幼稚園の保育の目的や内容が定められた。さらに，1926（大正15）年に幼稚園単独の勅令である「幼稚園令」が定められ，幼児教育機関としての存在が確立された。1947（昭和22）年には「学校教育法」が公布され，幼稚園が学校教育機関として法的に位置づけられた。

一方，保育所の前身となる託児所の起源は，1890（明治23）年に赤沢鐘美・ナカ夫妻によって設置された「新潟静修学校附設託児所」とされる。厚生省が設置された1938（昭和13）年には「社会事業法」によって，託児所は社会事業として位置づけられた。そして，1947（昭和22）年の「児童福祉法」

によって保育所として法的な規程が定められ，保育所は厚生省の所管となった。

⑵　小学校学習指導要領・幼稚園教育要領・保育所保育指針

　2000年以前の小学校学習指導要領，幼稚園教育要領，保育所保育指針の中の連携にかかわる文言に着目すると，1977（昭和52）年改訂の「小学校学習指導要領」では，「各教科，道徳及び特別活動について，相互の関連を図り，発展的，系統的な指導ができるようにすること。なお，低学年においては，合科的な指導が十分できるようにすること」とされ，小学校低学年での指導の在り方の見直しが行われている。1998（平成10）年改訂の「小学校学習指導要領」では，「小学校間や幼稚園，中学校，盲学校，聾（ろう）学校及び養護学校などとの間の連携や交流を図るとともに，障害のある幼児児童生徒や高齢者などとの交流の機会を設けること」とされ，小学校と幼稚園の連携の方針が示された。しかし，この時点では保育所との連携は示されておらず，2008（平成20）年改訂の「小学校学習指導要領」によって初めて保育所との連携が明示された。

　「幼稚園教育要領」は，幼稚園の教育課程を示すものとして1956（昭和31）年に刊行された。第3章の指導計画の作成とその運営の中で，「幼稚園の教育が小学校の教育と連絡を図るためには，幼稚園の教師は，特に小学校低学年の教育課程を理解する必要がある。それと同時に，小学校，なかでも低学年の教師が，幼稚園の指導計画を理解してくれるように望む必要がある。このような関連を密にするためには，近接の幼稚園と小学校の教師が合同の研究協議会を開くとか，教育委員会が中心になって，両者の関連を考慮した指導計画を研究するというようなことが有効である」とされ，具体的な例を挙げて幼稚園と小学校の教育の連絡が推奨された。1998（平成10）年改訂の「幼稚園教育要領」では，第3章の指導計画作成上の留意事項として「幼稚園教育が，小学校以降の生活や学習の基盤の育成につながることに配慮し，

幼児期にふさわしい生活を通して，創造的な思考や主体的な生活態度などの基礎を培うようにすること」とされ，幼稚園の教育と小学校の教育の連続性についての言及がみられた。

　「保育所保育指針」は1965（昭和40）年に保育所の保育のガイドラインとして制定された。その後 2 回の改定を経て2008（平成20）年に改定されるまで，「保育所保育指針」において小学校との連携の方針が明示されることはなかった。

(3) 幼児期の教育と児童期の教育の接続

　移行期をめぐる言説と行政面の動きから，学校教育制度の改革，幼稚園と小学校の相互理解を促す活動，カリキュラム開発や教育方法の工夫の 3 つの側面（一前・秋田・増田・高辻，2011）から移行期の連続性を保つ努力がなされてきたことがわかる。

　移行期の学校教育制度の改革については，1881（明治14）年に東京女子師範学校附属幼稚園における「接続級」の設置によって試みられていた。戦後には教育刷新委員会における 5 歳児保育を義務化する幼児教育の改革案や1970年代の幼児期の教育効果を高めるための4-7歳に一貫した教育を行う先導的試案が出されたが，日本の教育制度として実現した案はなかった。私立幼稚園への配慮や幼児期の早期教育化への懸念などの理由から移行期の学校教育制度改正は課題が大きく，制度化にいたらなかったと考えられる（岡田，1971）。

　幼稚園と小学校の相互理解を促す活動については，1919（大正 8 ）年の藤井利誉による幼稚園と小学校の連絡のための提案により具体的方法が示されていた。現在では，保育者と小学校教諭の研修会や意見交換会，幼児と児童の交流活動などの形で実施されている。

　カリキュラム開発や教育方法の工夫については，1930年代には明石女子師範学校附属幼稚園と附属小学校において，幼稚園と小学校の活動の連続性を

重視したカリキュラムの開発が行われていたとされており（遠座・橋本，2011；橋本，2009），幼稚園と小学校の双方が接続の必要性を認めていたことがうかがわれる。そして，倉橋らの系統的保育案や1992（平成4）年の小学校低学年における「生活科」の創設及び生活科実践に関する研究（藤江，2007；伊勢，2016；寺井・松本・茂，2014）などの流れを生み出し，現代では保幼小連携カリキュラム開発や質の高い保育・教育実践のための研修などの形で取り組まれている。

⑷　2000年代における移行期の支援の指針

　歴史的な動向を受けて，子どもの発達を長期的な視点で理解し，保育者や小学校教諭が互いの保育や教育の目標や指導方法を十分に理解して教育方法やカリキュラム開発による移行期の支援を行うことが現在の保幼小連携の取り組みの柱となってきた。これらの保幼小連携の政策的基盤の一つとして，2005（平成17）年の中央教育審議会答申「子どもを取り巻く環境の変化を踏まえた今後の幼児教育の在り方について」において，「子どもの発達や学びの連続性を確保する観点から，連携・接続を通じた幼児教育と小学校教育双方の質の向上を図る」ことが示されたことが挙げられる。その方法として，教育内容の接続の改善，人事交流等の推進・奨励，「幼小連携推進校」の奨励，幼小一貫教育の検討が示された。これらの手法は過去において議論されてきたカリキュラム開発，幼小相互理解，学校制度改革の流れを汲むものと考えられる。

　2006（平成18）年には「教育基本法」が改正され，第2章第11条として幼児期の教育に関する条項が加えられた。ここで幼児期の教育は「生涯にわたる人格形成の基礎を培う重要なものである」ことが示された。幼児期が人格形成の基礎を形作る経験であるとすれば，幼児期の教育から児童期の教育への移行期の非連続性を子どもが乗り越えられない事態が発生したとき，幼児期の経験を生かして新しいことに挑戦する意欲が削がれることになり，それ

は一時的な問題ではなく長期的に子どもの学びや生活に影響を与えていく可
能性があると考えられる。ここで示された長期的な子どもの発達の中での幼
児期の重要性は同時に幼児期から児童期への移行期の重要性も示していると
いえよう。

　現在の保育者・小学校教諭に対して幼児期の教育から児童期の教育への移
行期の支援の指針がより具体的に示されたのは，2008（平成20）年の「小学
校学習指導要領」，「幼稚園教育要領」，「保育所保育指針」の告示によってで
あった。

　「小学校学習指導要領」の第 1 章に指導計画の作成等に当たって配慮すべ
き事項として「小学校間，幼稚園や保育所，中学校及び特別支援学校などと
の間の連携や交流を図る」ことが示され，これまで触れられていなかった保
育所との連携や交流を図ることが明示されている。これにより，幼児期の教
育を担う保育所・幼稚園・認定こども園と児童期の教育を担う小学校が協力
して連携に取り組む体制が整えられた。

　「幼稚園教育要領」では，第 3 章に特に留意する事項として「幼稚園教育
と小学校教育との円滑な接続」が明示され，幼児と児童の交流や小学校の教
師との意見交換や合同研究がその例として挙げられている。

　「保育所保育指針」では，第 4 章に指導計画の作成上特に留意すべき事項
として「小学校との積極的な連携を図るよう配慮すること」が明示され，具
体的方策の一つとして「子どもの育ちを支えるための資料が保育所から小学
校へ送付されるようにすること」が示された。子どもの育ちを支える資料で
ある保育所児童保育要録は定められた形式がなく，市町村と保育所が議論の
上決定するものであるため，幼児期の教育と児童期の教育の間で共有すべき
情報とは何かという考え方が保育所児童保育要録には反映されることにな
る。保育所児童保育要録の形式は地域で育てる子どもの姿を共有するための
有効な手法であると考えられ，その形式の構築は保幼小連携の重要な取り組
みの一つと見なされている（日本保育協会，2011）。

　2008（平成20）年の保育所保育指針の告示以前には，幼児期と児童期の教育の連続性は幼稚園と小学校の間の問題として受け止められてきた。この時期に保育所と小学校の連携が保育所指針に盛り込まれたのは幼保一体化という議論が背景となっている。幼保一体化という用語の用い方は統一されていないが，制度，施設・設備，保育内容，研修・研究等において異なっている保育所と幼稚園の間の交流を活発にし，共通項を増やしていこうとするもの（森上，2005）と考えられる。

⑸　幼保一体化の試み

　所管制度として小学校しか存在しない児童期とは異なり，幼児期は目的や機能において同一ではない保育所と幼稚園が存在する。1876（明治9）年の東京女子師範学校附属幼稚園の設立及び1890（明治23）年の保育所の起源とされる新潟静修学校附設託児所の設立以来，戦前まで保育所と幼稚園は明確な二元性は持たずに未分化な側面を残したまま普及した（網野・増田・秋田・尾木・高辻・一前，2010）。第二次大戦後，1947（昭和22）年の学校教育法によって幼稚園は学校教育機関に位置づけられた。これに対して保育所は，1947（昭和22）年の児童福祉法で児童福祉施設とされた。幼保二元体制の法的な根拠が確立されたのはこのときであるといえる。

　1990年代に入り少子化や共働き家庭の増加により乳幼児保育サービスの充実が求められる中で，1998（平成10）年に文部省初等中等教育局長・厚生省児童家庭局長連名の通知「幼稚園と保育所の施設の共用化等に関する指針について」では，「保育上支障のない限り，その施設及び設備について相互に共有することができる」ことを定め，幼保一体化への道を開いた。さらに「地域における創意工夫を生かしつつ，小学校就学前の子どもに対する教育及び保育並びに保護者に対する子育て支援の総合的な提供を推進する」ことを目的とした2006（平成18）年の「就学前の子どもに関する教育，保育等の総合的な提供の推進に関する法律」により，認定こども園が設置された。し

かしながら，その後，幼保一体化政策のねらいを持った総合こども園の創設を打ち出した総合こども園法案は，2012（平成24）年に国会に提出されたが結局取り下げられることになった。取り下げられた要因の一つは，連続性や一貫性を持った幼児教育と保育の一体化の実現が難しい点にあったと考えられる。

　このことから，幼保の施設の一体化によらず，保育所と幼稚園，そして認定こども園の保育・教育に連続性・一貫性を議論することが保幼小連携の課題の一つであると考えられる。幼児期と児童期の教育の連続性を縦軸とするならば，保育所と幼稚園と認定こども園の間の保育・教育の連続性は横軸であり，縦横の連続性を含めたものが保幼小連携であるということがいえる。

⑹　研究開発校のテーマとしての保幼小連携

　1999（平成11）年以降には，研究開発校のテーマとして幼稚園と小学校の連携を視野に入れた教育課程の研究が取り上げられるようになった。研究開発校としての幼小連携の取り組みやその後の一連の研究（お茶の水女子大学附属幼稚園・小学校・中学校，鳴門教育大学附属幼稚園，中央区立有馬幼稚園・小学校）により保幼小連携の中で考慮すべき要素が検討されている。

　お茶の水女子大学附属3校園は，幼小連携と小中連携の教育研究を進めてきた実績（お茶の水女子大学附属幼稚園・小学校，2006；お茶の水女子大学附属幼稚園・小学校・中学校・子ども発達教育研究センター，2008）から，発達を長期的な視野で見ることの重要性を指摘し，校種を超えて「協働」という概念を柱として学びの連続性をとらえようとした。幼児期の教育と児童期の教育の連続性を保障する要素を抽出して概念化することの重要性を示した取り組みであるといえよう。鳴門教育大学附属幼稚園の幼小連携教育の研究（佐々木・鳴門教育大学附属幼稚園，2004）では，幼小の合同保育／授業は明示されないカリキュラムの下での子どもの体験とそれを支える保育者や小学校教諭の実践をイメージ可能にする場としてとらえられている。有馬幼稚園・小学校の幼

小連携事例（秋田・有馬幼稚園・小学校，2002）では，幼小連携とは特定の保育所・幼稚園と小学校の範囲の中だけでつながりを深めるものではなく，子どもの発達に意味ある地域の人や場との関わりを持つことであるとして，地域に生きる子どもを育てる「ありまフィールド」という理念を核にカリキュラム開発を行っている。

　これらの研究開発校を始めとする保幼小連携の実践の中から，長期的な教育ビジョンとその中で育つ子どもの姿を想定した上でのカリキュラム開発，明示化されたカリキュラムと明示されない隠れたカリキュラムを理解できる保育者と小学校教諭の育成，子どもが体験する場としての地域との関係構築が保幼小連携に重要な要素として提示された。

1.4　発達の連続性と学校への適応

　保幼小連携に関連する研究には，教育課程によって学習効果を高める研究，発達における環境移行の研究，日本独自のトップダウン方式での開発学校から生まれた小学校学習指導要領や幼稚園教育要領改訂にむけてのカリキュラム開発としての政策的基盤を持つ研究の 3 つの流れがある。

1.4.1　教育課程によって学習効果を高める研究

　教育課程で学習効果を高める研究としては，学校に子どもを適応させるための質の高い教育に必要な要素及びその評価システムの開発に関するものが挙げられる。アメリカで2002年に成立した「落ちこぼれをつくらないための初等中等教育法（The No Child Left Behind Act）」は，人種・社会経済的地位・特別な支援ニーズの要不要などにより子どもが異なる状況に置かれていても同様の学力レベルに達するよう支援し，小学校以降の教育や社会生活で不利にならないようにすべきだという目標を掲げている。このような教育の機会均等とそのための学力の保障をすべきであると考え方から，質の高い教育を可能にする教員の養成・カリキュラム開発及び教育を評価するシステム

の構築が検討されてきた。

　3000人の子どもを対象とした長期縦断研究である EPPE（Effective Provision of Pre-school Education）研究の中では，質の高い実践に必要な要素として認知的目標と社会情緒的目標のバランスやともに考え，深めつづけること（sustained shared thinking）がみられると指摘されている（Sylva, 2010）。ともに考え，深めつづけることとは，2人以上の人間が問題の解決や概念の明確化，活動の評価，話題の拡張といった知的な方法で共に活動することである。

　就学前から小学校3学年までの教室の質を観察し計測するシステムである CLASS（Classroom Assessment Scoring System）を用いた研究によると，学校の中では，子どもの学業的・社会的発達は情緒的サポート，クラスの構成，指導サポートの3つに分類される教室内の相互作用によって影響を受ける（Hamre & Pianta, 2007）。情緒的サポートには(a)学級の雰囲気，(b)教師の敏感さ，(c)子どもの視点への配慮，クラスの構成には(a)行動管理・規範，(b)生産性，(c)指導学習形態，指導サポートには(a)概念発達，(b)フィードバックの質，(c)言語によるモデリングの次元が含まれる。

　多様な文化的背景を持つ社会では，学習上の遅れが生涯のハンディとなる危険があり明確な学習到達基準を示すことが求められる（門田, 2011）ことから，学校に子どもを適応させるという立場から，小学校以降の教育で必要とされることばや数の領域のカリキュラムを幼児期にも応用することによって幼児期の教育と児童期の教育の連続性を保障しようとする動きが予想される。このような動きは子どもの発達にふさわしい遊びや学びをもたらすものではないとして，子どもの発達に応じた環境形成を提案したものが発達における環境移行の研究である。

1.4.2　発達における環境移行の研究

　発達における環境移行の研究としては，子どもの発達に応じた環境形成や

保護者の移行に関するものが挙げられる。移行期の支援とは，子どもが学び
や人との関わりへの意欲と自分の行動を統制できる自信を持った存在として
ふるまうことのできる環境を用意することであるとの考えから，移行期にお
いて対人的・認知的・社会的な活動において子どもが有能さを発揮できる環
境を構成する要素について検討が行われてきた。

　Fabian & Dunlop（2007）は，移行プロセスには子どもの社会・情緒的ウ
ェルビーイングへの支援，学びへの支援と共にコミュニケーションが重要で
あることを指摘している。コミュニケーションとは学校にアクセスしやすい
よう保護者に対して学校が開かれていることを指す。子どもの保護者は子ど
もが何を期待されているのかといった移行についての情報を求め，小学校1
学年における子どもの負荷への懸念について話し合えるように小学校教諭に
会いたいという希望を持っているという（Sanders, White, Burge, Sharp, Eames,
McEune, & Grayson, 2005）。

　子どもに対しては援助者である保育・教育の専門家への支援も必要であ
る。子どもが有能さを発揮できる移行環境を用意するためには，幼児期から
児童期の子どもの認知的・社会的発達を踏まえて子どもの遊びや子どもと周
囲の人間との関わりを援助していくことが求められる。これを可能にするた
めには，幼児期や児童期といった時期の区切りで子どもの発達をとらえるの
ではない長期的視点の形成が必要となる。

1.4.3　日本のトップダウン方式での接続に関する政策的基盤を持つ研究

　日本における保幼小連携・接続の研究は教育課程で学習効果を高めようと
する研究とも発達における環境移行の研究とも独立した形で形成されてき
た。トップダウン方式によって幼児期の教育と児童期の教育の接続に関する
政策的基盤が築かれたことが特徴である。日本の政策的基盤を持つ研究とし
ては，保育・教育の専門家の養成課程の改革や移行期の環境における子ども
の協同的な学びに関するものが挙げられる。

　埼玉大学教育学部（2008）の幼小 5 年間のスペシャリスト養成を目指す地域連携型プロジェクトでは，連続的発達観の形成や総合性を持った活動といった観点から教員養成の在り方が検討されている。

　また，共通の目的や挑戦的な課題などで，一つの目標を作り出し，協力工夫して解決していくという協同的な学びが，幼児期と児童期の教育において共通して重要であるという指摘の下に（国立教育政策研究所教育課程研究センター，2005），協同的な学びを可能にする教師の援助や環境構成（山田・清水・相原，2012），子どもや保育者，小学校教諭が互恵的に学びあい育ちあう関係性の中での交流実践・連携（秋田・第一日野グループ，2013）が分析されている。

1.5　保幼小連携体制の構築と地方自治体の役割

　Fabian & Dunlop（2002）は，子どもの発達に関して Bronfenbrenner（1979）が用いた生態学的なアプローチを移行期の子どもの在り方に適用した。このアプローチは，人間をとりまく環境は入れ子的な構造になっており，その構造はマイクロシステム，メゾシステム，エクソシステム，マクロシステムにより構成されると考える。マイクロシステムは人間が行動場面で経験する対人関係や活動のパターン，メゾシステムは行動場面間の相互関係，エクソシステムは人間が直接経験する行動場面に影響を及ぼす行動場面，マクロシステムはマイクロ，メゾ，エクソシステムの一貫性を支える信念体系やイデオロギーである。

　移行期の子どもは家庭と保育所や幼稚園，認定こども園などの就学前施設，小学校の行動場面を行き来する。子どもと家族や保育者，小学校教諭とのやりとりがマイクロシステムであり，家庭と就学前施設と小学校の間に存在する関係がメゾシステムである。エクソシステムである地域の教育方針やカリキュラム，ソーシャルサービスは保護者や就学前施設，小学校に影響を与え，間接的に子どもにも影響を与えている。エクソシステムは政府の方針

や社会制度，社会的価値などのマクロシステムに影響を受けている。地方自治体の役割はこのエクソシステムを構成する要素として保幼小連携体制を構築することにある。

　特定の学校・園（所）にとどまらない持続的な保幼小連携のためには，保育所・幼稚園・認定こども園・小学校が個々に連携を試みるのではなく，教育委員会を中心とする地方自治体が関与して保幼小連携体制を構築していくことが期待される。地方自治体に期待されるのは，学校・園（所）と保護者と地域住民の意見を集約する調停者としての役割と地域の教育ビジョンを示し保育者・小学校教諭の質を高める取り組みを組織化する先導者としての役割である。

　地方自治体には県レベルと市町村レベルがあるため，それぞれのレベルによって期待される役割が異なる可能性がある。たとえば，中央集権型国家の東アジアやオーストラリアなどと地方分権が強いアメリカやカナダ，ドイツなどでは，後者において地方自治体独自の施策が行われやすい。日本においては地域の実態に応じた保幼小連携が求められている。しかし，そのような地域の独自性が県レベルの施策に求められるのか，市町村レベルの施策に求められるかは明確にはなっていない。

　保幼小連携体制の構築に地方自治体が必要とされる理由としては次の４つが考えられる。第一の理由は，保幼小連携の取り組みは各保育所・幼稚園・認定こども園・小学校でも実施可能であるが地方自治体が関与することによってより効果をもたらす取り組みが可能となることである。

　開発研究校による連携カリキュラム開発や保育・授業の工夫などの取り組みは，地域の他の学校・園（所）に共有され得るし，モデル校を手がかりにして連携に取り組み始める学校・園（所）もあるだろう。しかし，個々の事例を参照して各学校・園（所）が進めていくやり方では地域での子どもの体験を踏まえた連携の理念の共有が困難である。地域での子どもの体験も含めて連携の在り方を考慮するならば，その地域で育ってほしい子どもの姿や子

どもを育てるための教育的手立てを議論した上で地方自治体が方針として示し，各学校・園（所）は地方自治体の方針を参照しながら独自に重視したい要素があればそれを加えた形で連携の方針を決定し，カリキュラムの開発や教育方法の工夫につなげていくことが期待される。

　第二の理由は，各学校・園（所）では実施不可能であるが保幼小連携に必要とされる取り組みが存在するからである。その取り組みとは所管や学校・施設種が異なる制度に依拠する環境を，保幼小連携を実施しやすい仕組みに作りかえる試みである。保育所と幼稚園の間には前者が厚生労働省，後者が文部科学省という所管の違いがあり，さらに，公立幼稚園は市町村教育委員会，私立幼稚園は都道府県が所管という違いもある。この所管の違いは地方自治体の積極的な関与なしに乗り越えることはできない。例としては保幼小間の人事交流や私立保育所・幼稚園が参加できる連携の仕組み作りなどが挙げられる。これらの取り組みは実施されなければ全く連携に取り組めないというものではない。しかし制度の変更が実現すれば，各学校・園（所）が連携に取り組みやすくなることが期待できる。

　第三の理由は，人口規模の大きい地方自治体と人口規模の小さい地方自治体など地域の違いに基づいた連携を提案できることである。地域のニーズを地方自治体のレベルで把握することによって地域の実情に基づいたきめ細やかな対応が可能になる。

　第四の理由は，2015（平成27）年に開始された「子ども・子育て支援新制度」では，基礎自治体である市町村が地域のニーズに応じて計画の策定や給付・事業の実施を行うとされていることである。「子ども・子育て支援新制度」は，2012（平成24）年に成立した「子ども・子育て支援法」，「就学前の子どもに関する教育，保育等の総合的な提供の推進に関する法律の一部を改正する法律」，「子ども・子育て支援法及び就学前の子どもに関する教育，保育等の総合的な提供の推進に関する法律の一部を改正する法律の施行に伴う関係法律の整備等に関する法律」の子ども・子育て関連3法に基づく制度で

ある。

　「子ども・子育て支援新制度」の目的は，質の高い幼児期の学校教育・保育の総合的な提供，保育の量的拡大と教育・保育の質的改善，地域の子ども・子育て支援の充実である。「子ども・子育て支援新制度」の下で，基礎自治体は「子ども・子育て支援事業計画」の作成に必要なニーズ調査や事業の点検・評価などに取り組むことになる。このような取り組みの一部は，保幼小連携の取り組みと重なるものである。

1.6　2000年代からの日本の保幼小連携の特徴

　政策的基盤を背景に保幼小連携への理解・関心が高まってきた2000年代以降の保幼小連携は，地方自治体や学校・園（所）が実践してきた保幼小連携の在り方を省察し，保護者・地域住民の要求に答えるような保幼小連携を持続していくことを考えるものとなっている。連携の事例分析や課題を明らかにすることを目的とした研究（岩立，2012；鞍馬，2015；酒井，2014；佐久間・金田・佐々・小松・林・川喜田，2008；佐藤，2010）や海外における連携実践や接続カリキュラムの報告（三村・吉富・北野，2008；中島 2010；髙野・堀井，2013, 2014），移行期の子どもを支えるシステムの開発（小泉・高垣・冨田・松田・田爪・鈴木・榎本・内藤，2010）が行われている。また，小学校 1 年生の課題を教員配置・学級編成（渡部，2002, 2003）や保育者の意識（長谷部・池田・日比・大西，2015）の観点から検討した研究もみられるようになった。

　カリキュラム開発に関しては，研究開発学校や指定校制度などにおいて行われた保幼小の接続に関するカリキュラム開発の研究（新潟大学教育人間科学部付属長岡校園，2007）を受けて，接続期カリキュラムの開発に地方自治体が関わり，統一的な接続期カリキュラムの開発が実施されるようになってきた（木村・仙台市教育委員会，2010）。また，教育政策の観点からの接続カリキュラムの検討（福元，2014）も行われている。

　保小や幼小間の交流・連絡に焦点を当てたものとして，幼児・児童の交流

と保育者・小学校教諭の交流の取り組み（河崎・朝田・北谷・杉澤・西原・藤本・松本・山崎・山田・吉田，2003；横井，2009），意図された動機づけや指導，評価から生まれたのではない異校種異年齢の子どもたちの交流活動の豊かなかかわり（林，2007），保幼と小の間の情報交換手段の一つである保育所児童保育要録・幼稚園幼児指導要録が保幼小連携に果たす役割（吾田，2011；井口，2011；高辻，2008；高辻・増田・網野・秋田・尾木・一前，2012）がある。移行期における特別支援の在り方は，支援ニーズ調査（小保方・佐久間・堀江，2008；小渕・山本・神田，2008），就学支援シート（河口，2015），サポートファイル（松井，2007），子どもと保護者と保育者・小学校教諭の3者の語り（佐藤，2013）から検討されている。

　保育所・幼稚園と小学校の文化や実践の違いについては，保育者と小学校教諭の持つ学級経営観が生成する学級雰囲気や風土（中川・西山・高橋，2009），幼稚園教諭と小学校教諭が実践を語る語のイメージやとらえ方（野口・鈴木・門田・芦田・秋田・小田，2007）などの側面が研究としてとらえられてきている。

　保育者・小学校教諭を対象とした連携の取り組み意識の調査（新井・千田，2010；木山・中山・小林・平山・白瀬・長谷川・山田・柳，2009；木山・山田・中山・小林・長谷川・白瀬・柳，2008；山口，2016）に加えて，保育者・小学校教諭・保護者を対象とした意識調査（丹羽・酒井・藤江，2004），保幼5歳児担任・小学校1年生担任・保護者の接続期に対する認識（山田・大伴，2010）など保護者も含めた意識調査も実施されるようになってきた。また，移行期の保護者の不安（神田・山本，2007；椋田，2014）や保護者支援の課題（中島，2013；田宮・池田・鈴木，2014），子どもの移行のプロセス（菊池，2008）も論じられている。

　国際的動向及び2000年代の日本の研究から，今後の保幼小連携にとって検討すべき要因は，保幼小連携の持続可能性，地方自治体レベルでのカリキュラム開発，保護者・地域住民の参加の3つであると考えられる。

　第一に，保幼小連携を持続可能性という観点から検討することが必要である。園文化と学校文化の橋渡し（酒井・横井，2011）と指摘される保幼小の連携の概念が理解されその重要性が浸透した現在では，地域の特性に合わせてどのような保幼小連携を進めていくのかを議論する段階にきているといえる。

　過去の実践例を参考に近隣の保育所・幼稚園・認定こども園と小学校が教職員の交流や子ども同士の交流を中心に保幼小の連携を行ったとしても，その交流による成果を他の学校・施設と共有したり，研修会を利用してよりよい連携の在り方を模索することがなければ，一時的な保幼小連携の試みにとどまりそれ以上の発展は望めないことになる。

　保幼小の連携が単独の試みではなく地域全体の試みとなり，成果の共有と振り返りが行われ，さらに連携がある特定の期間だけのものではなく，担当者の移動があっても持続可能なシステムとして形成されることが必要である。しかし，現実には，保幼小連携担当者の交替や期限つきの予算に基づく保幼小連携事業，保幼小共に保育者・小学校教諭がさまざまな改革から多忙な中で，長期的に保幼小連携の実践を続けていくことには困難が伴う。その困難を乗り越えるためには，教育委員会を中心とする地方自治体が地域のネットワーク作りにおいてリーダーシップを発揮し，方向性や展望を示すことが不可欠である。中でも保幼小連携をリードする指導主事の重要性は大きい。指導主事がどのような保育・教育経験を持ち，どのような保幼小連携に対する展望を持っている人材であるかによって，保幼小連携の在り方も変わってくる。

　地方自治体を対象としたこれまでの研究（小林・白川・野崎・森野，2008；横井・酒井，2005）は実施している研修や子ども同士の交流などの実践内容の把握が中心であったが，長期的安定的ネットワーク作りのためには保幼小連携に関わる地方自治体の役割にも踏み込んだ研究が求められる。持続可能性という点から見ると，時間，期間という時間軸で保幼小連携体制の在り方を

とらえる視点がこれまで欠けていたが，保幼小連携体制の持続期間という点からとらえることが大切である。

　第二に，地方自治体レベルでのカリキュラム開発という観点から検討することが必要である。フランスと英語圏諸国においては読み書き能力や数の能力を就学前から重視し，グローバル化に対応するために東アジア諸国，たとえば台湾では英語を重視しており（野口・秋田・芦田・淀川・鈴木・門田・箕輪・小田，2011；OECD，2006），国や地域によって幼児期の教育において重視する子どもの力は異なることが示されている。

　さらに，国のみならず地方自治体レベルでの連携の在り方の議論も行われている。地方自治体レベルの違いに関しては，たとえば，ドイツでは州によって異なる幼小接続カリキュラムや方法が研究されている（ランブレヒト，2013）。バイエルン州には子どもの自主性とコンピテンシー習得を意識したプログラム，ヘッセン州には責任能力や協同能力などの子どもの基礎コンピテンシーの習得が含まれた就学前機関と義務教育の統一カリキュラムがみられることが指摘されている。

　開発された接続期カリキュラムを長期的に活用し必要に応じて改善を施していくためには，日本においても接続期カリキュラムを開発した保育所・幼稚園・認定こども園・小学校だけではなく，教育委員会を中心とする地方自治体が接続期カリキュラムの開発・改善に積極的に関与していくことが求められる。地方自治体が関与して基本的な接続期カリキュラムを開発することによって，開発された接続期カリキュラムを複数の保育所・幼稚園・認定こども園・小学校で共有し，接続期カリキュラムを改善したり，独自性を加えた接続期カリキュラムへと発展させていくことも可能となる。したがって，地方自治体が関与して開発された接続期カリキュラムがどのような考え方に基づいて開発されたのかを明らかにすることは，まだ接続期カリキュラムの開発に着手していない地方自治体や，開発した接続期カリキュラムの活用方法を求める保育所・幼稚園・認定こども園・小学校に対して重要な示唆を与

えると考えられる。

　また，接続期カリキュラムの開発は幼児期の教育と児童期の教育の目標や内容を再構成したものであるという点から保幼小連携体制の構築にとって重要である。保育者と小学校教諭が参加する研修会において移行期の教育の目標や内容に関して意見交換を行う，保育・授業の相互参観によって教育の方法を習得するといった保幼小連携の取り組みでは，相手の考え方や手法を取り入れるという結果になりやすい。情報の交換は保幼小連携の大切な取り組みであるが，教育の連続性のためには移行期の子どもの発達に合わせて教育の目標や方法が新たに構成されることが必要となる。そして，接続期カリキュラムの開発においてそれが可能になると考えられる。

　第三に，保護者・地域住民の参加という観点からの検討が必要である。幼児期の教育から児童期の教育への移行とは子どもだけが移行するのではなく保護者も移行していくことを意味する。保護者は子どもを安心させ小学校入学へ備えさせるという重要な役割を担っており，移行に関する情報を得て子どもに待ち受ける変化を知りたいと望んでいる（Sanders et al., 2005 ; Sharp, White, Burge, & Eames, 2006）。

　子どもが幼児期の教育から児童期の教育への移行の中でカリキュラムや指導方法の変化に戸惑いを覚えていると同時に，子どもの保護者も変化に対して危機感を持っている。その危機感は小学校の教育に自分の子どもが適応できるかという不安や子どもの学校での様子を伝えてもらえるのかという懸念である。学校・園（所）が情報を公開することで保護者は不安を払拭することができ，子どもを安心して学校・園（所）に送り出すことができる。

　また，保護者は子どもの育ちに関する情報やカリキュラムへの要望を提供する立場でもある。新たな環境に入っていくことで生まれる戸惑いや不安を当事者である子どもはことばや行動で十分に表現することはできないが，保護者はそのような表明されない不安や戸惑いを言語化することができる。さらに，地域で育つ子どもの姿を共有し，移行期のカリキュラムの開発に参加

するという積極的な役割を務めることも期待される。

第2章　本論文の目的と構成

2.1　目的

　子どもの発達は個人差があり，一人の子どもの中でも全ての側面が同時に発達していくわけではない。しかしながら，学校教育制度は固定化されており，同じペースで全員が校種間を移行していくことが求められる。清水（2001）は，異なる学校段階間の接続における教育的課題の一つに，累積的・連続的である子どもの発達を保障することを挙げている。そして，校種間の移行とは，単なる環境移行ではなく移行先の学校において意図的・体系的な再社会化のメッセージにさらされる状況であることが指摘されている（酒井，2010）。このことから，学校教育制度の区切りを自明なものとするのではなく子どもの発達を長期的な見通しを持ってとらえ直すこと，区切りの中でどのような教育目標が設定され指導が行われているのかを再検討することが求められているといえる。

　現代の保幼小連携の理念や取り組み内容を分析する場合に考慮にいれなくてはならない点は，近年，世界的に乳幼児期の重要性が指摘されており（OECD，2012），幼児教育・保育政策が経済的観点から分析の対象となっていること（池本，2011），日本において貧困や経済的格差が学力形成に与える影響，学校間格差，貧困と地域性が議論の対象となりつつあることである（藤田，2012；国立教育政策研究所，2010；上田，2012）。

　日本においては，幼小連携の研究の動向（小谷，2004）をみても，子どもの発達を踏まえた教育の連続性という観点は常に保持され議論されてきたといえる。ただし，戦後の5歳児保育を義務化する幼児教育の改革案や1970年代の4-7歳に一貫した教育を行う先導的試案には，幼児期を小学校以降の準

備教育と見なす考え方がみられる。経済的格差が顕在化しつつある現代の日本では，ある地域では子どもの発達に応じた環境形成という理念に基づいた接続が選択され，別の地域では教育の機会均等を保障するための準備教育型の理念に基づいて幼児期と児童期の教育の接続をする試みがなされる可能性もある。したがって，全国の地方自治体の保幼小連携体制を検討することが保幼小連携研究の現代的意義であると考えられる。

　保幼小連携体制とは，保護者や地域住民の意見を取り入れながら，地方自治体と学校・園（所）が協力して幼児期の教育と児童期の教育の連続性を保つための交流活動やカリキュラム開発，研修制度の実施などの取り組みを継続的に行うシステムである。保幼小連携の内容や体制構築の程度は地域によって多様であることが予想される。保幼小連携の理念が中心的な実践者である保育者や小学校教諭に共有されたとしても，地方自治体や地域住民，家庭とのつながりをもったシステムとしての連携を構築することには時間もかかり困難を伴う。

　これまでの保幼小連携の研究は一時的な取り組みや，学校・園（所）のみの取り組み，特定の地方自治体の取り組みを対象としているものが中心であった。学校・園（所）の取り組みでは主に交流活動やカリキュラムの内容の検討と実践が行われ，地方自治体の取り組みでは交流活動やカリキュラムの内容の検討と実践に加えて，取り組みによって変化していく学校・園（所）の関係性や連携内容の変化に焦点を当てたものがみられた。このような連携の過程を分析することで，連携の取り組みが移行期の子どもや保護者，実践者に与える影響を明らかにすることが期待できる。しかしながら，後者に焦点を当てた研究はまだ多くはない。

　本論文は，各地方自治体が取り組んでいる連携の内容を検討し，取り組みの中で見えてきた課題を整理し，今後の保幼小連携の道筋を提案していくことを目的とする。第１章で示された保幼小連携の持続可能性，地方自治体レベルでのカリキュラム開発，保護者・地域住民の参加の３つの観点に基づ

き，次の 3 つの分析を行う。

　第一に，全国の地方自治体における保幼小連携体制の構築の方針や取り組み内容を検討する。保幼小連携体制の構築にあたっては一度に全ての取り組みに着手できるわけではなく，段階を踏んで実行可能と思われる取り組みを選択していく作業が必要になる。その際，移行期の重要性や幼児期と児童期の教育に対する実践者の相互理解を促す機会の有無，移行期の子どもを支援する何らかの取り組みを行ってきた期間，地方自治体が保幼小連携の実施のために提供できる人材や予算などの要因が保幼小連携の取り組みに影響を与えると予想される。これらの要因が取り組みの選択に与える影響を明らかにすることで，地方自治体の特性に合わせた保幼小連携の多様な在り方を検討することができる。

　第二に，幼児期と児童期の教育の連続性を保つための接続期カリキュラム開発で考慮されている事項の現状を分析し，カリキュラム開発を行っている地方自治体の保幼小連携の取り組み内容を検討する。カリキュラムを開発する際にはカリキュラムの対象となる時期や教育の連続性を保つために育てたい能力，カリキュラムの運用方針などの事項を決定しておかなければならない。これらの事項にみられる地方自治体の保幼小連携の方針及びカリキュラム開発を行っている地方自治体の取り組み内容を明らかにすることで，地方自治体において教育の連続性に寄与すると認識されている要素とそのような認識を持つために有効であった連携の取り組みを検討することができる。

　第三に，接続期カリキュラムにおける移行期の教育の連続性を保つための地方自治体の方針を検討する。接続期のカリキュラムは地域の要望や特性を踏まえて開発されるものであるため，全国で同一の内容・構成とはならない。接続期カリキュラムで育てたい能力は，移行期の配慮点とされる「学びの自立」，「生活の自立」，「精神的な自立」に力点を置く点で共通性を持ちつつも，地域の子どもの育ちの課題や目指す子ども像の違いから移行期に重視する具体的な力とそれを支援する方法は独自性として示されると予想され

る。したがって，接続期カリキュラムに対する地方自治体の連携担当者の認識と地方自治体が中心となって開発された接続期のカリキュラムの持つ共通性と独自性を明らかにすることで，地域の特性と移行期の連続性の保障とを両立させる接続期カリキュラムの在り方を検討することができる。

2.2　方法

　保幼小連携体制の構築及び連携内容の分析を行うための方法として以下の手法を選択した。

　全国の地方自治体における保幼小連携体制の構築の方針や取り組み内容を検討するために，第 3 章（研究 1）では 4 市の保幼小連携の行政の担当者にグループ・インタビューを行い，この内容を基に地方自治体の保幼小連携の取り組み状況を調べる質問紙を作成した。第 4 章（研究 2）では，作成した質問紙を用いて78地方自治体の保幼小連携担当者に保幼小連携の取り組み段階の観点から質問紙調査を行った。第 5 章（研究 3）では，作成した質問紙を用いて218地方自治体の保幼小連携担当者に地方自治体の規模の観点から質問紙調査を行った。

　幼児期と児童期の教育の連続性を保つための接続期のカリキュラム開発にあたって考慮すべき事項と内容について検討するために，第 6 章（研究 4）では 9 地方自治体のアプローチカリキュラムとスタートカリキュラムの記載内容の分析を行った。第 7 章（研究 5）では，第 6 章で分析したアプローチカリキュラムとスタートカリキュラムを作成した 7 地方自治体に対する質問紙調査により保幼小連携の取り組み内容の分析を行った。

　地方自治体が中心となって開発された接続期カリキュラムで取り上げられている内容や構成にみられる独自性を検討するために，第 8 章（研究 6）では，119地方自治体の保幼小連携担当者に接続期カリキュラムに対する方針の観点から質問紙調査を行った。第 9 章（研究 7）では， 4 地方自治体の接続期カリキュラムの記載内容の分析と保幼小連携担当者への質問紙調査によ

る接続期カリキュラムに対する方針の分析を行った。

2.3　構成

　本論文は 5 部構成とする。

　第Ⅰ部は 2 章から構成される。第 1 章では先行研究を整理し，保幼小連携が求められるようになった理由を，移行期の保育・教育に対する理念と移行期の教育に対する政策的基盤の観点から明らかにする。第 2 章では，保幼小連携体制の構築過程を明らかにするための第Ⅱ部，第Ⅲ部，第Ⅳ部の目的を提示する。

　第Ⅱ部は 3 章から構成される。第Ⅱ部では，地方自治体が主体となった保幼小連携の取り組み内容を検討する。第 3 章（研究 1）は，持続可能性を考慮した保幼小連携の体制作りに取り組んでいる地方自治体の実践事例から，その連携が誕生した背景や経緯，今後も連携を継続していくための課題を明らかにし，持続可能な保幼小連携について検討する。第 4 章（研究 2）は，地方自治体の取り組みに焦点を当てて，保幼小連携の取り組み段階の観点から保幼小連携の取り組み内容と保幼小連携担当者の認識を明らかにする。第 5 章（研究 3）は，地方自治体の人口規模の観点から，保幼小連携の取り組み内容と保幼小連携担当者の認識を明らかにする。

　第Ⅲ部は 2 章から構成される。第Ⅲ部ではアプローチカリキュラムとスタートカリキュラムの内容を分析し，カリキュラム開発に着手した地方自治体の特徴を検討する。第 6 章（研究 4）は，地方自治体が開発したアプローチカリキュラムやスタートカリキュラムを，カリキュラムの構成，接続期の捉え方，カリキュラムの内容，カリキュラムの具現化，保護者への支援の観点から分析し，カリキュラム開発の課題を明らかにする。第 7 章（研究 5）は，カリキュラム開発に着手している地方自治体がどのような保幼小連携体制を構築しているのかを明らかにする。

　第Ⅳ部は 2 章から構成される。第Ⅳ部では，アプローチカリキュラムやス

タートカリキュラムで育てたい能力を検討する。第8章（研究6）は，地方自治体における接続期カリキュラムの内容，接続期の期間，作成手順，行政支援の在り方を検討することによって現状と接続期カリキュラムの開発の意義を明らかにする。第9章は（研究7）は，地方自治体が開発した接続期カリキュラムにおける育てたい能力の共通点・相違点の内容を明らかにする。

　第Ⅴ部第10章では，保幼小連携体制の構築及びカリキュラム開発に関して，地方自治体の役割の観点から考察を行い，保幼小連携推進のための段階モデルの提案を行う。

　以上の本論文の全体の構成を図示したものがFigure 2-1である。

第 I 部　問題と方法（第 1・2 章）
目的：保幼小連携体制の構築及び接続期カリキュラムの在り方の検討

第 II 部　地方自治体の保幼小連携体制作りに影響を与える要因

地方自治体の機能に着目した持続可能な保幼小連携の分析（第 3 章）

取り組み段階の観点からみた
地方自治体の保幼小連携体制
作り（第 4 章）

人口規模の観点からみた地方
自治体の保幼小連携体制作り
（第 5 章）

第 III 部　地方自治体の保幼小連携にみる接続期カリキュラム

地方自治体の接続期カリキュラ
ム：5 つの視点からの比較
（第 6 章）

地方自治体による保幼小連携
体制の構築過程
（第 7 章）

第 IV 部　接続期カリキュラムの開発と実践

地方自治体の接続期カリキュラムにみる育てたい能力（第 8 章）

地方自治体の特色ある接続期カリキュラムの分析（第 9 章）

第 V 部　結論（第 10 章）
考察：保幼小連携推進のための段階的なモデル

Figure 2-1　本論文の構成

第Ⅱ部　地方自治体の保幼小連携体制作りに
影響を与える要因

第3章 地方自治体の機能に着目した持続可能な 保幼小連携の分析（研究1）

3.1 目的

　保幼小の連携・接続という考え方が登場した当初は，保幼小の連携とは何かという問題意識の形成から実際にすべきことを計画・実践していくことが活動の中心であった（文部科学省，2010；文部科学省・厚生労働省，2009；日本保育協会，2010）。しかし，保幼小連携への理解・関心が高まってきた現在は，各地方自治体や学校・園（所）が実践してきた保幼小連携の在り方を省察し，地域住民の要求に答えるような保幼小連携を持続していくことを考える時期となっている。

　例えば，近隣の保育所・幼稚園・認定こども園と小学校が教職員の交流や子ども同士の交流を中心に保幼小の連携を行ったとしても，その交流による成果を他の学校・園（所）と共有したり，さらに別の連携の在り方の検討を行ったりしなければ，その保育所・幼稚園・認定こども園と小学校の中だけで保幼小連携の試みがおわってしまうことになる。このような一時的・単発的な連携ではなく，持続的な保幼小連携のためには，保護者・地域住民の意見を取り入れながら，地方自治体と学校・園（所）が協力して幼児期の教育と児童期の教育の連続性を保つための取り組みを継続的に行うシステムを構築していくことが求められる。

　持続的な保幼小連携体制の構築のために地域の連携の取り組みを統括する立場にあるのは地方自治体においては教育委員会であり，実質的には指導主事である。玉井（2009）は，連携や一貫教育における教育委員会の役割として学校種を超えた共通性・連続性のある課題を明示し統一した方針を計画す

ることや各学校の取り組みを後押しし，地域全体の教育方針の意義を家庭・地域団体・住民に啓発していくことなどを挙げている。

　指導主事の役割として，蛭田（1997）は学校等に指導助言をする役割だけではなく，教育行政全般についての施策立案を行う役割が求められるとしている。押田（2010）は，品川区の小中一貫教育カリキュラム開発をとりあげて，指導主事が小中一貫教育校の教育課程のコンセプト作り及び研究開発校やカリキュラム作成部会での具体的なカリキュラム作りや検証授業における指導助言を行ったことを報告している。つまり，指導主事が学校・施設種を超えた連続性に関する課題をどのようにとらえるのかによって保育所・幼稚園・認定こども園・小学校への指導助言やカリキュラム開発が影響を受けるということである。

　そこで，本章では短期的な実践にとどまらず持続可能な保幼小連携の体制作りに取り組んできた地方自治体の実践事例から，保幼小連携の行政の担当者へのインタビューを通して連携が誕生した背景や経緯，今後も連携を継続していくための課題を明らかにし，持続可能な保幼小連携について検討する。

3.2　方法

3.2.1　研究協力者

　4市の保幼小連携の行政の担当者の合計6名であった。保幼小連携の行政の担当者の所属は，A市教育委員会学校指導課主席指導主事，B市教育委員会学校教育部指導主事，C市教育センター所長・教育センター主査，D市こども部保育幼稚園課主幹・教育委員会指導課指導主事であった。この4市は現時点で保幼小連携に関して複数の取り組みを行っていること，そしてその取り組みは保育所・幼稚園・認定こども園・小学校単独のものではなく地方自治体が関与した取り組みであることから保幼小連携体制の構築プロセスを検討する対象として適していると判断した。

3.2.2　面接形態と手続き

　地方自治体で行われている連携の取り組みの中から，持続可能な連携にとって重要と思われる要素を抽出するためにグループ・インタビューを行った。グループ・インタビューとは，共通の属性を持つ研究協力者が集まり司会者の進行の下に自由に自発的に発言を行う技法である。グループ・インタビューを行ったのは，研究協力者が保幼小連携への取り組み経験という共通の属性を持つことによって率直に意見や気持ちを表現する場が作られ，研究協力者間で意見交換をすることによりそれまで明確化されていなかった問題意識が言語化されたり，取り組みに新たな意義を見出したりといった議論の深まりが期待できるためである。1 対 1 で行う個人面接ではなくグループ・インタビューを行うことで，研究協力者が語る経験や内省に触発されて新たな内省を引き出すことができると考えられる（研究法については，Vaughn, Schumm, & Sinagub（1996）を参考にした）。グループ・インタビューを採用することの意味として，異なる保育・教育経験や保幼小連携に対する方針を持つ研究協力者同士の議論によって，過去の保育・教育経験の振り返りや保幼小連携に対する展望が生じる過程を観察できることが挙げられる。

　2010 年 9 月に，司会者 1 名，副司会・記録・会場設営等 4 名，研究協力者 6 名にてグループ・インタビューを行った。グループ・インタビューに要した時間は説明や休憩を含め 2 時間半程度であった。グループ・インタビューの内容は，研究協力者承諾のもと IC レコーダーに記録した。研究協力者には保幼小連携事業の発足の経緯や現在の実施状況，今後の課題についての意見交換を依頼した。

3.3　結果と考察

　保幼小連携の行政の担当者の語りから，どの地方自治体においても人的環境，研修や講座，カリキュラムの 3 点が持続可能な連携を支える要因として重視されていることが見出された。4 市の人的環境，研修や講座，カリキュ

Table 3-1　4地方自治体の保幼小連携の主な特色

	A市	B市	C市	D市
人的環境	▪地域の子どもは地域で育てるという地域住民の意識の強さ ▪幼小間の人事交流	▪私立幼稚園からの協力の大きさ	▪幼小連携に関わる人材の個人的な関係性の強さや意識の共有	▪幼稚園の園長職や教育委員会の体制の変化
研修や講座	▪20年以上続く幼小連携講座 ▪幼小の連携・交流を図るグループ研究 ▪保幼小中連携推進事業	▪5年経験者研修としての保育・幼児教育体験研修 ▪保幼小連携のための保育参観研修	▪26年以上続く保幼小教育連携研究協議会 ▪幼児・小学校教育連携連絡会 ▪幼児教育研修会	▪幼保小連携教育協議会
カリキュラム	▪就学前教育と小学校教育をつなぐプログラム	▪体系的なスタートカリキュラム	▪成長に伴う壁を乗り越える小学校低学年の授業・カリキュラム作り	▪5歳児のアプローチカリキュラムと小学校1年のスタートカリキュラム

ラムの主な特色を Table 3-1 に示した。保幼小連携の行政の担当者の語りは Table 3-2, Table 3-3, Table 3-4, Table 3-5 に示した。担当者の語りのうち担当者の内省を示す部分に下線を引いた。保幼小連携の行政の担当者の語りを基に, 人的環境, 研修や講座, カリキュラム, 課題と展望, 担当者の語りにみられる特徴の5点から地方自治体の保幼小連携の取り組み状況を整理した。次項から4市の連携の取り組み状況を個別に分析する。

3.3.1　A市の取り組み状況

(1)　A市の状況及び担当者のプロフィール

A市は, 近畿地方に位置する人口1,474,015人の政令指定都市である。就学前施設の設置数は保育所256園（私立225・公立31）, 幼稚園116園（私立99・公立17）, 小学校数は178校（私立8・公立168・附属2）であった。

　教育施策については，2010年に策定された「Ａ市基本計画」における教育施策事業が教育振興基本計画として位置づけられた。基本計画は2011年度からの10年間の都市経営の基本となるもので，分野別計画や毎年度の運営方針の基本となる27の政策分野が設定された。その１つである学校教育の分野においては，「市民ぐるみの教育の推進」，「子どもたちに『生きる力』を育む教育の推進」，「教職員の資質・指導力の向上」，「新しい学習環境づくり」の４つの推進施策が策定された。施策の実現により，「保育所・幼稚園から小学校，中学校，高等学校，総合支援学校が連携し，子どもたちの学びと育ちの連続性の視点に立った一貫した取組を推進するまちとなっている」ことを目指すとされていた。

　Ａ市の首長の2008年のマニフェストにおいて，保育・教育に関するものとして，「保育サービスの充実」，「放課後の子どもたちの居場所づくり」，「『子育て世代活動支援センター』の整備」，「土曜学習の全小・中学校への導入」，「魅力あふれる高校づくりの推進」，「徹底して開かれた学校づくりの推進」，「総合支援教育サポーターの全校配置」などが策定された。

　連携担当者Ａの経歴は小学校教諭として10年，幼稚園教諭として20年，教育委員会では２年目であった。

(2)　人的環境

　地域住民には，地域の子どもは地域で育てるという意識が強く，幼稚園や小学校の設立にも主体的に関わってきた。現在，幼稚園の園児数は減少しているが，公立幼稚園も幼児教育の場として大切にされている。

(3)　研修や講座

　保幼小連携の取り組みとしては，幼小連携講座（生活科の授業参観と幼稚園の保育参観）を20年以上継続してきた。近年，公立幼稚園と公立小学校で行ってきた幼小連携の交流を図るグループ研究を，私立の保育所や幼稚園にも

広げている。幼小でやってきたことをさらに中学校まで縦につないでいく試みと，就学前教育の保幼の横のつながりを強化するという試みが同時に行われ，横にしっかりとつながった上で小学校へつなげようという構想がみられる。

⑷　カリキュラム

幼稚園と小学校の組織的な人事交流が行われることで，幼稚園・小学校・行政という三者の立場から初等教育の在り方を考えるきっかけとなり，幼児教育と小学校教育をつなぐための接続期プログラムの開発へとつながった。たとえば，実践研究校の取り組みでは，「安心感」をキーワードとして幼稚園の週案を模したかたちで入学期の生活の週案を作成した。友だちとの関わり合いから得られる安心感や，見通しが持て生活の流れがわかる安心感に主眼を置いたクラス作りをする中で，生活科が子どもの入学期に大事な要素であるという認識が強まった。

⑸　課題と展望

所管の違いが子どもの発達の情報の扱いに与える影響，接続のベースにある子どもの安心感・信頼感，保幼小連携の行政の担当者が入れ替わり担当者間の教育の経験や保幼小連携に対する理解度も異なることが予想される中での連携の継続性の困難さ，連携を進めることで得られた幼児期と児童期の教育の独自性の再認識が指摘された。

⑹　担当者の語りにみられる特徴

カリキュラムの入学期の週案に関する「これは私なんかは，幼稚園から見たら，すごく新鮮だなとか，こんなに子どもの姿をよく見ているんだなと思って」という発言から，幼稚園教育の実践者としての視点で入学期の生活の週案の工夫をとらえたことがわかる。同じくカリキュラムの実践者の学びに

関する「生活科というのが子どもたちの入学期に大事な要素なのだということに逆に気付かれたりとか，そういったことで，先生がかなり学んでおられ

Table 3-2　担当者Aさんの語り

人的環境	**地域住民の認識**	「地域の子どもは地域で育てるのだというコンセプトで，公立幼稚園も大事にしていただいています」「学校運営協議会というのを立ち上げたときに，やはり本当に，推進委員会さんとか，理事さんとかになってもらうのですが，それになってもらうだけでも，すごく大事にしてもらっているのが分かると言いますか」
研修や講座	**長期的な連携への取り組み**	「（幼稚園と小学校が）できたときから隣にできているので，本当に言い出したら，できたころから幼小連携はしているのだろうと思うのですが」「幼小連携講座というのがありまして，年に2回，生活科研究会の授業を見るのと，幼稚園の保育を見るという，ずっと20年以上続けております」
カリキュラム	**入学期の生活の週案**	「『安心感』をキーワードにして，入学期の生活の週案というのは，幼稚園の週案を模したかたちで幼稚園から学校につないでいけないかというので」「本時までの児童の意識と活動の流れというかたちで，幼稚園のエピソード風に子どもの様子を書かれて，<u>これは私なんかは，幼稚園から見たら，すごく新鮮だなとか，こんなに子どもの姿をよく見ているんだなと思って</u>」
	実践者の学び	「<u>生活科というのが子どもたちの入学期に大事な要素なのだということに逆に気付かれたりとか，そういったことで，先生がかなり学んでおられたのが分かりました</u>」
課題と展望	**特別支援に関する公立私立の違い**	「公立幼稚園畑の人間は，やっぱり小学校に伝えることに何の違和感もなく，『この子はここまでこうして育てたので，お願いします』と言って，当たり前のようにずっとしてきたのですが，教育委員会の所管でない保育所や私立幼稚園の方々は，やっぱり情報を提供するのを，すごく戸惑われるそうで，そのことで小学校が，そのために困るということなのですが」
	子どもの安心感	「子ども一人一人を丁寧に見るということとか，まずは信頼関係，安心感と思って，それは年齢が違うので，やり方とか発達も違うので，方法とかは発達に応じたものであるというのは大事なのですが，その視点が，<u>もう1回，もし1年生を担任できたら，そうやって担任をしたいと思っていることが大きかったりしています</u>」
	継続性の意義	「継続するということの意義はすごく感じていて，どんどん人は変わっていくのだと思いながら，もうひとつの歩みなのですが，続けるのだと思って続けるという，その辺をどうしたらというところを考えなければいけないと思っています」
	独自性と連携	「幼稚園の独自性とか，小学校の独自性とかがよく見えてきて，逆に，その独自性をしっかりとつながなければいけないという問題とか」

たのが分かりました」という発言から，人事交流教員が幼稚園と小学校で勤務した経験から得た成果を再認識したことが指摘できる。課題と展望の子どもの安心感に関する「もう１回，もし１年生を担任できたら，そうやって担任をしたいと思っていることが大きかったりしています」という発言から，週案のキーワードである子どもの安心感を実践者としての視点でとらえたことが特徴として挙げられる。保幼小連携の行政の担当者の立場として保幼小連携の取り組みである人事交流がもたらした成果を把握すると同時に，実践者の視点から週案作りをとらえてそれを将来の実践に活かそうとしていた。

3.3.2　Ｂ市の取り組み状況

⑴　Ｂ市の状況及び担当者のプロフィール

　Ｂ市は関東地方に位置する人口1,222,434人の政令指定都市である。就学前施設の設置数は保育所120園（私立58・公立62），幼稚園107園（私立104・公立１・附属１・こども園１）であった。小学校数は107校（私立３・公立103・附属１）であった。

　教育施策については，2009年にＢ市の中長期的な教育の方向性を示し，教育行政を総合的・計画的に推進するために「Ｂ市教育総合ビジョン」が策定された。2009年度からの10年間を通じて目指す教育の姿と2009年度からの５年間に取り組む施策や事業が示された。

　この総合教育ビジョンは，ライフステージ別の「幼児教育ビジョン」，「学校教育ビジョン」，「青少年教育ビジョン」とおよそ24歳以降の「ニーズに応じた様々な学習機会の提供と学習成果の活用」を含めた総合的な教育ビジョンであった。「幼児教育ビジョン」の主な事業・施策の１つとして「幼稚園・保育所等・小学校の連携・協力の推進」が示された。

　Ｂ市の首長の2009年のマニフェストに基づき作成された市の計画において，子どもに関するものとして「基礎学力・基礎体力の向上のためのプロジェクトや生活習慣の改善の推進」，「保育所・学童保育所『待機児童ゼロプロ

ジェクト』の推進」,「メディアリテラシー教育の充実と携帯・ネットアドバイザー制度の創設」などが策定された。

　連携担当者Bの経歴は小学校教諭として17年，教育委員会では5年目であった。

(2) 人的環境

　就学前の状況として，私立幼稚園の割合が大きいことから，連携を進める上で私立幼稚園や私立保育所との話し合いが欠かせない状況であった。地方自治体の側から研修制度への理解を得るために研修の意義・目的の明確化を行うと同時に，私立幼稚園からも積極的な協力があった。

(3) 研修や講座

　5年経験者研修に含まれる保育・幼児教育体験研修と保幼小連携のための保育参観研修といった研修システムを通して実践者の資質の向上を目指してきた。保育・幼児教育体験研修は，対象者が夏季休業中に2日間，保育所・幼稚園での保育・教育活動の参観と体験を実施する。保幼小連携のための保育参観研修は，すべての学校から1名以上が参加する悉皆研修となっている。このような研修を通して教員が保育についての理解・関心を持ち，それを踏まえて各学校が自主的に保育所や幼稚園との連携・接続を考えていくことを目標としていた。そのために，参観や体験をするだけではなく，そこで見たもの・体験したことの意味を協議する時間を十分にとることを目指していた。

(4) カリキュラム

　中長期的な教育の方向性を市民に示すとともに，教育行政を総合的・計画的に推進する施策を示した「教育総合ビジョン」を策定した。ビジョンの普遍化を図るために，教育課程の編成要領，指導資料，教育課程の評価資料，

小学校の年間指導計画例などの資料を作成して周知している。スタートカリキュラムに関する実践研究校の試みの中では，具体的な活動や体験をしながら教科学習の面白さに気づかせていくこと，教科の目標を踏まえた計画的な指導を行うこと，効果的な学習によって十分な活動の時間を確保することを大切にしていた。

⑸ 課題と展望

　幼児期の保育・教育への理解を目的とした研修のシステムが実践者にもたらす効果への見通しと，保育参観研修や保育・幼児教育体験研修における協議の重要性，地域全体での取り組みと保育所・幼稚園・小学校で独自に進められる取り組みを並行して行うことの必要性が指摘された。

⑹ 担当者の語りにみられる特徴

　研修や講座の研修実施の問題意識に関する「まるっきり生活文化が違う，田畑の多いところから都市部の学校に来て，すぐに一年生を持つ」という発言から，地方自治体の内部に文化の違いが存在するという地方自治体の特徴をとらえていることがわかる。課題と展望の研修システム継続に関する「だいたい4年後，5年後の試算で言うと，3割くらいの先生方は絶対に，保育についての理解と言いますか，関心を持ってやっていただけるようにはなっていくのかなと考えています」という発言から，現在取り組んでいる研修のシステムを長期的な時間軸でとらえていることが指摘できる。同じく課題と展望の研修での協議の重要性の「必ず協議をしてくださいということを園の方に資料として，参観や体験だけじゃなく協議をしてくださいとか，そういったことをお願いしてやってはいます」という発言から，研修を一方通行ではない参加者の意見交換や関係形成の場として認識していることが特徴として挙げられる。地方自治体の規模ゆえに自治体内で異なる文化があり，その文化を超えて異動をしてきた教師が1年生を担当するという状況を踏まえ

Table 3-3　担当者 B さんの語り

人的環境	**公立私立の関係性**	「幼児教育振興協議会，どこにでもあるのだと思うのですが，そことの連携と言いますか，そこで非常に私立の保育園，私立の幼稚園とは良好な関係を築いていることもありますし，いまの教育長は，教育長をやって，その前は部長で，その前は課長ということで，この幼児教育振興協議会の中も担当課として出られていて，非常に思い入れが強い，トップがそういう姿勢であります」
研修や講座	**研修実施の問題意識**	「若い先生方，幼稚園や保育園の実情を知らない，またはそういうお子さんを自分でもまだ育ててもいないし，よくわからないといった先生方が低学年を持つことも多くなってきている」「大きな異動をしてきて，まるっきり生活文化が違う，田畑の多いところから都市部の学校に来て，すぐに1年生を持つ。そういういろいろな状況も出てきています」
カリキュラム	**幼児教育の方向性の明示**	「生涯を通した教育をライフステージ別でとらえて，出生してから保育園・幼稚園を卒園する，およそ6歳までを対象に『幼児教育ビジョン』ということにしました」
	スタートカリキュラムの開発	「具体的な活動や体験をしながら教科学習の面白さに気付かせていくということで考えておりますが，それと併せて，やはりしっかりと教科の目標を踏まえた計画的な指導をすること，そして効果的な学習によって十分な活動の時間を確保する，この三つを大事にしてやっております」
課題と展望	**研修システム継続**	「研修システムを継続していくと，5年経験者は必ずこういうところで研修をしていくということになりますし，それ以外の教員も随時，研修に参加していくと，だいたい4年後，5年後の試算で言うと，3割くらいの先生方は絶対に，保育についての理解と言いますか，関心を持ってやっていただけるようにはなっていくのかなと考えています」
	研修での協議の重要性	「必ず協議をしてくださいということを園の方に資料として，参観や体験だけじゃなく協議をしてくださいとか，そういったことをお願いしてやってはいます」
	独自性の意識	「各学校が自主的に自分たちの小学校に来る保育園や幼稚園と，独自にやっていくという意識を持っていただくことが大事になってくるので，これをつないでやっていきながらも，各学校が独自に協議会とか，研修会の機会を持つということも並行して考えていかなければいけないと考えております」

て，保育参観や保育・幼児体験の研修が実施され，その研修が数年後にもたらす成果まで考慮されていた。

3.3.3　Ｃ市の取り組み状況

⑴　Ｃ市の状況及び担当者のプロフィール

　Ｃ市は関東地方に位置する人口235,081人の市である。就学前施設の設置数は保育所20園（私立14・公立6），私設保育施設9園，幼稚園18園（私立18・公立0），幼稚園類似施設2園であった。小学校数は19校（私立1・公立18）であった。

　教育施策については，2010年に2011年から10年間のＣ市の教育が目指す基本的な方向性を示した「Ｃ市教育基本計画」が策定された。この教育基本計画では，「豊かな人間性と自律性をはぐくむ学校教育の充実」，「学びあい響き合う社会教育の充実」，「教育行政の効率的・効果的運営」の3つの政策が示された。そして，「豊かな人間性と自立性をはぐくむ学校教育の充実」を実現する18の方向の1つとして「児童・生徒の成長を促す幼稚園・保育園・小学校・中学校等の連携推進」が示された。

　Ｃ市の首長の2007年のマニフェストにおいて，6つの重点施策のうちの1つである「次世代を担う子どもを健やかに育む」の下に「公立・民間保育園の定員増」，「ショートステイ事業や病後児保育事業の実施」，「公設児童クラブの整備」，「教育プランの策定」，「特色のある教育の実践と人的支援体制の強化」，「研修施設の整備計画の検討」が策定された。

　連携担当者Ｃの経歴は小学校教諭として8年，教育センターでは1年目であった。連携担当者Ｄの経歴は小学校教諭を経て教育センターの所属であった。

⑵　人的環境

　幼稚園はすべて私立幼稚園，保育所も私立保育所が多いという状況の中で，保幼小，公私の垣根を超えるための話し合いが繰り返されることによって，連携への意識を保ち続けてきた。また，保幼小連携に関わる人材が研究会を立ち上げるなどの非公式の取り組みも行われた。

(3) 研修や講座

　26年継続している保幼小教育連携研究協議会は，校長会と園長会が互いの立場を理解して課題を共有していこうという意識からから始まり，子どもたちの就学に関してプライバシーを守った上で情報を共有するなどしてきた。このような協議会を通して個人的な親密感や信頼感が増していく効果がみられた。また，教育関係者・市の関係職員・保護者・地域住民を対象として，幼児を育てる環境や教育連携についての幼児教育研修会を開催することにより，教育関係者だけではなく地域住民にも幼児教育への理解を深める機会を提供していた。

(4) カリキュラム

　授業・カリキュラム作りと学びの環境作りという点で小学校の教員がリードしていくことが提案された。連携のポイントとして，授業の題材の選び方によっては授業が活動だけで終わってしまうことがあるが，選ぶ題材によっては子ども同士の遊びが発生しそれが学びに発展していくことがあり，遊びを通して学ぶという視点で授業を作っていくことは幼児期の教育だけではなく小学校でも重要であることが挙げられた。

　また，それまで多くの目で見守られてきた子どもが，教師一人が大勢の子どもに対応する小学校に入学することによって感じる不安や，最年長として扱われてきたにもかかわらず小学校入学によって何も知らない子どもとして扱われることによる子どもたちの自信の揺らぎに対処する工夫が盛り込まれた環境作りが必要であることが指摘された。

　連携担当者Ｃの「先生からするとみんなに伝えたいから（黒板の前に）立ってしまう。子どもにとってものすごい壁なのだなと。教えてと手を差し伸べたいのに言えない。何かそんな不安感で，実はいっぱいだったのかなと」という発言によって幼稚園・保育園での1対1の安心感から小学校の1対「多」という不安に変わっていく子どもの気持ちが移行期の課題として指摘

Table 3-4   担当者 C さんと D さんの語り

人的環境	**公立私立の関係性**	「私立の方々，園長同士の方々の，経営者ではあっても，その親密感というのが協議会を通して，どうも深まってきたという雰囲気を感じています」（連携担当者 C）
	非公式の取り組み	「幼児期の教育，別の言い方をすれば，家庭教育の方の部分を，どういうふうに相談機能も含めて展開できるのかというところを，今の，一応その 3 人でいま研究委員会をつくっていまして」（連携担当者 D）
研修や講座	**子どもの育ちの支援**	「必然性があって，この協議会が立ち上がったようですね。子どもたちを何とか支えてあげなければいけないということで，校長会と園長会が手を取り合ったというようなところで，必然性があったと」「子どもたちの就学に関して情報共有しながらも，必ずお子さんのプライバシーを守って小学校で引き受けますというようなところまで，互いの信頼感が高まっているようです」（連携担当者 C）
カリキュラム	**遊びを通しての学び**	「<u>今になって幼稚園のことを少し勉強すると</u>，遊びということと，学問ということと，学びということが授業をつくる中に組み込まれているというか，それを視点を持って授業をつくっていくことが大事なのだろうなと」（連携担当者 C）
	子どもの不安への気づき	「先生からするとみんなに伝えたいから，（黒板の前に）立ってしまう。子どもにとってものすごい壁なのだなと。<u>教えてと手を差し伸べたいのに言えない。何かそんな不安感で，実はいっぱいだったのかなと</u>」（連携担当者 C）
課題と展望	**小学校教員のリード**	「<u>小学校の先生が</u>，教員がリードしていくということは大事かなと。授業作りとカリキュラムという視点と，もうひとつ子どもの学びの環境作りという，この大きな 2 点が必要なのだろうなと」（連携担当者 C）
	不連続性を乗り越える手立て	「成長のためには必ず壁が必要だと思うのですが，その壁を乗り越えるための手立てを，<u>小学校の教員としてどれだけ用意できたのかなということを，いまになって振り返っています</u>」（連携担当者 C）

され，小学校 1 年生の授業の内容についての意見交換が始まった。その中で，連携担当者 A の「ちょっと間隔を取って座ってとか，それが座らせるのではなくて，座れるような自信をつけてやるというような体験からでてくるのかなと思ったりとか。本当にその幼児の発達をよく知って 1 年生を持つということが，すごく大事かなと，今になって思っています」という発言があり，幼児期の生活体験によって子どもが 1 対「多」の感覚を身につけていくこととそのような子どもの姿を実践者が理解していることの重要性が指摘

された。この発言を受けて，連携担当者Ｅの「幼児教育についてお話を，最初に講師の先生にしていただいたときに，それを受けて教務主任の先生方が，幼児期の発達というのはこうなのだねと。だから，いま，1年生がこう来ているのだねということが理解できたというふうにコメントをいただいたときに，小学校の先生たちは幼児期の発達を勉強されてきているのでしょうが，実際問題として理解をされないで，きっと1年生というものを預かっているということで」との発言があった。この発言には，幼児期の体験に対する実践者の理解が十分ではなかったことへの連携担当者の気づきがみられる。身体的な感覚による子どもの安心感という課題から，小学校教諭による幼児期の体験を踏まえた子どもの発達の理解の大切さ，幼児期の子どもの発達の理解の難しさに対する連携担当者としての気づきといった各人の振り返りが引き出されていた。

⑸　課題と展望

　小学校教員が授業・カリキュラム作りと子どもの学びの環境作りの2点で連携の取り組みをリードしていくことと，成長のための壁を乗り越える手立てを準備することの必要性が指摘された。

⑹　担当者の語りにみられる特徴

　カリキュラムの遊びを通しての学びに関する「今になって幼稚園のことを少し勉強すると」という発言から，連携担当者としての知識によって遊びと学びの役割をとらえ直したことがわかる。カリキュラムの子どもの不安への気づきに関する「教えてと手を差し伸べたいのに言えない。何かそんな不安感で，実はいっぱいだったのかなと」，課題と展望の不連続性を乗り越える手立てに関する「小学校の教員としてどれだけ用意できたのかなということを，いまになって振り返っています」という発言から，過去の実践を振り返り子どもの不安への対応や成長の壁を乗り越える手立ての準備が適切になさ

Table 3-5　担当者 E さんと F さんの語り

人的環境	**意識改革の重要性**　「教職員の意識改革が必要だろうということ，校内の組織的な環境作りも必要ですし，教育委員会という組織的な環境作りも必要なのではないかということです」（連携担当者 F）
研修や講座	**所管を超えた研修システム**　「公立も私立の幼稚園も，保育園も全部一緒に研修を受ける機会ですとか，内容によっては小学校の先生も一緒に受けられるという，その幼児教育からすべての部分を一手に引き受けていただけるような，そういったシステムはできないのかなというところが感じるところです」（連携担当者 F）
カリキュラム	**カリキュラムの役割**　「子どもでつなぐ，教師でつなぐ，カリキュラム，情報交換をつなぐということで，四つの視点を持って，そのようなかたちで，どんなふうにつないでいくかということを研究してまいりました。この四つのポイントは微妙に，もう少し整理をしなければいけないと思っているのですが，要は教師間の相互理解にすべてつながっている」（連携担当者 E）
課題と展望	**連携のシステム作り**　「（システムを）市教委がつくっていって，それで幼保小の担当は誰だったかしら，この人とこの人，では今年はどうするか計画していこうねという，そういう当たり前になっていくような，そういうシステム作りを今後はしていかなくては」（連携担当者 E）
	子どもの発達の理解　「幼児教育についてお話を，最初に講師の先生にしていただいたときに，それを受けて教務主任の先生方が，幼児期の発達というのはこうなのだねと。だから，いま，1 年生がこう来ているのだねということが理解できたというふうにコメントをいただいたときに，<u>小学校の先生たちは幼児期の発達を勉強されてきているのでしょうが，実際問題として理解をされないで，きっと 1 年生というものを預かっている</u>ということで」（連携担当者 E）
	保育所が連携に加わる難しさ　「<u>普通で考えたら幼稚園と保育園で連携がスムーズに行って，小学校の連携が難しいと思って私もいたのですが</u>，いざ進めてみると，幼稚園と小学校は話し合う時間が持てるのです。子どもが帰った後に時間を設定して，話し合いができる。夏季休業中にまとめて指導検討しようとか，カリキュラム作りの見直しをしようとか，そういうことができるのですが，保育園は，なかなか，その時間を抜けてくるということが非常に難しい」（連携担当者 E）

れていたかどうかの評価をしていることが指摘できる。保幼小連携という文脈において過去の自分の実践が子どもに与えた影響を内省しながら，連携の担当者としての役割を務めていた。

3.3.4　D 市の取り組み状況

⑴　D 市の状況及び担当者のプロフィール

D 市は関東地方に位置する人口164,877人の市である。就学前施設の設置数は保育所33園（公設公営 7・公設民営 5・民設民営 3・認証保育所 9・簡易保育所 9），幼稚園19園（私立 5・公立14）であった。小学校数は18校（私立 0・公立18）であった。

教育施策については，2010年に D 市の学校教育の方向性や目指す子ども像などを示す「D 市教育ビジョン」が策定され，2010年度からの10年間を見据えた学校教育の目指す姿を示すとともに，2010年度からの 5 年間に実施すべき基本計画が示された。この教育ビジョンでは「一人一人の個性や能力を大切にし，個々の教育的ニーズに応じた支援の充実を図る」，「小中連携・一貫教育をはじめとした学びの連続性を重視した教育を推進する」，「学校・行政が地域・家庭と連携・協力し，子どもをはぐくむ基盤づくりを進める」，「開かれた学校運営を通して，学校と教職員の信頼性の向上を図る」，「学校教育施設の整備を進め，子どもをはぐくむ教育環境を整える」の 5 つの方向性を重点として教育施策の展開が図られた。そして，めざす子ども像に関わる取り組みとして「学校種間の連携」が示された。

D 市の首長の2006年のマニフェストにおいて，子どもに関するものとして「公立幼稚園での 3 歳児保育の実施」，「子育て支援ケアプラン」，「地域の特色を生かした高校づくり，幼・保・小連携」が策定された。

連携担当者 E の経歴は幼稚園教諭として約20年，教育委員会では 2 年目であった。連携担当者 F の経歴は幼稚園教諭として25年，教育委員会では 6 年目であった。

⑵　人的環境

幼稚園長の職にどのような立場の人材が配置されるかについては，時期により変化があり，それに伴って幼小連携にも影響があった。具体的には，小

学校長が幼稚園長を兼務していた時期から，幼稚園出身の園長がすべての園に配置された時期を経て，現在は小学校の教頭職に就く前の教員も幼稚園長に配置されるようになった。

　小学校出身の教員が園長職に就いた場合，幼稚園の動きを理解しなければならないため，行事などについての理解や職員間の連携への意識が高くなるという利点がある。これに対して，幼稚園出身の園長が配置された場合，専門性が高い人材であるため幼児教育の充実にとっては利点であるが，小学校の側からの幼稚園への関心や理解は低くなる傾向があり，幼小連携という点では停滞する危険性があった。このような傾向は，教育委員会の幼稚園担当の指導主事の配置においてもみられた。

⑶　研修や講座

　幼保小連携教育協議会の設置や保育所と幼稚園の窓口の一本化により，就学前の保育・教育方針を作るなどの連携が進んだ。しかし，保育所と幼稚園の窓口の一本化がなされても，所管が一つになったわけではないため，合同で研修を行ったり，互いに研修に参加し合ったりといったことは難しいなどの課題が残されていた。

⑷　カリキュラム

　実践研究の取り組みとして，０歳児から児童期までも含めた発達の連続性を見据えて，就学前のアプローチカリキュラム，小学校のスタートカリキュラムを開発した。教師間の相互理解や情報交換を大切にしながら，これらのカリキュラムを実践し，子どもの育ちをつないでいくための見直しを行っていた。

⑸　課題と展望

　個人的な努力に頼るのではなく継承していくことのできる連携のシステム

作り，幼児期の子どもの発達を実態に即して理解することの困難さ，時間的理由による保育所と小学校の連携の困難さが指摘された。

(6) 担当者の語りにみられる特徴

　課題と展望の子どもの発達の理解に関する「小学校の先生たちは幼児期の発達を勉強されてきているのでしょうが，実際問題として理解をされないで，きっと1年生をいうものを預かっているということで」という発言から，研修における小学校教員のコメントから幼児期の子どもの発達を理解することの難しさを認識したことがわかる。課題と展望の保育所が連携に加わる難しさに関する「普通で考えたら幼稚園と保育園で連携がスムーズに行って，小学校の連携が難しいと思って私もいたのですが」という発言から，保育所が保幼小の連携に加わることの難しさを改めて認識したことが指摘できる。いずれの場合も連携の取り組みを行ったことで事前には想定していなかった課題が顕在化し，連携の担当者間で課題を共有することができるようになったと考えられる。

3.4　全体的考察

　各地方自治体の保幼小連携への取り組みが発足し，その後も継続している経緯をみると，公式及び非公式な人材が移行期の教育の重要性を実践者に伝える役割を担っていた。研修や講座において地方自治体の連携へ取り組みの方針が示され，保育所・幼稚園・認定こども園・小学校のカリキュラムの開発・実践に対して地方自治体が積極的に関与していくことが持続可能性を高める要因となっていた。

　A市では地域住民の子どもへの関心の高さ，B市では私立幼稚園からの協力の大きさ，C市では保幼小連携に関わる人材の個人的な関係性の強さや意識の共有，D市では幼稚園の園長職や教育委員会の体制の変化が長期的に保幼小連携を継続する体制作りに寄与したと考えられる。

　そのような人的基盤の上で，各地方自治体はカリキュラムの開発や研修制度の強化に取り組んでいた。Ａ市では地域住民の子どもへの関心の高さを背景として20年以上続く幼小連携講座を維持し，公立保育所・公立幼稚園・公立小学校によるグループ研究の中で就学前教育と小学校教育をつなぐための接続期プログラムの開発を行っていた。さらに，このようなグループ研究を私立の保育所や幼稚園に広げていくことによって連携を広めることが課題とされていた。

　Ｂ市ではライフステージ別の「Ｂ市教育総合ビジョン」によって子どもの発達の道筋を示し，保育・幼児教育体験研修や保幼小連携のための保育参観研修を行うことによって実践者の幼児期の姿への理解を高めていた。これらの取り組みにより，人口約120万の都市であるために自治体内に文化の違いが存在するＢ市において自治体内の実践者全体の質の向上が図られていた。

　Ｃ市では，幼児・小学校教育連携連絡会により保幼小の教育関係者と市職員との情報交換を行い，幼児教育研修会により保幼小の教育関係者・市職員・保護者の幼児教育への理解を深めるなどして，カリキュラム開発が可能な状態へと準備を整えたところであった。

　Ｄ市では，Ｄ市の首長が政策公約の１つに「Ｄ市の特色を生かした高校づくりと幼・保・小連携」を策定しており，「Ｄ市教育ビジョン」において「小中連携・一貫教育をはじめとした学びの連続性を重視した教育を推進する」ことが施策の１つに掲げられた。さらに，幼保小連携教育協議会の設置や保育所と幼稚園の窓口の一本化がなされるなど，連携しやすいシステムを作るという形で連携に取り組んでいた。

　保幼小連携の行政の担当者の語りに着目すると，連携担当者Ａの発言（「もう１回，もし１年生を担任できたら，そうやって担任をしたいと思っていることが大きかったりしています」）や連携担当者Ｃの発言（「成長のためには必ず壁が必要だと思うのですが，その壁を乗り越えるための手立てを，小学校の教員としてどれだけ用意できたのかなということを，いまになって振り返っています」）から，保

幼小連携の行政の担当者の中に実践者としての視点からの内省や連携の在り方の問い直しが生じていることが指摘できる。また，連携担当者Bの発言（「研修システムを継続していくと，5年経験者は必ずこういうところで研修をしていくということになりますし，それ以外の教員も随時，研修に参加していくと，だいたい4年後，5年後の試算で言うと，3割くらいの先生方は絶対に，保育についての理解と言いますか，関心を持ってやっていただけるようにはなっていくのかなと考えています」）から，連携の取り組みの成果を長期的な視点でとらえていることがわかる。さらに，連携担当者Eの発言（「普通で考えたら幼稚園と保育園で連携がスムーズに行って，小学校の連携が難しいと思って私もいたのですが，いざ進めてみると，幼稚園と小学校は話し合う時間が持てるのです。子どもが帰った後に時間を設定して，話し合いができる。夏季休業中にまとめて指導検討しようとか，カリキュラム作りの見直しをしようとか，そういうことができるのですが，保育園は，なかなか，その時間を抜けてくるということが非常に難しい」）から，連携に取り組みながら想定していなかった課題を見出し担当者間で共有していることが示された。

　各地方自治体の現在の取り組みから導き出された持続可能な保幼小連携への課題は様々であった。制度的な課題としては，保幼・公私の垣根を越えた体制作りや人事交流制度・連携担当職の検討などの組織的な環境作りが挙げられた。公立と私立，保育所と幼稚園などの間で担当部署が異なるために，優れた研修制度があっても参加できなかったり，独自性を重んじるあまり研修制度に対する参加意欲が低かったりといった問題がみられた。

　さらに，保育・教育の在り方に関する課題として，自らの保育・教育を枠組みを持って振り返る場の設置，幼児期の教育から児童期の教育への移行の壁を乗り越える力をつける保育・教育，子どもの発達に基づいた授業・カリキュラム作りが挙げられた。保育参観・授業参観の体験から生じた疑問や気づきを共有し協議する場を設け，そのような場をきっかけに，子どもに移行の壁を乗り越える力をつける保育・教育とは何かを保育士・幼稚園教諭・小

学校教諭一人ひとりが熟考していくことが移行期の子どもを支援する上で有効であることが示唆された。幼児の発達や小学校低学年の子どもの姿をよく知らない小学校教諭に対して，幼児教育に関する研修を受けた上で低学年を担当するような仕組み作りも役立つと考えられる。

　これらの課題を解決しながら，持続可能な保幼小連携の仕組みを作るためには，地方自治体が連携・接続に関する基本方針や支援方策を策定した上で，保育所・幼稚園・認定こども園・小学校への積極的な支援を行い，地域のネットワーク作りのリーダーシップをとることが求められる。

　4市の取り組みから，地方自治体が保育や教育の現場の試みや意見を汲み上げて，保幼小連携の仕組み作りを行っていくことによって，保幼小連携に関わる人材のモチベーションを高め，それが保幼小連携の持続性につながっていくことが示唆された。保育や教育の現場の意見や地域住民の要請を柔軟に保幼小連携の仕組みに反映できる体制を地方自治体が構築することが，持続可能な保幼小連携を支えると考えられる。

　第4章では，第3章のインタビュー調査で抽出された人的環境の整備・研修や講座の実施・カリキュラム開発を中心とした全国の地方自治体の保幼小連携への取り組み内容と保幼小連携の担当者の保幼小連携の方針や問題意識を検討し，現在の保幼小連携の体制作りのプロセスや特徴を明らかにする。

第4章　取り組み段階の観点からみた地方自治体の 保幼小連携体制作り（研究2）

4.1　目的

第3章から，保幼小連携の取り組みの実施において地方自治体が重要な役割を果たしていることが明らかになった。そして，その役割として重要なのは長期的な保幼小連携の維持，つまり保幼小連携体制の構築であることが示唆された。本章では，全国の地方自治体が過去・現在にどのような連携に取り組んできたのか，その取り組みからどのような問題点や課題が見出されたのか，将来の連携に向けてどのような仕組みを作ろうとしているのかを質問紙によって問うことで，保幼小連携体制作りのプロセスを明らかにする。そのために，保幼小連携の取り組み段階の観点から保幼小連携の取り組み内容と保幼小連携の担当者の認識を分析する。

保幼小連携の取り組み段階は，いつ頃から保幼小連携に関する取り組みを始め，現在どのような取り組みを行っているのかを問うものである。保育所保育指針，幼稚園教育要領，小学校学習指導要領に連携に関する文言が示される前から子どもの発達の連続性に関心を持ち連携の取り組みを始め現在では複数の取り組みを行っている地方自治体と，告示以降に連携というものを知り連携に取り組み始めた地方自治体では，取り組み内容が異なることが予想される。

保幼小連携担当者の認識は，地方自治体の役割や現在の連携の問題点をどのようにとらえているのかを検討するものである。保幼小連携体制において地方自治体の保幼小連携担当者は保育・教育の専門家や子どもの保護者，地域住民など様々な立場から出される意見をとりまとめる立場となる。その保

幼小連携の担当者が，現在実施されている保幼小連携の取り組みをどのように評価しているのかは，将来の連携の在り方に強く影響を与えることになる。

　そこで，本章では保育所・幼稚園・認定こども園・小学校に対してリーダーシップが求められる地方自治体の取り組みに焦点を当てて，取り組みの開始時期と連携体制作りの段階の観点から保幼小連携担当者の認識を明らかにすることを目的とする。さらに，保幼小連携の特色や課題，地方自治体と保育所・幼稚園・認定こども園・小学校の間の連絡の工夫についても明らかにする。

4.2　方法

4.2.1　調査協力者と調査期間

　質問紙調査は，関東圏ならびに政令指定都市行政区346市町村区保幼小連携担当部署に調査を依頼して実施された。

　調査実施期間は2011年2月であった。質問紙は返信用封筒を同封して郵送によって配布した。回収も郵送によって行い，78自治体（回収率22.5%）から回答が得られた（内訳は，教育委員会学校教育課が28，教育委員会学校教育課子ども課・幼児教育課が1，その他の教育委員会担当課が40，福祉部局での保育課・子ども課が2，その他が7であった）。

4.2.2　調査項目

　保幼小連携の取り組みに影響を与える要因として，取り組みの開始時期と体制作りの段階（木下，2010）の2つの項目を設定した。

　地方自治体の保幼小連携への取り組み状況を把握するための設問として，A 過去の取り組み（1. 保幼小連携への取り組みの経緯），B 現在の取り組み（2. 現在行っている保幼小連携の取り組み，3. 特色ある取り組み，4. 実施が難しい取り組み，5. 人的環境についての取り組み，6. 研修体制についての取り組

み，7．カリキュラム開発についての取り組み，8．地方自治体が各学校・園（所）の取り組みを支援する工夫，9．各学校・園（所）での取り組みを地方自治体の方針に反映する工夫），C担当者の認識（10．教育委員会に期待される役割，11．保幼小連携の体制作りを阻む要因，12．保幼小連携を持続させるために重要なポイント）の12の項目を設定した（Table 4-1, Figure 4-1, 資料1）。設問の選択肢は，文部科学省・厚生労働省（2009），文部科学省（2010）の接続の在り方の議論や地方自治体の実践事例を参考に決定した。

　設問2は10の選択肢のうち，実施している取り組みを選択するよう求めた。10の取り組みとは，(a)保育所・幼稚園・認定こども園と小学校等の関係者による連絡（連携）協議会の設置，(b)保幼小連携に関する研修会の開催，(c)保育・授業の相互参観，(d)保幼小間の教職員の長期派遣，(e)接続期カリキュラムの開発，(f)保育・授業への相互参加による子ども同士の交流活動，(g)保護者も含めた交流会の開催，(h)地域社会に対する啓発活動，(i)保育所・幼稚園・認定こども園及び小学校向け各研修会の保幼小合同研修会としての開催，(j)その他である。

　設問10は6つの選択肢から，教育委員会に期待される役割を選択するよう求めた。6つの選択肢とは，(a)幼児期の教育と小学校教育への深い理解をもった上で指導できるような教職員の育成，(b)保幼小連携に関する保護者への理解・啓発を図ることによる家庭との連携，(c)保幼小連携に関する基本方針や支援方策の策定，(d)保幼小連携の進捗状況の把握・評価と，それに基づく各学校・施設に対する指導・助言，(e)連携を進める上での保育所・幼稚園・認定こども園・小学校の間の調整，(f)その他である。

　設問11は8つの選択肢から，体制作りを阻む要因と思われる選択肢を選択するよう求めた。8つの選択肢とは，(a)私立保育所・幼稚園・認定こども園の多さ，(b)教職員の多忙，(c)保幼小連携への管理職の理解不足，(d)保幼小連携への保育士・幼稚園教諭の理解不足，(e)保幼小連携への小学校教諭の理解不足，(f)支援事業の予算，(g)連携のキーパーソンの不在，(h)その他である。

Table 4-1　質問項目

過去の取り組み

1. 取り組みの経緯

現在の取り組み

2. 現在行っている保幼小連携の取り組み
(a)保育所・幼稚園・認定こども園と小学校等の関係者による連絡（連携）協議会の設置
(b)保幼小連携に関する研修会の開催　(c)保育・授業の相互参観　(d)保幼小間の教職員の長期派遣
(e)接続期カリキュラムの開発　　　　(f)保育・授業への相互参加による子ども同士の交流活動
(g)保護者も含めた交流会の開催　　　(h)地域社会に対する啓発活動
(i)保育所・幼稚園・認定こども園及び小学校向け各研修会の保幼小合同研修会としての開催

3. 特色ある取り組み
4. 実施が難しい取り組み
5. 人的環境についての取り組み
6. 研修体制についての取り組み
7. カリキュラム開発についての取り組み
8. 学校・園（所）に対する支援の工夫
9. 学校・園（所）の取り組み・意見の反映の工夫

担当者の認識

10. 教育委員会に期待される役割
(a)幼児期の教育と小学校教育への深い理解をもった上で指導できるような教職員の育成
(b)保幼小連携に関する保護者への理解・啓発を図ることによる家庭との連携
(c)保幼小連携に関する基本方針や支援方策の策定
(d)保幼小連携の進捗状況の把握・評価と、それに基づく各学校・施設に対する指導・助言
(e)連携を進める上での保育所・幼稚園・認定こども園・小学校の間の調整

11. 保幼小連携の体制作りを阻む要因
(a)私立保育所・幼稚園・認定こども園の多さ　　　(b)教職員の多忙
(c)保幼小連携への管理職の理解不足　　　　　　　(d)保幼小連携への保育士・幼稚園教諭の理解不足
(e)保幼小連携への小学校教諭の理解不足　　　　　(f)支援事業の予算
(g)連携のキーパーソンの不在

12. 保幼小連携を持続させるために重要なポイント
(a)管理職の配置や人材育成等の人的環境において保幼小連携を促進する環境が整っていること
(b)幼児期から児童期への子どもの育ちの姿をイメージした保育課程・教育課程を編成すること
(c)教育委員会を中心とする地方自治体がリーダーシップを発揮して連携体制作りを行うこと
(d)教職員の資質向上に役立つ各学校・施設研修や行政主催研修を開催すること
(e)幼児期と児童期をつながりとして意識すること
(f)家庭や地域社会と連携・協力すること

Figure 4-1　質問紙の構成

設問12は7つの選択肢から，保幼小連携持続のために重要と思われる選択肢を選択するよう求めた。7つの選択肢とは，(a)管理職の配置や人材育成等の人的環境において保幼小連携を促進する環境が整っていること，(b)幼児期から児童期への子どもの育ちの姿をイメージした保育課程・教育課程を編成すること，(c)教育委員会を中心とする地方自治体がリーダーシップを発揮して連携体制作りを行うこと，(d)教職員の資質向上に役立つ各学校・施設研修や行政主催研修を開催すること，(e)幼児期と児童期をつながりとして意識すること，(f)家庭や地域社会と連携・協力すること，(g)その他である。

設問1，3～9に対しては自由記述によって回答するよう求めた。

4.2.3　分析のための手続き

保幼小連携の取り組みに影響を与えると考えられる取り組みの開始時期と体制作りの段階について，以下のように整理を行った。

取り組みの開始時期は，取り組み準備（地方自治体主体の取り組みはない），現在（2011年）～5年前，6～15年前，16年以上前の4グループとした。2005年の中央教育審議会答申「子どもを取り巻く環境の変化を踏まえた今後の幼児教育の在り方について」ならびに2006年の教育基本法の改正から，「現在（2011年）～5年前」と「6～15年前」を一つの区切りとした。また，1997年の文部省による「時代の変化に対応した今後の幼稚園教育の在り方について―最終報告―」ならびに文部科学省研究開発学校における幼小連携指定が1999年になされたことから，「6～15年前」と「16年以上前」を一つの区切りとした。

体制作りの段階は，着手段階（直近の予定がないか検討中である），実践段階（研修会やカリキュラムへの取り組み），充実段階（実践を踏まえた検討）の3グループとした。

設問1，3～9の自由記述については，カテゴリー化の手続きを行った（カテゴリー化の手続きについては，木下（2003）やWillig（2001）を参考にした）。

カテゴリー化の手続きとして，取り組みの内容・理由と取り組みの目的・意義の観点から記述内容にラベルを与えた。次に，記述内容の類似性と差異に基づいて，ラベルを整理・統合し，カテゴリーを生成した。設問 1 の保幼小連携への取り組みの経緯の場合，取り組み事例の記述（連絡会や交流活動など）と，取り組み理由の記述（小 1 プロブレム，働きかけなど）を確認した。さらに，取り組み内容や取り組み理由に関連した目的・意義の記述を確認した（情報交換や小学校生活への理解，教育課題の解決など）。「小学校・幼稚園・保育園間の連携・協力を図るために連絡会を設定した」の記述から「保幼小の実践者・管理職による会合」のラベル，「児童・園児の指導にかかわる課題等について，情報交換及び協議を行い，今後の指導に生かす」の記述から「長期的な連携・協力関係の形成」のラベルを与え，最終的にはこれらのラベルを含むカテゴリーとして「連携のための協議会の設置」とした。

　2 名の共同研究者が独立に分析をして評定の一致を確認した。不一致箇所については協議を行ってカテゴリーの定義を改善し，100% 一致したところで度数の分析を進めた。

4.3　結果と考察

4.3.1　取り組みの開始時期と体制作りの段階の関連

　75 自治体（未記入 3）のうち，現在（2011年）においても地方自治体が主体となる取り組みはないと回答した地方自治体は 8（10.7%），現在（2011年）〜5 年前に取り組み始めた地方自治体は 24（32.0%），6 〜15年前に取り組み始めた地方自治体は 25（33.3%），16年以上前から保幼小連携に取り組んできた地方自治体は 18（24.0%）であった。

　78 自治体のうち，直近の連携の予定がないか検討中である地方自治体（以下，着手段階）は 17（21.8%），保育・授業参観や研修会の実施，カリキュラムの開発などを行っている地方自治体（以下，実践段階）は 58（74.4%），連携の実践結果を踏まえたカリキュラムの見直しまでも行っている地方自治体（以

下，充実段階）は 2 （2.6％）であった。

取り組みの開始時期（以下，開始時期）と体制作りの段階（以下，体制作り）の関連をみると，75地方自治体のうち，着手段階の地方自治体の開始時期は，「取り組み準備」が 7 （41.2％），「現在（2011年）〜 5 年前」が 6 （35.3％），「6 〜15年前」が 3 （17.6％），「16年以上前」が 1 （5.9％），合計17であった。実践段階の地方自治体の開始時期は，「取り組み準備」が 1 （1.8％），「現在（2011年）〜 5 年前」が17（30.4％），「6 〜15年前」が21（37.5％），「16年以上前」が17（30.4％），合計56であった。充実段階の地方自治体の開始時期は，「取り組み準備」が 0 （0.0％），「現在〜 5 年前」が 1 （50.0％），「6 〜15年前」が 1 （50.0％），「16年以上前」が 0 （0.0％），合計 2 であった。

以上のことから，体制作りが進んでいる地方自治体は，開始時期が古い傾向にあることが示唆される（Table 4-2）。また，充実段階にまで達している地方自治体が非常に少ないことも示された。開始時期が 5 年を超える場合は，一人の担当者ではなく複数の担当者が引き継ぎながら，持続可能な体制を構築していることが想定できる。そこで，開始時期による比較と体制作りの段階による比較を行い，開始時期や体制作りの段階によって現担当者の認識にどのような違いがみられるのか，その認識の違いが地方自治体の体制作

Table 4-2　開始時期と体制作りの関連

体制作り	開始時期				
	取り組み準備	現在〜 5 年前	6 〜15年前	16年以上前	計
着手	7 (41.2)	6 (35.3)	3 (17.6)	1 (5.9)	17 (100)
実践	1 (1.8)	17 (30.4)	21 (37.5)	17 (30.4)	56 (100)
充実	0 (0.0)	1 (50.0)	1 (50.0)	0 (0.0)	2 (100)
計	8	24	25	18	75

注　（　）内は比率を示す。

りにどのように反映されているのかを分析し，保幼小連携体制の構築におけ
る地方自治体の特徴を明らかにする。

4.3.2 開始時期による違い

⑴ 現在行っている保幼小連携の取り組み

　開始時期ごとの保幼小連携の取り組みの実施状況を Table 4-3 に示した。

　「その他」を除く 9 項目の連携への取り組みについて Fisher の正確確率検
定を行ったところ，「連絡協議会の設置」（$p < .05$），「研修会の開催」
（$p < .01$），「保育・授業の相互参観」（$p < .05$）に開始時期による有意な差がみ
られた。Tukey の多重比較によると（5 ％水準），「連絡協議会の設置」では
16年以上前に取り組み始めた地方自治体と取り組み準備の地方自治体の間に
比率の差が認められ，16年以上前に取り組み始めた地方自治体は取り組み準
備の地方自治体と比較して連絡協議会の設置の割合が高かった。「研修会の
開催」では取り組み準備の地方自治体と他の時期に取り組み始めた地方自治
体の間に比率の差が認められ，取り組み準備の地方自治体は他の時期に取り
組み始めた地方自治体と比較して研修会の開催の割合が低かった。「保育・

Table 4-3　開始時期別の地方自治体の保幼小連携への取り組み

	連絡協議会の設置	研修会の開催	保育・授業の相互参観	教職員の長期派遣	接続期カリキュラムの開発	子どもの交流活動	保護者も含めた交流会	地域社会への啓発	保幼小合同研修会	その他
取り組み準備 (n=6)	1 (16.7)	0 (0.0)	4 (66.7)	0 (0.0)	0 (0.0)	5 (83.3)	0 (0.0)	0 (0.0)	0 (0.0)	1 (16.7)
現在〜5年前 (n=24)	15 (62.5)	18 (75.0)	14 (58.3)	0 (0.0)	7 (29.2)	14 (58.3)	5 (20.8)	5 (20.8)	13 (54.2)	4 (16.7)
6〜15年前 (n=25)	18 (72.0)	18 (72.0)	21 (84.0)	3 (12.0)	8 (32.0)	20 (80.0)	2 (8.0)	8 (32.0)	12 (48.0)	8 (32.0)
16年以上前 (n=18)	14 (77.8)	13 (72.2)	17 (94.4)	3 (16.7)	4 (22.2)	12 (66.7)	2 (11.1)	5 (27.8)	10 (55.6)	6 (33.3)
計	48 (65.8)	49 (67.1)	56 (76.7)	6 (8.2)	19 (26.0)	51 (69.9)	9 (12.3)	18 (24.7)	35 (47.9)	19 (26.0)

注　（ ）内は比率を示す。

授業の相互参観」では16年以上前に取り組み始めた地方自治体と現在〜5年前に取り組み始めた地方自治体との間に比率の差が認められ，16年以上前に取り組み始めた地方自治体は，現在〜5年前に取り組み始めた地方自治体と比較して保育・授業の相互参観の実施の割合が高かった。

連絡協議会の設置は，「取り組み準備」が1（16.7%），「現在（2011年）〜5年前」が15（62.5%），「6〜15年前」が18（72.0%），「16年以上前」が14（77.8%）であった。保幼小連携に関する研修会の開催は，「取り組み準備」が0（0.0%），「現在（2011年）〜5年前」が18（75.0%），「6〜15年前」が18（72.0%），「16年以上前」が13（72.2%）であった。保育・授業の相互参観は，「取り組み準備」が4（66.7%），「現在（2011年）〜5年前」が14（58.3%），「6〜15年前」が21（84.0%），「16年以上前」が17（94.4%）であった。

取り組みが準備段階の地方自治体では，学校・園（所）で独自に実施できる子ども同士の交流などと違い，地方自治体が主体になって進めない限り実行できない連絡協議会の設置や研修会のような連携事業を立案し実行することが現在の課題となっていた。これに対して，16年以上の長期にわたって保幼小連携が行われている地方自治体では，連携の必要性が浸透しているため，一部の管理職だけではなく小学校教諭や幼稚園教諭，保育士が連携の意識を持って取り組まなければならない保育や授業の相互参観を着実に実施していた。

⑵　教育委員会に期待される役割

開始時期ごとの教育委員会への期待について Table 4-4 に示した。

「その他」を除く5項目の教育委員会への期待について Fisher の正確確率検定を行ったところ，「学校・園（所）への指導・助言」（$p < .05$）に開始時期による有意な差がみられた。Tukey の多重比較によると（5%水準），6〜15年前に取り組み始めた地方自治体と16年以上前に取り組み始めた地方自治体の間に比率の差が認められ，6〜15年前に取り組み始めた地方自治体は16

Table 4-4　開始時期別の教育委員会に期待される役割

	教職員育成	家庭との連携	方針決定	指導助言	学校園(所)の調整	その他
取り組み準備 （$n=8$ ）	6 (75.0)	2 (25.0)	7 (87.5)	3 (37.5)	6 (75.0)	0 (0.0)
現在～5年前 （$n=24$）	21 (87.5)	12 (50.0)	17 (70.8)	15 (62.5)	13 (54.2)	2 (8.3)
6～15年前 （$n=25$）	20 (80.0)	8 (32.0)	18 (72.0)	18 (72.0)	17 (68.0)	4 (16.0)
16年以上前 （$n=17$）	14 (82.4)	5 (29.4)	10 (58.8)	5 (29.4)	10 (58.8)	2 (11.8)
計	61 (82.4)	27 (36.5)	52 (70.3)	41 (55.4)	46 (62.2)	8 (10.8)

注　（　）内は比率を示す。

年以上前に取り組み始めた地方自治体よりも教育委員会に期待される役割を指導・助言とする割合が高かった。

　教育委員会の役割を学校・園（所）への指導・助言としたのは，「取り組み準備」が3（37.5%），「現在（2011年）～5年前」が15（62.5%），「6～15年前」が18（72.0%），「16年以上前」が5（29.4%）であった。

　この結果から，保幼小連携に着手した期間によって地方自治体が教育委員会に求める役割が変化することが示唆された。6～15年前に取り組み始めた地方自治体は，連携の取り組みを実施中に顕在化した課題に対する指導・助言を求めたことが推測される。これに対して，16年以上前に取り組み始めた地方自治体は，自ら形成した連携の方針に従って取り組みを実施した実績を積み重ね，教育委員会には指導・助言以外の役割を期待したと考えられる。

⑶　保幼小連携の体制作りを阻む要因

　開始時期ごとの保幼小連携の体制作りを阻む要因について Table 4-5 に示した。

　「その他」を除く7項目の体制作りを阻む要因について Fisher の正確確率

Table 4-5　開始時期別の保幼小連携を阻む要因

	私立の多さ	教職員の多忙	管理職の理解不足	保育者の理解不足	小学校教諭の理解不足	予算不足	キーパーソン不在	その他
取り組み準備 (n=8)	2 (25.0)	7 (87.5)	3 (37.5)	1 (12.5)	1 (12.5)	4 (50.0)	3 (37.5)	1 (12.5)
現在〜5年前 (n=24)	9 (37.5)	19 (79.2)	6 (25.0)	4 (16.7)	9 (37.5)	5 (20.8)	10 (41.7)	3 (12.5)
6〜15年前 (n=25)	8 (32.0)	21 (84.0)	6 (24.0)	0 (0.0)	9 (36.0)	4 (16.0)	11 (44.0)	6 (24.0)
16年以上前 (n=18)	7 (38.9)	13 (72.2)	4 (22.2)	1 (5.6)	6 (33.3)	3 (16.7)	8 (44.4)	5 (27.8)
計	26 (34.7)	60 (80.0)	19 (25.3)	6 (8.0)	25 (33.3)	16 (21.3)	32 (42.7)	15 (20.0)

注　（ ）内は比率を示す。

Table 4-6　開始時期別の保幼小連携を持続させるために重要なポイント

	人的環境の整備	カリキュラムの編成	自治体のリーダーシップ	研修の実施	幼児期と児童期のつながり	家庭・地域との連携	その他
取り組み準備 (n=8)	5 (62.5)	3 (37.5)	4 (50.0)	2 (25.0)	5 (62.5)	1 (12.5)	1 (12.5)
現在〜5年前 (n=24)	12 (50.0)	16 (66.7)	15 (62.5)	8 (33.3)	12 (50.0)	9 (37.5)	0 (0.0)
6〜15年前 (n=25)	16 (64.0)	21 (84.0)	11 (44.0)	6 (24.0)	13 (52.0)	6 (24.0)	1 (4.0)
16年以上前 (n=18)	6 (33.3)	11 (61.1)	6 (33.3)	6 (33.3)	10 (55.6)	6 (33.3)	2 (11.1)
計	39 (52.0)	51 (68.0)	36 (48.0)	22 (29.3)	40 (53.3)	22 (29.3)	4 (5.3)

注　（ ）内は比率を示す。

検定を行ったところ，いずれの項目についても開始時期による有意な差はみられなかった。

⑷　保幼小連携を持続させるために重要なポイント

開始時期ごとの保幼小連携持続のポイントについて Table 4-6 に示した。

「その他」を除く6項目の保幼小連携持続のポイントについて Fisher の正確確率検定を行ったところ，いずれの項目についても開始時期による有意な差はみられなかった。

4.3.3　体制作りによる違い

(1)　現在行っている保幼小連携の取り組み

体制作りの段階ごとの保幼小連携の取り組みの実施状況を Table 4-7 に示した。

「その他」を除く9項目の連携への取り組みについて Fisher の正確確率検定を行ったところ，「研修会の開催」（$p<.01$），「保育・授業の相互参観」（$p<.01$），「接続期カリキュラムの開発」（$p<.05$）に体制作りの段階による有意な差がみられた。Tukey の多重比較によると（5％水準），「研修会の開催」では実践段階の地方自治体と着手段階の地方自治体の間に比率の差が認められ，実践段階の地方自治体は着手段階の地方自治体と比較して研修会の開催の割合が高かった。「保育・授業の相互参観」では実践段階の地方自治体と着手段階の地方自治体の間に比率の差が認められ，実践段階の地方自治体は着手段階の地方自治体と比較して保育・授業の相互参観の開催の割合が

Table 4-7　体制作り別の地方自治体の保幼小連携への取り組み

	連絡協議会の設置	研修会の開催	保育・授業の相互参観	教職員の長期派遣	接続期カリキュラムの開発	子どもの交流活動	保護者も含めた交流会	地域社会への啓発	保幼小合同研修会	その他
着手 (n=16)	7 (43.8)	5 (31.3)	7 (43.8)	0 (0.0)	0 (0.0)	9 (56.3)	0 (0.0)	2 (12.5)	5 (31.3)	2 (12.5)
実践 (n=58)	42 (72.4)	44 (75.9)	51 (87.9)	5 (8.6)	19 (32.8)	44 (75.9)	8 (13.8)	15 (25.9)	31 (53.4)	16 (27.6)
充実 (n=2)	1 (50.0)	1 (50.0)	1 (50.0)	1 (50.0)	0 (0.0)	1 (50.0)	1 (50.0)	1 (50.0)	1 (50.0)	1 (50.0)
計	50 (65.8)	50 (65.8)	59 (77.6)	6 (7.9)	19 (25.0)	54 (71.1)	9 (11.8)	18 (23.7)	37 (48.7)	19 (25.0)

注　（　）内は比率を示す。

高かった。「接続期カリキュラムの開発」では実践段階の地方自治体と着手段階の地方自治体の間に比率の差が認められ，実践段階の地方自治体は着手段階の地方自治体と比較して接続期カリキュラムの開発の割合が高かった。

　保幼小連携に関する研修会の開催は，着手が 5 （31.3%），実践が44（75.9%），充実が 1 （50.0%）であった。保育・授業の相互参観は，着手段階が 7 （43.8%），実践段階が51（87.9%），充実段階が 1 （50.0%）であった。接続期カリキュラムの開発は，着手段階が 0 （0.0%），実践段階が19（32.8%），充実段階が 0 （0.0%）であった。

　保幼小連携の体制が整っていくことによって，実施が増える取り組みと変化のみられない取り組みがあることが示唆された。保幼小連携の理念を共有するための研修会や，幼児期の教育と児童期の教育の相互理解のための保育・授業の参観，教育の連続性を保障するための接続期カリキュラムの作成は，保幼小連携の中核として取り組まれているといえる。

⑵　教育委員会に期待される役割

　体制作りの段階ごとの教育委員会への期待について Table 4-8 に示した。「その他」を除く 5 項目の教育委員会への期待について Fisher の正確確率検定を行ったところ，いずれの項目についても体制作りの段階による有意な差はみられなかった。

⑶　保幼小連携の体制作りを阻む要因

　体制作りの段階ごとの保幼小連携の体制作りを阻む要因について Table 4-9 に示した。

　「その他」を除く 7 項目の体制作りを阻む要因について Fisher の正確確率検定を行ったところ，「小学校教諭の理解不足」（$p < .05$），「予算不足」（$p < .05$）に体制作りの段階による有意な差がみられた。Tukey の多重比較によると（ 5 %水準），「小学校教諭の理解不足」では実践段階の地方自治体

Table 4-8　体制作り別の教育委員会に期待される役割

	教職員育成	家庭との連携	方針決定	指導助言	学校園（所）の調整	その他
着手 (n=18)	15 (83.3)	6 (33.3)	11 (61.1)	7 (38.9)	10 (55.6)	1 (5.6)
実践 (n=57)	48 (84.2)	21 (36.8)	42 (73.7)	34 (59.6)	37 (64.9)	8 (14.0)
充実 (n= 2)	1 (50.0)	0 (0.0)	2 (100)	2 (100)	1 (50.0)	0 (0.0)
計	64 (83.1)	27 (35.1)	55 (71.4)	43 (55.8)	48 (62.3)	9 (11.7)

注　（　）内は比率を示す。

Table 4-9　体制作り別の保幼小連携を阻む要因

	私立の多さ	教職員の多忙	管理職の理解不足	保育者の理解不足	小学校教諭の理解不足	予算不足	キーパーソン不在	その他
着手 (n=18)	5 (27.8)	16 (88.9)	4 (22.2)	1 (5.6)	2 (11.1)	8 (44.4)	9 (50.0)	2 (11.1)
実践 (n=58)	22 (37.9)	46 (79.3)	15 (25.9)	5 (8.6)	23 (39.7)	9 (15.5)	26 (44.8)	12 (20.7)
充実 (n= 2)	1 (50.0)	1 (50.0)	0 (0.0)	0 (0.0)	0 (0.0)	0 (0.0)	0 (0.0)	1 (50.0)
計	28 (35.9)	63 (80.8)	19 (24.4)	6 (7.7)	25 (32.1)	17 (21.8)	35 (44.9)	15 (19.2)

注　（　）内は比率を示す。

と着手段階の地方自治体の間に比率の差が認められ，実践段階の地方自治体は着手段階の地方自治体と比較して，小学校教諭の理解不足を体制作りを阻む要因として選択した割合が高かった。「予算不足」では，着手段階の地方自治体と実践段階の地方自治体の間に比率の差が認められ，着手段階の地方自治体は実践段階の地方自治体と比較して，予算の不足を体制作りを阻む要因として選択した割合が高かった。

　保幼小連携への小学校教諭の理解不足を体制作りを阻む要因としたのは，着手段階が2（11.1%），実践段階が23（39.7%），充実段階が0（0.0%）であっ

Table 4-10　体制作り別の保幼小連携を持続させるために重要なポイント

	人的環境の整備	カリキュラムの編成	自治体のリーダーシップ	研修の実施	幼児期と児童期のつながり	家庭・地域との連携	その他
着手 （n=18）	9 (50.0)	10 (55.6)	8 (44.4)	3 (16.7)	12 (66.7)	6 (33.3)	2 (11.1)
実践 （n=58）	30 (51.7)	41 (70.7)	29 (50.0)	21 (36.2)	29 (50.0)	15 (25.9)	2 (3.4)
充実 （n=2）	2 (100)	2 (100)	1 (50.0)	0 (0.0)	0 (0.0)	1 (50.0)	0 (0.0)
計	41 (52.6)	53 (67.9)	38 (48.7)	24 (30.8)	41 (52.6)	22 (28.2)	4 (5.1)

注　（　）内は比率を示す。

た。支援事業の予算の不足は，着手段階が 8（44.4%），実践段階が 9（15.5%），充実段階が 0（0.0%）であった。

　この結果から，連携の体制作りの段階によって顕在化する課題は異なり，着手した段階では予算の不足が連携の障害になり得ること，実践の段階では小学校教諭の幼児期の教育や幼児期の子どもの姿に対する理解が課題となることが示唆された。

(4)　保幼小連携を持続させるために重要なポイント

　体制作りの段階ごとの保幼小連携持続のポイントについて Table 4-10に示した。

　「その他」を除く6項目の保幼小連携持続のポイントについて Fisher の正確確率検定を行ったところ，いずれの項目についても体制作りの段階による有意な差はみられなかった。

4.3.4　自治体の過去と現在の取り組み

(1)　保幼小連携への取り組みの経緯

　保幼小連携の事業に着手した経緯についての記述を8カテゴリーに分類し

た。記述した自治体数は69であった（複数カウントなし）。

　8カテゴリーとは，(a)連携のための協議会の設置，(b)交流活動，保育・授業参観，研修を利用した交流，(c)連携モデル校の設置や研究事業への参加，(d)幼児期の教育や子どもの成長に関する意識の変化，(e)個別のニーズの充足，(f)小1プロブレムの解消を中心とする現代的な問題への対応，(g)教育ビジョンやアクションプログラムを柱とした取り組み，(h)校長会・幼稚園協会・保育所代表者の働きかけ，であった（Table 4-11）。

　協議会の設置や研究事業への参加，教育ビジョンの策定など，初めから保幼小連携を目的として取り組みが開始された場合と，個別のニーズの充足や子どもの成長に関する意識の変化に対応するための取り組みとして保幼小連携事業が開始された場合があった。

(2)　特色ある取り組み

　特色のある取り組みの記述を7カテゴリーに分類した。記述した地方自治体数は62であった（複数カウントなし）。

　7カテゴリーとは，(a)研修や保育・授業参観を利用した相互理解，(b)子どもの交流，(c)学びの系統性や連続性を備えたカリキュラムの開発，(d)幼保から小への情報の引継ぎ，(e)ブロック単位の取り組み，(f)保幼小中の発達的なつながりを基礎とする取り組み，(g)特別支援教育を中心とした取り組み，であった（Table 4-12）。

　教職員の実践力の向上を目的とする研修や保育・授業参観を特色とする地方自治体が最も多かった。数は少ないが，保育所・幼稚園・認定こども園と小学校だけではなく中学校までの発達をサポートする連携や特別な支援を必要とする子どもに対する取り組みの報告もみられた。

(3)　実施が難しい理由

　取り組みが難しい理由の記述を9カテゴリーに分類した。記述した地方自

Table 4-11　体制作り別の保幼小連携への取り組みの経緯の記述数

カテゴリー	回答例（抜粋）	記述数			
		着手	実践	充実	計
連携のための協議会の設置	市内公立小学校と幼稚園，保育園が，児童・園児の指導にかかわる課題等について，情報交換及び協議を行い，今後の指導に生かすとともに小学校・幼稚園・保育園間の連携・協力を図るために連絡会を設定した。（KD 市）	4 (30.8)	10 (18.5)	1 (50.0)	15 (21.7)
交流活動，保育・授業参観，研修を利用した交流	小学校区にある幼稚園・保育所等の年長児を対象に，生活科の学習として小学校に招き，学校内の案内やゲーム等を実施。入学前に，小学校教員が幼稚園を訪問し，情報交換を実施。小学校の「学校へ行こう週間」や授業参観等に，幼稚園・保育所等の教諭を招待。（IS 市）	2 (15.4)	11 (20.4)	0 (0.0)	13 (18.8)
連携モデル校の設置や研究事業への参加	教育長が幼小連携の重要性を考え市指定の研究を始めた。指定は 1 年で，4 園，4 校を順に指定校（園）として，幼小連携を定着させた。（TK 市）	3 (23.1)	5 (9.3)	0 (0.0)	8 (11.6)
幼児期の教育や子どもの成長に関する意識の変化	幼児教育センター附属幼稚園において，三歳児以前の乳幼児教育と卒園後の小学校の教育にも目を向けて幼小連携を研究したことや，幼稚園教諭に小学校教諭を充てたことが，本市の連携事業の始まりとなっている。（SI 市）	2 (15.4)	6 (11.1)	0 (0.0)	8 (11.6)
個別のニーズの充足	小学校での就学時健康診断にあわせて，幼小連携の必要性が高まった。（KK 市）特別支援教育にかかわる地域ネットワークづくりの中で始められた。（FS 市）	0 (0.0)	7 (13.0)	0 (0.0)	7 (10.1)
小 1 プロブレムの解消を中心とする現代的な問題への対応	学力向上やいじめ，不登校，また小 1 プロブレムといった教育課題の解決のためには，校種を超えた連携が不可欠との考えに基づき，地域，学校の特色を生かした連携を進めている。（IT 区）	0 (0.0)	7 (13.0)	0 (0.0)	7 (10.1)
教育ビジョンやアクションプログラムを柱とした取り組み	幼児教育振興アクションプログラムの柱「発達や学びの連続性を踏まえた幼児教育の充実」により，幼児教育と小学校教育との連携の推進が促された。（OK 市）	0 (0.0)	5 (9.3)	1 (50.0)	6 (8.7)
校長会・幼稚園協会・保育所代表者の働きかけ	幼児教育センターに，幼稚園（私立）の園長たちが働きかけ，幼小の連携をしていこうということで幼小連携が始まった。（YK 市）	1 (7.7)	3 (5.6)	0 (0.0)	4 (5.8)
その他		1 (7.7)	0 (0.0)	0 (0.0)	1 (1.4)
計		13 (100)	54 (100)	2 (100)	69 (100)

注　（　）内は比率を示す。

Table 4-12　体制作り別の特色ある取り組み記述数

カテゴリー	回答例（抜粋）	記述数			
		着手	実践	充実	計
研修や保育・授業参観を利用した相互理解	幼小保合同研修を年に１回，幼稚園と保育所に交互に会場となってもらい，幼稚園，小学校，保育所が研究発表したり講師を招いて研修会を実施している。(IC市)	4 (36.4)	23 (46.9)	0 (0.0)	27 (43.5)
子どもの交流	どの小学校でも積極的に取り組んでいるのが，園児と児童の交流である。学校行事への参加，生活科授業の交流，給食の体験等である。(MT市)	3 (27.3)	6 (12.2)	0 (0.0)	9 (14.5)
学びの系統性や連続性を備えたカリキュラムの開発	同一年度に，同一中学校区内のすべての学校訪問を実施し，新しい教育要領，学習指導要領の改訂の柱である幼，小，中の発達の段階を踏まえた学びの系統性や連続性を担保する。(OK市)	0 (0.0)	6 (12.2)	1 (50.0)	7 (11.3)
幼保から小への情報の引継ぎ	次年度に小学校入学となる児童について，幼稚園・保育所（園）の担当教諭・保育士が，直接情報交換する場を年２回設けている。(MO市)	2 (18.2)	4 (8.2)	0 (0.0)	6 (9.7)
ブロック単位の取り組み	ブロック毎にどんな子どもを育てたいかという指導項目を設け，職員に周知している。園長－小学校長の連絡をより密にし，ブロックの中で連携を強めることが大切と考えている。(CG市)	0 (0.0)	5 (10.2)	1 (50.0)	6 (9.7)
保幼小中の発達的なつながりを基礎とする取り組み	人でつなぐ幼小中一貫教育実現の支援策として，中学校に一貫教育推進教師を配置し，定期的に連絡先幼稚園を訪問するなどして，人事交流，幼児・児童（生徒）の交流を促進している。(SM区)	1 (9.1)	3 (6.1)	0 (0.0)	4 (6.5)
特別支援教育を中心とした取り組み	特別支援教育を要する児童を中心に，チームで訪問し，授業の参観と特別支援教育の校内体制整備，助言等を行う。また，幼保においては配慮児だけでなく，小学校への円滑な接続のための助言等を行う。(YI市)	1 (9.1)	2 (4.1)	0 (0.0)	3 (4.8)
計		11 (100)	49 (100)	2 (100)	62 (100)

注　（　）内は比率を示す。

治体数は58であった（複数カウントなし）。

　9カテゴリーとは，(a)多忙による日程調整の困難，(b)接続カリキュラム開発のための研究の必要性，(c)勤務条件や所管の課題，(d)幼児期の所管の問題，(e)連携基盤の確立の課題，(f)保幼小連携の視点の見直し，(g)予算の制限，(h)学校による状況の違い・対応の違い，(i)保護者の負担，であった（Table 4-13）。

　私立と公立，保育所と幼稚園の所管の違いや保育士・幼稚園教諭・小学校

Table 4-13　体制作り別の実施が難しい理由の記述数

カテゴリー	回答例（抜粋）	記述数			
		着手	実践	充実	計
多忙による日程調整の困難	小学校と幼稚園，保育園の職員が集まって話し合うための時間の確保が困難であるため。（NS 市）	3 (25.0)	8 (17.8)	0 (0.0)	11 (19.0)
接続カリキュラム開発のための研究の必要性	教育課程の連続性について研究が必要。（FS 市） 職員の研修不足（情報不足）により，必要性が認識されずにいる。（MU 市）	0 (0.0)	10 (22.2)	0 (0.0)	10 (17.2)
勤務条件や所管の課題	それぞれの勤務をはなれ，長期に研修することはむずかしい。幼小の免許も関係している。（NM 市）	1 (8.3)	9 (20.0)	0 (0.0)	10 (17.2)
幼児期の所管の問題	小学校には，私立・公立幼稚園，保育所等，多様な就学前保育，教育施設から入学してくる。全ての就学前保育・教育施設との連携教育を進めていく必要がある。（UR 市）	4 (33.3)	9 (20.0)	0 (0.0)	13 (22.4)
連携基盤の確立の課題	連携する基盤が十分できていない。（TC 市）	2 (16.7)	4 (8.9)	0 (0.0)	6 (10.3)
保幼小連携の視点の見直し	連携の視点が，「幼児 - 低学年児童の成長の特徴を研究的視点で分析すること」「保育と授業参観のアクションリサーチ」の 2 つにない。「子どもの成長と学びの姿」が連携のポイントになっていない。（CS 市）	0 (0.0)	3 (6.7)	0 (0.0)	3 (5.2)
予算の制限	連絡会等では参加に対し，謝礼を出している。その予算に限りがあるため，多くの会議を持つことができない。（KT 市）	1 (8.3)	1 (2.2)	0 (0.0)	2 (3.4)
学校による状況の違い・対応の違い	市中心部は大規模で多くの園から子どもを受け入れる小学校，郊外には近くに園のない小学校と地域により差があり，職員，子どもの交流については各校，各園により差がある状態にある。（OD 市）	1 (8.3)	1 (2.2)	0 (0.0)	2 (3.4)
保護者の負担	共働きや母子・父子の家庭が増加している中で，園や学校がそれぞれで主催する行事があり，これ以上保護者の負担を増やせない面が多い。（HM 市）	0 (0.0)	0 (0.0)	1 (100)	1 (1.7)
計		12 (100)	45 (100)	1 (100)	58 (100)

注　（　）内は比率を示す。

教諭の多忙が，連携の取り組みの困難の主なものであった。連携のためのカリキュラム開発は，必要性が認識されているにもかかわらず，実施に至っていない地方自治体がみられた。幼児期の所管や勤務条件に関する所管の問題のような教育制度の接続という観点から生まれる困難さと，接続期カリキュラムの開発や多忙による日程調整の困難のような幼児期と児童期の教育の内容や方法でつなげるという観点から生まれる困難さがみられた。

⑷　**人的環境についての取り組み**

人的環境に関する記述を6カテゴリーに分類した。記述した地方自治体数は44であった（1-2の範囲で複数カウントあり。そのため全記述数は54）。

6カテゴリーとは，⒜具体的連携の討議・実施による保幼小間の相互理解，⒝幼稚園・小学校長の兼任，⒞管理職の意識の改革，⒟教育委員会・保育所・幼稚園・小学校等に担当部署を設置，⒠管理職のリーダーシップ，⒡人事交流，であった（Table 4-14）。

保育者・小学校教諭と管理職の両者への働きかけがみられた。保育者・小学校教諭に対しては，子どもの発達を理解して連携に取り組めるように研修や討論会へ参加することが，管理職に対しては意識改革やリーダーシップの

Table 4-14　体制作り別の人的環境についての取り組み記述数

カテゴリー	回答例（抜粋）	記述数			
		着手	実践	充実	計
具体的連携の討議・実施による保幼小間の相互理解	子ども課と学校教育課が相互協力し，5歳児検診，年長児巡回相談で全園を訪問し就学相談等につなぎ，幼稚園と小のパイプ役となっている。（OD市）	3 (50.0)	10 (21.7)	0 (0.0)	13 (24.1)
幼稚園・小学校長の兼任	小学校の教員が幼稚園長として赴任し，卒園時の子どもの姿をじかに学びとるとともに，小学校入学時に身につけておきたい力を幼稚園の先生方に伝える役割をはたす。（HM市）	2 (33.3)	8 (17.4)	2 (100)	12 (22.2)
管理職の意識の改革	各校・各園のリーダーとなる層が幼小連携の重要性について認識を深め，周囲に働きかける。（YT市）	1 (16.7)	7 (15.2)	0 (0.0)	8 (14.8)
教育委員会・保育所・幼稚園・小学校等に担当部署を設置	教育委員会内に連携事業を企画・担当する部署，保育課内に教育委員や保育園との調整を行う部署（SB区）各学校の公務分掌に幼保小担当者（KS市）	0 (0.0)	8 (17.4)	0 (0.0)	8 (14.8)
管理職のリーダーシップ	連携組織づくりは，実行委員会や園長・校長会の開催と充実をよびかけ，リーダーシップを発揮し連携を継続できるよう働きかけている。（YK市）	0 (0.0)	7 (15.2)	0 (0.0)	7 (13.0)
人事交流	私立幼稚園の在り方を考え，平成元年以降の採用は，小学校の免許との併有が条件となっている。そのために人事交流が行われやすい環境（どちらも教育職）（KT市）	0 (0.0)	6 (13.0)	0 (0.0)	6 (11.1)
	計	6 (100)	46 (100)	2 (100)	54 (100)

注　（　）内は比率を示す。

発揮が求められていた。

⑸　研修体制についての取り組み

　研修に関する記述を 7 カテゴリーに分類した。記述した地方自治体数は64であった（1-3の範囲で複数カウントあり。そのため全記述数は80）。

　7 カテゴリーとは，(a)研修対象拡大等による保幼小の情報交換・交流・資

Table 4-15　体制作り別の研修体制についての取り組み記述数

カテゴリー	回答例（抜粋）	記述数			
		着手	実践	充実	計
研修対象拡大等による保幼小の情報交換・交流・資質向上	教育センターでは市内小学校，幼稚園教員・保育所保育士を対象とした合同研修会（大学研究者等専門家による講演会や，幼保小連携モデル小学校区授業研究会等）を行っている。（TZ 市）	1 (11.1)	25 (36.2)	2 (100)	28 (35.0)
情報の伝達・交流	教務主任会で幼小連携部会の成果を発表し，報告書を全校へ配布（NR 区） 年 1 回の会議と実践報告会を行い，年間の計画と，実施の状況について情報交換を行っている。（YS 市）	4 (44.4)	18 (26.1)	0 (0.0)	22 (27.5)
保育・授業とカリキュラムの工夫	地区ブロックごとに，地区の代表者がリーダーシップをとって，保育や授業を参観しての研修会を行っている。その際に行政（幼児教育センター職員と幼小連携アドバイザー）も参加して，助言している。（ME 市）	3 (33.3)	13 (18.8)	0 (0.0)	16 (20.0)
他地区との情報交換や外部講師の活用	副校長研修として他区こども園を視察，他区の実践から学ぶ機会をもった。（BK 区） 幼保小連絡懇談会のテーマに合わせて外部講師を招き講演会を実施した。（KW 市）	0 (0.0)	5 (7.2)	0 (0.0)	5 (6.3)
行政の主導	相互理解を深めるための話し合い，研修会等を体制が整うまでは行政がリードしていく。徐々に各学校レベルで自由に開催できるとよい。（YI 市）	0 (0.0)	4 (5.8)	0 (0.0)	4 (5.0)
特別な支援を必要とする子どもへの支援	特別支援教育研修会の悉皆化（CS 市） 幼保の障碍児担当の特別支援学級見学（TM 市）	1 (11.1)	1 (1.4)	0 (0.0)	2 (2.5)
地域住民の参加	教務主任研修での研究の成果を発表するグループ研究発表会に一般の区民にも参加をよびかけた。（BK 区） 5 歳児の保護者を対象として小 1 プロブレムに関する講演会を実施（CF 市）	0 (0.0)	2 (2.9)	0 (0.0)	2 (2.5)
その他		0 (0.0)	1 (1.4)	0 (0.0)	1 (1.3)
計		9 (100)	69 (100)	2 (100)	80 (100)

注　（　）内は比率を示す。

質向上，(b)情報の伝達・交流，(c)保育・授業とカリキュラムの工夫，(d)他地区との情報交換や外部講師の活用，(e)行政の主導，(f)特別な支援を必要とする子どもへの支援，(g)地域住民の参加，であった（Table 4-15）。

　研修のほとんどは，保育者・小学校教諭による情報交換や保育・授業の質を高める工夫を話し合ったりするものであるが，一部に，地域住民にも広く参加を求める講演会なども行われていた。また，研修内容や研修対象の設定について行政の主導が求められていた。

(6)　カリキュラムの開発についての取り組み

　カリキュラムの開発に関する記述を6カテゴリーに分類した。記述した地方自治体数は22であった（1-2の範囲で複数カウントあり。そのため全記述数は

Table 4-16　体制作り別のカリキュラム開発についての取り組み記述数

カテゴリー	回答例（抜粋）	記述数			
		着手	実践	充実	計
カリキュラム開発の支援・資料配布	「幼児期に育てたい力」や「アクションプログラム」を作成し，幼小の教員が子どもの育ちをイメージしながら教育課程の作成ができるような取組が始まっている。(HM市)	0 (0.0)	8 (36.4)	1 (100)	9 (37.5)
スタートカリキュラム・接続カリキュラムの開発	食育プログラムをつなぐ，入門期の生活の週案からスタートカリキュラムへ。幼保生活習慣カリキュラム作成。(KT市)	0 (0.0)	5 (22.7)	0 (0.0)	5 (20.8)
スタートカリキュラム（生活科）の開発	生活科主任会で，スタートカリキュラムを意識した年間指導計画を市として作成した。(SB市)	0 (0.0)	4 (18.2)	0 (0.0)	4 (16.7)
モデル校・モデルカリキュラムの活用	市として，モデルカリキュラムを作成し，市内の保育所・園・小学校に配布する。活用状況を把握し，モデルカリキュラムの見直しをする。(SK市)	0 (0.0)	3 (13.6)	0 (0.0)	3 (12.5)
各学校レベルでのカリキュラムの開発	幼稚園，小学校中心に編成されているため自治体としての働きかけというより，園・小学校に委ねている状況である。(IN市)	1 (100)	1 (4.5)	0 (0.0)	2 (8.3)
指導要録と保育要録の項目の共通化	幼稚園教育と保育の間で，子どもの育ちを共通にイメージして，小学校へ送れるよう，指導要録と保育要録の項目を共通にした。その上で小学校への流れを考えた。(AS市)	0 (0.0)	1 (4.5)	0 (0.0)	1 (4.2)
	計	1 (100)	22 (100)	1 (100)	24 (100)

注　（　）内は比率を示す。

24）。

　6 カテゴリーとは，(a)カリキュラム開発の支援・資料配布，(b)スタートカリキュラム・接続カリキュラムの開発，(c)スタートカリキュラム（生活科）の開発，(d)モデル校・モデルカリキュラムの活用，(e)各学校レベルでのカリキュラムの開発，(f)指導要録と保育要録の項目の共通化，であった（Table 4-16）。

　カリキュラムに関しては作成に着手していない地方自治体が多かった。その中で，保育所児童保育要録と幼稚園幼児指導要録の項目の共通化を図ることで育ちのイメージを共有するという工夫がみられた。

⑺　地方自治体が各学校・園（所）の取り組みを支援する工夫

　支援の工夫の記述を10カテゴリーに分類した。記述した地方自治体数は48であった（1-2の範囲で複数カウントあり。そのため全記述数は53）。

　10カテゴリーとは，(a)保幼小連携部会・連絡協議会を通じての支援，(b)研修会や研究実践を通じての支援，(c)目標の明確化・計画の立案，(d)保育所・幼稚園・小学校間の連絡の調整，(e)橋渡しする役職・役割の明確化，(f)連携に対する意識への働きかけ，(g)カリキュラム開発の資料配布・指導，(h)ブロック単位の活動から全体への集約，(i)補助金の交付・予算の計上，(j)支援を要する子どもに関連する連携，であった（Table 4-17）。

　地方自治体は多方面から各学校・園（所）を支援する工夫を考案しており，保幼小連携を支援する地方自治体の役割が明確に意識されていた。研修会や研究実践を通じての支援や目標の明確化など，連携の枠組みを作ることが支援の主体であった。

⑻　各学校・園（所）での取り組みを地方自治体の方針に反映する工夫

　反映の工夫の記述を 7 カテゴリーに分類した。記述した地方自治体数は33であった（1-2の範囲で複数カウントあり。そのため全記述数は34）。

Table 4-17　体制作り別の地方自治体が各学校・園（所）の取り組みを支援する工夫の記述数

カテゴリー	回答例（抜粋）	記述数			
		着手	実践	充実	計
保幼小連携部会・連絡協議会を通じての支援	幼保小連絡協議会（市内9地区からその年度の当番校・当番園から委員を選出し，幼保小連携の在り方を協議），幼保小地区別連絡会（当番校／当番園が中心になり各地区で相互参観や情報交換，交流会を計画して実施）（KA市）	1 (14.3)	7 (15.6)	1 (100)	9 (17.0)
研修会や研究実践を通じての支援	本市では研修会を年5回行っている。そのうち4回は授業参観協議会を実施しているが，授業実施学校（園）と連携校（園）の調整を担当者が行っている。（FN市）	2 (28.6)	7 (15.6)	0 (0.0)	9 (17.0)
目標の明確化・計画の立案	各学校・園でそれぞれ「教育ビジョン」を作成しているが，その中に幼小連携を入れ込んでもらっている。（AK区）	0 (0.0)	6 (13.3)	0 (0.0)	6 (11.3)
保育所・幼稚園・小学校間の連絡の調整	主に市立幼稚園を通して働きかけをしているが，小学校入学児童のうち市立幼稚園卒園児はほんの一部に過ぎない。私立幼稚園や保育園とどうかかわっていくかが課題である。（MT市）	1 (14.3)	5 (11.1)	0 (0.0)	6 (11.3)
橋渡しする役職・役割の明確化	教育委員会の総合調整という役割の明確化（NZ市）幼小との接続，連携を図るための「橋渡し」を教育委員会が計画し，実践に努めている。（FK市）	1 (14.3)	4 (8.9)	0 (0.0)	5 (9.4)
連携に対する意識への働きかけ	幼児教育ならびに小学校への接続に関する認識と理解を特に小学校教員（管理職も含む）に図っていくことが課題（YK市）	0 (0.0)	4 (8.9)	0 (0.0)	4 (7.5)
カリキュラム開発の資料配布・指導	幼児教育スタンダードカリキュラム（保幼小連携カリキュラム）を作成配布し，活用のための説明会を開催する。（SK市）	0 (0.0)	4 (8.9)	0 (0.0)	4 (7.5)
ブロック単位の活動から全体への集約	代表者に地区別で話し合う機会を設け連携のムードを現場から生み出そうとしている。（OD市）	1 (14.3)	2 (4.4)	0 (0.0)	3 (5.7)
補助金の交付・予算の計上	交流活動を推進するための事業予算を計上し，支援する。（SK市）	0 (0.0)	2 (4.4)	0 (0.0)	2 (3.8)
支援を要する子どもに関連する連携	就学にあたって支援を必要とする幼児について，担当者が引きつぎを行い，円滑な接続のための情報交流を行う。（SP市）	0 (0.0)	2 (4.4)	0 (0.0)	2 (3.8)
その他		1 (14.3)	2 (4.4)	0 (0.0)	3 (5.7)
	計	7 (100)	45 (100)	1 (100)	53 (100)

注　（　）内は比率を示す。

Table 4-18 体制作り別の各学校・園（所）での取り組みを地方自治体の方針に反映する工夫の記述数

カテゴリー	回答例（抜粋）	記述数			
		着手	実践	充実	計
研究成果の周知	毎学期毎に全小学校から幼保小連携に関する取り組みを報告してもらう。年 3 回（学期ごと）幼保小連携だよりを発行し，幼保小連絡協議会の内容や地区別連絡会の実践，各校（各園）の取り組みを紹介（KS 市）	1 (20.0)	12 (42.9)	0 (0.0)	13 (38.2)
連携教育推進プランの活用	教育ビジョンの成果指標としてあげ，取組を進めている。（CO 区） 連携モデルプランを各学校区で実践・検証し，連携モデルプランの見直しを図る。（UR 市）	0 (0.0)	6 (21.4)	0 (0.0)	6 (17.6)
アンケート調査や評価の活用	研究会ごとにアンケートで会の運営や内容，連携の状況や感想などをとり集約し，関係あることについては報告をしている。（NG 市） 学校評価を十分に活用する。（NM 市）	0 (0.0)	5 (17.9)	0 (0.0)	5 (14.7)
情報の共有	市の指導主事等による指導助言を，訪問によって行っている。また，障がい児に関する情報等の共有化を，福祉部，保健部と連携し行っている。（IN 市）	3 (60.0)	0 (0.0)	0 (0.0)	3 (8.8)
仲介役を中心とした連絡網	連携を図るためのキーパーソンが，それぞれの私立，公立の幼・保・小の部会長とまめに連絡を取り合うこと。組織として動くことが重要（KG 市）	0 (0.0)	2 (7.1)	0 (0.0)	2 (5.9)
研究会・協議会での検討	教育研究所で，小学校就学時の指導法改善のための研究部会を発足予定である。（AT 市） 「人づくり教育」に関する協議会を立ち上げ，有職者等からも意見をいただいて方針等の参考にしている。（HM 市）	1 (20.0)	0 (0.0)	1 (100)	2 (5.9)
所管編成も含めた組織作り	次年度，幼稚園と保育園の所管を同一組織とする。（AD 区） 私立幼稚園をまきこんで考える仕組みづくりが困難であるが大きな課題である。（KT 市）	0 (0.0)	2 (7.1)	0 (0.0)	2 (5.9)
その他		0 (0.0)	1 (3.6)	0 (0.0)	1 (2.9)
	計	5 (100)	28 (100)	1 (100)	34 (100)

注 （ ）内は比率を示す。

7 カテゴリーとは，(a)研究成果の周知，(b)連携教育推進プランの活用，(c)アンケート調査や評価の活用，(d)情報の共有，(e)仲介役を中心とした連絡網，(f)研究会・協議会での検討，(g)所管編成も含めた組織作り，であった（Table 4-18）。

保幼小連携の実践結果を活かしてさらなる改善をするために，研究成果の

周知が最も多く行われていた。取り組みの成果を評価するアンケート調査や学校評価も活用されていた。これらの工夫内容をみると，実践成果と実践に対する評価の情報を収集し，これらの情報を分析することで連携の方針の決定や，学校・園（所）間の調整，指導・助言に役立てていたと推測される。

4.4　全体的考察

　現在行っている保幼小連携の取り組みや保幼小連携の体制作りを阻む要因，教育委員会に期待される役割において，地方自治体ごとに違いがみられた。

　開始時期の分析によると，取り組みが準備段階の地方自治体は，連絡協議会の設置と研修会の開催の取り組み比率が低かった。これに対して，16年以上前に取り組み始めた地方自治体は連絡協議会の設置や研修会の開催，保育・授業の相互参観の取り組み比率が高かった。また，6～15年前に取り組み始めた地方自治体は，16年以上前に取り組み始めた地方自治体と比較して指導・助言を教育委員会の役割とみなす割合が高かった。6～15年前に取り組み始めた地方自治体は，複数の取り組みを保幼小連携という目標のもとに関連付けて実施するために教育委員会の指導力を重視したと考えられる。

　体制作りの段階の分析によると，着手段階の地方自治体は研修会の開催，保育・授業の相互参観，接続期カリキュラムの開発の取り組み比率が低かった。また，体制作りを阻む要因として予算の不足を選択した割合が高く，新規に連携の取り組みを実施することの難しさを示していた。これに対して，実践段階の地方自治体は研修会の開催，保育・授業の相互参観，接続期カリキュラムの開発の取り組み比率が高かった。また，体制作りを阻む要因として小学校教諭の理解不足を選択した割合が高く，取り組みを進める中で取り組み前に意識されなかった課題が顕在化することが示された。

　自由記述の分析によると，保幼小連携の取り組みとして，管理職の意識の改革や研修対象の拡大，カリキュラム開発の支援などが挙げられた。保幼小

連携の困難さの原因としては，公立私立の違いや保育士・幼稚園教諭・小学校教諭の多忙のような制度的要因や時間的要因の他に，接続カリキュラムの開発のための研究の必要性や保幼小連携の視点の見直しのような研究・議論の必要性が指摘された。また，地方自治体が連絡協議会や研修会などを通じて学校・園（所）の取り組みを支援し，研究成果の周知やアンケート調査の活用などで学校・園（所）の取り組みを地方自治体の方針に反映させていることが明らかになった。以上のことから，保幼小連携の取り組みは保育所・幼稚園・認定こども園・小学校で完結するものではなく，地方自治体の関与によって連携の在り方が変化すること，また地方自治体は教育制度の接続と幼児期と児童期の教育の内容・方法による接続の二つの観点から連携に取り組んでいることが示された。

　保幼小連携の意義や重要さは認められており複数の取り組みが実施されていたが，連携の持続という点では課題を抱えている地方自治体も多かった。以下に，地方自治体の取り組み段階別に現在の取り組みと今後の課題を考察する。

　最初に，保幼小連携の取り組みが体系的には行われていない段階の地方自治体をみると，質の高い保育士・幼稚園教諭・小学校教諭の育成や連携の基本方針の策定などの教育委員会の役割への期待について，実践が進んでいる地方自治体と認識の差はなく，地方自治体の役割を果たすべく準備をしていることがわかる。また，地方自治体が中心となった連絡協議会の設置や研修会の開催を行ってはいないものの，保育所・幼稚園・認定こども園と小学校が個別に子ども同士の交流会を行うなどして，保幼小連携の基盤を築くことはできていた。しかし，予算の不足が原因となり，地方自治体としての活動を進めることができない状態であった。

　このような地方自治体に現在可能な取り組みとして挙げられるのは，取り組みの成果の周知と保育所児童保育要録・幼稚園幼児指導要録・認定こども園こども要録の活用である。予算の制限により新たな事業を始めることが難

しい状況であるからには，既存の資源を利用し保幼小連携の構築につなげていくことが必要である。そのためには，保育所・幼稚園・認定こども園・小学校が独自に行っている子ども同士の交流によって得られた成果を，全くそのような取り組みのない保育所・幼稚園・認定こども園・小学校に周知していくことが有効である。また，保育所児童保育要録・幼稚園幼児指導要録・認定こども園こども要録の作成など既に行われている活動の中に，保幼小連携に関わる意見交換ができるように記載内容の変更を行うことも役立つと考えられる。

　次に，現在いくつかの保幼小連携の取り組みを実施している地方自治体が長期的な取り組みへとつなげるための課題について取り上げる。最大の課題と考えられるのは，カリキュラムの開発である。接続期のカリキュラム開発の必要性は感じられていても，実際にカリキュラム開発に着手している地方自治体は少なかった。これは，保育士・幼稚園教諭・小学校教諭の多忙や日程の調整の難しさとともに，保育士・幼稚園教諭・小学校教諭側のカリキュラム開発に関する情報の不足が原因であると考えられる。カリキュラム開発のためには，小学校教諭が幼児の育ちを理解し，保育士や幼稚園教諭が小学校入学時の子どもの姿をイメージしていることが不可欠である。保幼小合同の研修を行うなどして子どもの発達を見据えて保育・教育を行う保育士・幼稚園教諭・小学校教諭の育成を行っている地方自治体であっても，その効果が十分に浸透するためには数年単位の時間が必要とされる。カリキュラムの開発へつなげるためには，研修会などの取り組みを着実に実施していくことが求められる。

　最後に，体系的に保幼小連携が行われている地方自治体の課題について考える。保幼小連携に意欲的に取り組み，今までの取り組みの見直しまで進んでいる地方自治体である。このような地方自治体の課題として挙げられるのは，保幼小連携の視点の見直しである。そもそも保幼小連携とは何か，どのような状態であれば保幼小連携の取り組みが充実していると言えるのか，そ

の答えは一つではなく，不変でもない。また，保幼小連携という考え方が，独立した教育効果を持って子どもに影響を与えるというのでもない。あくまでも，子どもの育ちに影響を与える環境要因のひとつであるというにすぎない。したがって，保幼小連携とは何かを見直すことは，その実践の質を見直すということにもなる。このような保育や教育の見直しに終着点はなく，問い直しの繰り返しによって保育や教育が成立しているのである。このような保育や教育の在り方を認識することが，保幼小連携の持続性を高めることになる。

　地方自治体が中心となった保幼小連携の取り組みを促進するためには，地方自治体から各学校・園（所）へのトップダウンの働きかけと各学校・園（所）から地方自治体へのボトムアップの働きかけの両方が必要とされる。地方自治体は連携の方針を決定し，人的環境や研修制度の整備，カリキュラムの開発を進めていくことで連携の道標を示すと同時に，地方自治体の方針を参考に連携の活動を行う保育士・幼稚園教諭・小学校教諭の意見や提案を受け止める。この双方向のプロセスの片方が欠けてしまうと，連携の取り組みが成り立たない。連携の取り組みが開始された経緯をみても，連携モデル校の指定や教育ビジョンへの位置づけなどトップダウンの動きがある一方で，子どもの成長を支えるべく移行期の子どものニーズを満たさなければならないというボトムアップの保育士・幼稚園教諭・小学校教諭側の声があり，その両者が同時に存在したからこそ，保幼小連携の取り組みが誕生したと考えられる。

　保幼小連携の取り組み段階は地方自治体の取り組みの実施状況と連携継続の方針に影響を与える要因であり，それを踏まえて地方自治体は独自の取り組みに基づく保幼小連携体制を構築しようとしていた。第5章では，連携の取り組み段階以外に地方自治体の保幼小連携体制作りに影響を与える要因として地方自治体の人口規模をとりあげ，地方自治体の人口規模が保幼小連携にどのような影響を与えているのかを検討する。人口規模の小さい地方自治

体は，大規模な地方自治体と比較して複数の保育所・幼稚園・認定こども園出身者が同じ小学校に入学するケースは少なく，予算や接続期カリキュラム作成に関わる人材が限られるなどの違いがあり，このような違いが保幼小連携体制に影響を与えることが想定される。

第5章　人口規模の観点からみた地方自治体の 保幼小連携体制作り（研究3）

5.1　目的

　第3章では地方自治体が保育や教育の現場の試みや意見を取り入れた保幼小連携の仕組み作りを行うことで，保幼小連携の持続性を高める可能性が示された。具体的にどのような取り組みによって保幼小連携の体制作りを行っているのかを検討するために，第4章では地方自治体の保幼小連携の取り組み段階に焦点を当てて78地方自治体の分析を行い，保幼小連携の取り組み段階を踏まえて地方自治体の保幼小連携の方針作りを行っていくことの有効性が示された。

　地方自治体の現状に合わせて課題とその対策を考えていくことで持続的な保幼小連携体制作りが可能になると考えられる。しかしそのような地方自治体の機能や規模を検討した研究はこれまでにはない。地方自治体の役割は言われても規模が考慮されず大都市も過疎地域も同様の議論が出されている。地方自治体の間には，人口や税収，県との役割分担などの様々な違いが存在する。保幼小連携の取り組み段階のように持続的な保幼小連携体制を構築するために分析が必要な要因の一つとして，地方自治体の人口規模があると予想される。地方自治体の人口規模の違いは，保幼小連携に割ける予算や指導主事の経験などに影響を与える。保幼小連携の取り組み段階が同じでも，人口規模の違いによって保幼小連携の実施状況は異なってくることが予想される。

　地方自治体の人口規模が小さい場合には，予算や人的資源に制限があるため，地方自治体全体ではなく学区単位で個別に保幼小連携体制を作り上げて

いく状況にあると予想される。一方，学区内の園数等も小さく保育士・幼稚園教諭・小学校教諭の異動でも相互に事前から知己である可能性が高いので，学区の中では保幼小連携担当者の情報の共有がしやすく，連絡を密にとりながら連携を進めていくことが可能である。これに対して，地方自治体の人口規模が大きい場合には人口規模の小さい地方自治体よりも予算や人的資源には恵まれているため，地方自治体全体を対象とした研修や接続期カリキュラムの開発を実施しやすい状況にあると予想される。ただし，学区内に含まれる園等の数も多く大規模であれば保育士・幼稚園教諭・小学校教諭の異動も広域になるため方針の共有化が難しく，保育・教育の方針の共通化をどの程度まで行うかといった課題も生じてくると考えられ，その対策として学区単位の連携を取り入れていることも予想される。

　保幼小連携の取り組み事例を検討する目的で，政令指定都市であり100万人近くの人口規模を持つ地方自治体（木村・仙台市教育委員会，2010）や特例市規模の20万人程度の人口である地方自治体（青木，2009），10万に満たない小規模な地方自治体（北野・中野，2009；新潟県見附市教育委員会，2007；安尾，2009）を対象としてそれぞれの連携の在り方を検討する研究は行われているが，これらの研究では政令指定都市，特例市，市，町村の人口規模を要因とした比較分析は目的とされていない。

　一方で，地方自治体の人口規模によって教育行政機能の違い（朝日，2007；佐々木，2013）がみられるとの報告がなされている。佐々木（2013）は，地方自治体の規模によって市町村教育委員会の組織体制や運営の在り方は異なると指摘し，小規模自治体の教育委員会の行政運営や組織運営の実態について聞き取り調査を行った。そして，この事例から教育委員会の教育施策が現実の教師の教育活動や子どもたちの学習活動として具体化されるシステムがみられ，確実に教育効果に結び付けられるようなマネジメントが行われていたことを特徴として挙げている。

　朝日（2007）は，近畿2府4県市町村教育委員会調査を行い，都市部では

自らの判断と能力に基づいて単独で指導助言を行うケースが多いのに対して，村や町では府県教育委員会が何らかの形で関与しながら指導助言にあたる場合が多いこと，授業で用いる児童・生徒用の教材を独自に作成する地方自治体は，村では皆無であり，小・中規模の町では 3 割未満であるのに対して，大規模の町や市では作成している地方自治体が半数以上であったことを明らかにした。

　このことから，保幼小連携の取り組みに際しても人口規模を考慮して最適な活動内容の選定や人材の活用を行っていくことが求められる。地方自治体の実践事例を参考に保幼小連携体制を確立するためには，人口規模がどのような違いをもたらしているのかを明らかにする必要があると考えられる。

　そこで，本章では地方自治体の人口規模の観点から，地方自治体の連携の特色や課題，保幼小連携の担当者の認識を明らかにすることを目的とする。人口規模別に地方自治体の保幼小連携の内容を分析することにより，それぞれの人口規模での地方自治体の保幼小連携の進め方を明らかにする。各々に強みを活かした保幼小連携の在り方の現状の記述から今後の示唆が得られると考えられる。

5.2　方法

5.2.1　調査協力者と調査期間

　質問紙調査は，関東・中部地方ならびに政令指定都市行政区601市町村区保幼小連携担当部署に調査を依頼して実施された。同じ地域の地方自治体の規模による保幼小連携への取り組みを比較するため，全国を対象とするのではなく対象地域を絞った。

　調査実施期間は2011年 2 月及び11月～12月であった。質問紙は返信用封筒を同封して郵送によって配布した。回収も郵送によって行い，218地方自治体（回収率36.3％；調査時点で全国自治体総数1742の 8 分 1 ）から回答が得られた（内訳は，教育委員会学校教育課が87，教育委員会子ども課・幼児教育課が13，その

他の教育委員会担当課が82，福祉部局での保育課・子ども課が8，その他が28であった）。

5.2.2　調査項目

　保幼小連携の取り組みに影響を与える要因として，地方自治体の人口規模と体制作りの段階（木下，2010）の2つの項目を設定した。

　地方自治体の保幼小連携への取り組み状況を把握するための設問として，A現在の取り組み（1．現在行っている保幼小連携の取り組み，2．特色ある取り組み，3．実施が難しい取り組み，4．人的環境についての取り組み，5．研修体制についての取り組み，6．カリキュラム開発についての取り組み），B担当者の認識（7．教育委員会に期待される役割，8．保幼小連携の体制作りを阻む要因，9．保幼小連携を持続させるために重要なポイント）の9項目を設定した（Table 5-1，資料2）。設問の選択肢は，文部科学省・厚生労働省（2009），文部科学省（2010）の接続の在り方の議論や地方自治体の実践事例を参考に決定した。

　設問1は10の選択肢のうち，実施している取り組みを選択するよう求めた。10の取り組みとは，(a)保育所・幼稚園・認定こども園と小学校等の関係者による連絡（連携）協議会の設置，(b)保幼小連携に関する研修会の開催，(c)保育・授業の相互参観，(d)保幼小間の教職員の長期派遣，(e)接続期カリキュラムの開発，(f)保育・授業への相互参加による子ども同士の交流活動，(g)保護者も含めた交流会の開催，(h)地域社会に対する啓発活動，(i)保育所・幼稚園・認定こども園及び小学校向け各研修会の保幼小合同研修会としての開催，(j)その他である。

　設問7は6つの選択肢から，教育委員会に期待される役割を選択するよう求めた。6つの選択肢とは，(a)幼児期の教育と小学校教育への深い理解をもった上で指導できるような教職員の育成，(b)保幼小連携に関する保護者への理解・啓発を図ることによる家庭との連携，(c)保幼小連携に関する基本方針や支援方策の策定，(d)保幼小連携の進捗状況の把握・評価と，それに基づく

Table 5-1　質問項目

現在の取り組み

1. 現在行っている保幼小連携の取り組み
(a)保育所・幼稚園・認定こども園と小学校等の関係者による連絡（連携）協議会の設置
(b)保幼小連携に関する研修会の開催　　(c)保育・授業の相互参観　　(d)保幼小間の教職員の長期派遣
(e)接続期カリキュラムの開発　　　　(f)保育・授業への相互参加による子ども同士の交流活動
(g)保護者も含めた交流会の開催　　　(h)地域社会に対する啓発活動
(i)保育所・幼稚園・認定こども園及び小学校向け各研修会の保幼小合同研修会としての開催

2. 特色ある取り組み
3. 実施が難しい取り組み
4. 人的環境についての取り組み
5. 研修体制についての取り組み
6. カリキュラム開発についての取り組み

担当者の認識

7. 教育委員会に期待される役割
(a)幼児期の教育と小学校教育への深い理解をもった上で指導できるような教職員の育成
(b)保幼小連携に関する保護者への理解・啓発を図ることによる家庭との連携
(c)保幼小連携に関する基本方針や支援方策の策定
(d)保幼小連携の進捗状況の把握・評価と、それに基づく各学校・施設に対する指導・助言
(e)連携を進める上での保育所・幼稚園・認定こども園・小学校の間の調整

8. 保幼小連携の体制作りを阻む要因
(a)私立保育所・幼稚園・認定こども園の多さ　　　(b)教職員の多忙
(c)保幼小連携への管理職の理解不足　　　　(d)保幼小連携への保育士・幼稚園教諭の理解不足
(e)保幼小連携への小学校教諭の理解不足　　　(f)支援事業の予算
(g)連携のキーパーソンの不在

9. 保幼小連携を持続させるために重要なポイント
(a)管理職の配置や人材育成等の人的環境において保幼小連携を促進する環境が整っていること
(b)幼児期から児童期への子どもの育ちの姿をイメージした保育課程・教育課程を編成すること
(c)教育委員会を中心とする地方自治体がリーダーシップを発揮して連携体制作りを行うこと
(d)教職員の資質向上に役立つ各学校・施設研修や行政主催研修を開催すること
(e)幼児期と児童期をつながりとして意識すること
(f)家庭や地域社会と連携・協力すること

各学校・施設に対する指導・助言，(e)連携を進める上での保育所・幼稚園・認定こども園・小学校の間の調整，(f)その他である。

　設問8は8つの選択肢から，体制作りを阻む要因と思われる選択肢を選択するよう求めた。8つの選択肢とは，(a)私立保育所・幼稚園・認定こども園の多さ，(b)教職員の多忙，(c)保幼小連携への管理職の理解不足，(d)保幼小連携への保育士・幼稚園教諭の理解不足，(e)保幼小連携への小学校教諭の理解不足，(f)支援事業の予算，(g)連携のキーパーソンの不在，(h)その他である。

　設問9は7つの選択肢から，保幼小連携持続のために重要と思われる選択

肢を選択するよう求めた。7つの選択肢とは，(a)管理職の配置や人材育成等の人的環境において保幼小連携を促進する環境が整っていること，(b)幼児期から児童期への子どもの育ちの姿をイメージした保育課程・教育課程を編成すること，(c)教育委員会を中心とする地方自治体がリーダーシップを発揮して連携体制作りを行うこと，(d)教職員の資質向上に役立つ各学校・施設研修や行政主催研修を開催すること，(e)幼児期と児童期をつながりとして意識すること，(f)家庭や地域社会と連携・協力すること，(g)その他である。

　設問2～6に対しては自由記述によって回答するよう求めた。

5.2.3　分析のための手続き

　保幼小連携の取り組みに影響を与えると考えられる地方自治体の人口規模について，地方自治法など行政制度の規程に基づき次のように整理を行った。地方自治体の人口に基づき，町村（人口5万未満），市（人口5万以上20万未満），特例市規模以上の市（人口20万以上）の3グループとした。町村に相当する地方自治体は85，市に相当する地方自治体は90，特例市規模以上の市は43であった。

　保育所・幼稚園・認定こども園数の内訳が，町村において保育所は平均7.44（範囲は0-20），幼稚園は平均2.35（範囲は0-10），認定こども園は平均0.32（範囲は0-8）であった。市において保育所は平均17.04（範囲は0-39），幼稚園は平均8.33（範囲は1-28），認定こども園は平均0.55（範囲は0-10）であった。特例市規模以上の市において保育所は平均689.51（範囲は19-447），幼稚園は平均57.23（範囲は12-289），認定こども園は平均1.16（範囲は0-9）であった。保育所・幼稚園・認定こども園の公立私立の内訳が，町村において公立園は平均6.52（範囲は0-20），私立園は平均3.58（範囲は0-14）であった。市において公立園は平均13.57（範囲は2-37），私立園は平均12.34（範囲は0-35）であった。特例市規模以上の市において公立園は平均43.30（範囲は6-145），私立園は平均104.60（範囲は18-645）であった。

　また，体制作りの段階について整理を行い，着手段階（直近の予定がないか検討中である），実践段階（研修会やカリキュラムへの取り組み），充実段階（実践を踏まえた検討）の3グループとした。

　設問2～6の自由記述については，カテゴリー化の手続きを行った（カテゴリー化の手続きについては，木下（2003）やWillig（2001）を参考にした）。カテゴリー化の手続きとして，取り組みの内容・理由と取り組みの目的・意義の観点から記述内容にラベルを与えた。次に，記述内容の類似性と差異に基づいて，ラベルを整理・統合し，カテゴリーを生成した。2名の共同研究者が独立に分析をして評定の一致を確認した。不一致箇所については協議を行ってカテゴリーの定義を改善し，100％一致したところで度数の分析を進めた。

5.3　結果と考察

5.3.1　地方自治体の人口規模と体制作りの段階との関連

　地方自治体の人口規模と体制作りの段階の関連について，Table 5-2に示した。町村や市と比較すると，特例市規模以上の市の方が実践段階や充実段階よりも着手段階の比率が低く，特例市規模以上の市の方がより多くの連携の取り組みを行っていた。

Table 5-2　地方自治体の人口規模と体制作りの関連

人口規模	体制作り			
	着手	実践	充実	計
町村	19 (22.6)	60 (71.4)	5 (6.0)	84 (100)
市	18 (20.2)	69 (77.5)	2 (2.2)	89 (100)
特例市	3 (7.0)	38 (88.4)	2 (4.7)	43 (100)
計	40	167	9	216

注　（　）内は比率を示す。「特例市」は特例市規模以上の市を示す。

5.3.2　保幼小連携の取り組み

(1)　現在行っている保幼小連携の取り組み

　人口規模ごとの保幼小連携の取り組みの実施状況を Table 5-3 に示した。

　「その他」を除く 9 項目の連携への取り組みについて Fisher の正確確率検定を行ったところ，「研修会の開催」（$p < .01$），「保育・授業の相互参観」（$p < .05$），「教職員の長期派遣」（$p < .01$），「接続期カリキュラムの開発」（$p < .01$），「保幼小合同研修会」（$p < .01$）に人口規模による有意な差がみられた。Tukey の多重比較によると（5 ％水準），「研修会の開催」では特例市規模以上の市と町村・市の間に比率の差が認められ，特例市規模以上の市は，町村・市と比較して研修会の開催の割合が高かった。「保育・授業の相互参観」では特例市規模以上の市と町村の間に比率の差が認められ，特例市規模以上の市は町村と比較して保育・授業の相互参観の開催の割合が高かった。「教職員の長期派遣」では特例市規模以上の市と町村・市の間に比率の差が認められ，特例市規模以上の市は町村・市と比較して教職員の長期派遣の実施の割合が高かった。「接続期カリキュラムの開発」では特例市規模以上の市と町村・市の間に比率の差が認められ，特例市規模以上の市は町村・市と比較して接続期カリキュラムの開発の割合が高かった。「保幼小合同研修会」では市・特例市規模以上の市と町村の間に比率の差が認められ，市・特例市

Table 5-3　人口規模別の地方自治体の保幼小連携への取り組み

	連絡協議会の設置	研修会の開催	保育・授業の相互参観	教職員の長期派遣	接続期カリキュラムの開発	子どもの交流活動	保護者も含めた交流会	地域社会への啓発	保幼小合同研修会	その他
町村 （$n=83$）	52 (62.7)	40 (48.2)	55 (66.3)	0 (0.0)	10 (12.0)	48 (57.8)	7 (8.4)	10 (12.0)	13 (15.7)	10 (12.0)
市 （$n=90$）	52 (57.8)	45 (50.0)	65 (72.2)	1 (1.1)	14 (15.6)	60 (66.7)	12 (13.3)	17 (18.9)	33 (36.7)	11 (12.2)
特例市 （$n=43$）	31 (72.1)	32 (74.4)	37 (86.0)	8 (18.6)	15 (34.9)	32 (74.4)	9 (20.9)	11 (25.6)	21 (48.8)	11 (25.6)
計	135 (62.5)	117 (54.2)	157 (72.7)	9 (4.2)	39 (18.1)	140 (64.8)	28 (13.0)	38 (17.6)	67 (31.0)	32 (14.8)

注　（　）内は比率を示す。「特例市」は特例市規模以上の市を示す。

規模以上の市は町村と比較して保幼小合同研修会の開催の割合が高かった。

　保幼小連携に関する研修会の開催は，町村が40（48.2%），市が45（50.0%），特例市規模以上の市が32（74.4%）であった。保育・授業の相互参観は，町村55（66.3%），市が65（72.2%），特例市規模以上の市が37（86.0%）であった。教職員の長期派遣は，町村が0（0.0%），市が1（1.1%），特例市規模以上の市が8（18.6%）であった。接続期カリキュラムの開発は，町村が10（12.0%），市が14（15.6%），特例市規模以上の市が15（34.9%）であった。保幼小合同研修会の開催は，町村が13（15.7%），市が33（36.7%），特例市規模以上の市が21（48.8%）であった。

　特例市規模以上の市は，研修会や保幼小合同研修会の開催に加えて，所管の異なる関係者の参加が必要な教職員の長期派遣や接続期カリキュラム開発を行っていた。朝日（2007）にみられるように，地方自治体の規模が大きい場合，都道府県教育委員会の関与がなくても自律的に動くことが可能になるため，保幼小連携への取り組みに関しても取り組み始めることができたと考えられる。これに対して，町村・市では教職員の派遣や接続期カリキュラムの開発のように地方自治体全体が対象となる連携の実施が進んでいるところは比率としては少なかった。

⑵　取り組みの特色

　特色のある取り組みの記述を10カテゴリーに分類した。記述した地方自治体数は144（総回答数の66.1%）であった（1-4の範囲で複数カウントあり。そのため全記述数は292）。10カテゴリーとは，⒜保幼小連絡協議会を通じての支援，⒝研修や保育・授業参観を利用した相互理解，⒞子どもの交流・教職員の交流，⒟学びの系統性や連続性を備えたカリキュラムの開発・教育方針の策定，⒠ブロック単位の取り組み，⒡保幼小中の発達的なつながりを基礎とする取り組み，⒢特別支援教育を中心とした取り組み，⒣保護者・地域への支援，⒤巡回時の情報収集，⒥教育課題への対応，であった（Table 5-4）。

Table 5-4　人口規模別の特色ある取り組み記述数

カテゴリー	回答例（抜粋）	記述数			
		町村	市	特例市	計
保幼小連絡協議会を通じての支援	現在設置している「幼保小連絡会」（構成メンバー市校長会，就学前教育委員，市立保育園長，市立保育協会，市幼稚園連盟の代表者及び市役所保育課程支援課，学校教育課職員）の組織の再編成を検討している。組織の体制を整備したうえで，「幼保小の望ましい連携の在り方」についての指針の作成を目指していきたいと考えている。（NA市）	15 (16.0)	16 (13.3)	12 (15.4)	43 (14.7)
研修や保育・授業参観を利用した相互理解	幼児の育ちの姿や相互の教育，保育内容，指導方法の理解を深めるために，市立幼稚園の指定公開保育や，小中学校の指定研究発表会等へ公私立保育園，幼稚園，小学校の教員の参加を促している。（TB市）	15 (16.0)	36 (30.0)	22 (28.2)	73 (25.0)
子どもの交流・教職員の交流	市内各小学校区において年間交流計画を立て，地域の実情に沿った内容で無理なくできる交流を行ない，計画と実績について市幼年教育研究会に持ち寄り改善に向けた情報交換を実施している。（RC市）	25 (26.6)	21 (17.5)	11 (14.1)	57 (19.5)
学びの系統性や連続性を備えたカリキュラムの開発・教育方針の策定	スタートプログラム・入門期に対する編成の弾力化を行なっている。小学校は4～5月を仮学班として編成し，子どもの状況を確認したうえで6月より再編成する。担任もその時に決定する。（TD市）	4 (4.3)	7 (5.8)	10 (12.8)	21 (7.2)
ブロック単位の取り組み	昨年度より小学校区ごとでの連携を大切にしていただくことを教育委員会からお願いをし，小学校から働きかけていただくようにしている。連携については学校区によって差があるためまずはどの年長児も小学校の環境に慣れることを大切にすすめている。（FE市）	4 (4.3)	6 (5.0)	5 (6.4)	15 (5.1)
保幼小中の発達的なつながりを基礎とする取り組み	市内にある中学校区で幼保小中一貫研修を推進している。現在は中学卒業時にめざす子ども像を明確にし，各学校間での接続を意識した実践をおこなっている。また，地域と一体になった縦の接続，横の連携を柱にした実践をおこなっている。また更には，市内の幼小中の教員，保育園の保育士を集め，それぞれの中学校区での実践を発表し合い共有化につなげている。（BF市）	11 (11.7)	9 (7.5)	14 (17.9)	34 (11.6)
特別支援教育を中心とした取り組み	サポートブック（兼個別の教育支援計画）を町住民福祉課が作成し，それをうけて一貫教育プロジェクト幼児部会が活用の在り方を検討している（幼児部会参加者：幼保小中の教員，保育士，子育て支援センター，保健センターの職員，保健師他）。（IG町）	10 (10.6)	10 (8.3)	1 (1.3)	21 (7.2)
保護者・地域への支援	モーニングサービスと称して，小学校の朝の時間（保育所が開く前の時間）に小学校へ園児や保護者が参観（場合によっては体験）する場を設けている学校がある。（RH市）	4 (4.3)	7 (5.8)	1 (1.3)	12 (4.1)
巡回時の情報収集	幼稚園，保育園で園児の成長発達，子育ての悩みなどについて相談事業を実施。個々の成績の状況に応じて，支援が必要な場合専門的な相談を実施するとともに必要な支援を行なう。相談により把握した情報を小学校に引きつぐとともに継続的に訪問を行ない幼保小の連携により，子どもたちの成長を継続的に応援する。（RC市）	2 (2.1)	5 (4.2)	0 (0.0)	7 (2.4)
教育課題への対応	小1プロブレム解消のために，幼保からアプローチする「いきいき遊び」を独自に開発して実施している。朝10分程度の時間を使い，手遊びやフラッシュカードを活用して，自尊感情と小学校へ入学してすぐ適応できる力の育成を目的としている。（MI市）	2 (2.1)	3 (2.5)	2 (2.6)	7 (2.4)
その他		2 (2.1)	0 (0.0)	0 (0.0)	2 (0.7)
	計	94 (100)	120 (100)	78 (100)	292 (100)

注　（　）内は比率を示す。「特例市」は特例市規模以上の市を示す。

特色ある取り組みとして，保幼小連絡協議会や研修や保育・授業参観，子どもの交流が多く記述されていた。保幼小連絡協議会や研修については，保幼小だけではなく中学校までも含めた参加者から構成されているケースも見られた。また，学区ごとに連絡協議会を設置するなど学区ごとの連携を特徴としている地方自治体も見られた。特別支援教育を中心とした取り組みについては，保護者への支援・地域の啓発とあわせて行われることが多かった。人口規模別にみると，特例市規模以上の市は研修や保育・授業参観を利用した相互理解と学びの系統性や連続性を備えたカリキュラムの開発・教育方針の策定の記述比率が高く，町村は子どもの交流・教職員の交流や特別支援教育を中心とした取り組みの記述比率が高かった。

5.3.3　教育委員会に期待される役割

人口規模ごとの教育委員会への期待について Table 5-5 に示した。

「その他」を除く5項目の教育委員会への期待について Fisher の正確確率検定を行ったところ，「教職員育成」（$p<.01$）に人口規模による有意な差がみられた。Tukey の多重比較によると（5％水準），特例市規模以上の市と町村の間に比率の差が認められ，特例市規模以上の市は町村と比較して教育委員会の役割を教職員育成とする割合が高かった。

教育委員会の役割を教職員育成としたのは，町村が44（56.4%），市が63（70.8%），特例市規模以上の市が36（83.7%）であった。

特例市規模以上の市では，保幼小連携を進める力量のある教職員の育成を個人の実践の内省のみに頼るのではなく，地方自治体が研修を主催して組織的に人材を育成していくことを教育委員会の役割としていた。

5.3.4　保幼小連携の体制作りを阻む要因

(1)　連携体制作りを阻む要因

人口規模ごとの保幼小連携の体制作りを阻む要因について Table 5-6 に示

Table 5-5　人口規模別の教育委員会に期待される役割

	教職員育成	家庭との連携	方針決定	指導助言	学校園(所)の調整	その他
町村 (*n*=78)	44 (56.4)	25 (32.1)	51 (65.4)	39 (50.0)	45 (57.7)	0 (0.0)
市 (*n*=89)	63 (70.8)	33 (37.1)	63 (70.8)	47 (52.8)	48 (53.9)	5 (5.6)
特例市 (*n*=43)	36 (83.7)	16 (37.2)	32 (74.4)	27 (62.8)	23 (53.5)	6 (14.0)
計	143 (68.1)	74 (35.2)	146 (69.5)	113 (53.8)	116 (55.2)	11 (5.2)

注　（　）内は比率を示す。「特例市」は特例市規模以上の市を示す。

した。

　「その他」を除く 7 項目の体制作りを阻む要因について Fisher の正確確率検定を行ったところ，「私立の多さ」（$p<.01$），「保育者の理解不足」（$p<.05$），「予算不足」（$p<.05$）に人口規模による有意な差がみられた。Tukey の多重比較によると（5 ％水準），「私立の多さ」では特例市規模以上の市と町村・市の間に比率の差が認められ，特例市規模以上の市は町村・市と比較して，私立の多さを体制作りを阻む要因として選択した割合が高かった。「保育者の理解不足」では町村と特例市規模以上の市の間に比率の差が認められ，町村は特例市規模以上の市と比較して，保育者の理解不足を体制作りを阻む要因として選択した割合が高かった。「予算不足」では町村・市と特例市規模以上の市の間に比率の差が認められ，町村・市は特例市規模以上の市と比較して，予算の不足を体制作りを阻む要因として選択した割合が高かった。

　私立の多さを体制作りを阻む要因としたのは，町村が 8 （10.4%），市が21（24.1%），特例市規模以上の市が19 （44.2%）であった。保幼小連携への保育者の理解不足は，町村が18 （23.4%），市が14 （16.1%），特例市規模以上の市が 2 （4.7%）であった。支援事業の予算の不足は，町村が26 （33.8%），市が

Table 5-6　人口規模別の保幼小連携を阻む要因

	私立の多さ	教職員の多忙	管理職の理解不足	保育者の理解不足	小学校教諭の理解不足	予算不足	キーパーソン不在	その他
町村 (n=77)	8 (10.4)	70 (90.9)	12 (15.6)	18 (23.4)	28 (36.4)	26 (33.8)	41 (53.2)	6 (7.8)
市 (n=87)	21 (24.1)	71 (81.6)	13 (14.9)	14 (16.1)	28 (32.2)	30 (34.5)	45 (51.7)	13 (14.9)
特例市 (n=43)	19 (44.2)	33 (76.7)	12 (27.9)	2 (4.7)	16 (37.2)	6 (14.0)	19 (44.2)	9 (20.9)
計	48 (23.2)	174 (84.1)	37 (17.9)	34 (16.4)	72 (34.8)	62 (30.0)	105 (50.7)	28 (13.5)

注　（　）内は比率を示す。「特例市」は特例市規模以上の市を示す。

30（34.5%），特例市規模以上の市が6（14.0%）であった。

　保育者の理解不足に関して，町村においては，学区単位の取り組みの中で連携担当者との距離が近く，保育士や幼稚園教諭の困難さを強く認識する立場にあることが影響していると考えられる。

　私立の多さに関して，特例市規模以上の市が私立の多さを連携体制を阻む要因として挙げることが多かったのは人口規模が大きい地方自治体に私立の保育所・幼稚園・認定こども園が多いことが理由であるかどうかを確認するため，幼児期の教育において私立の比率が50％以上の地方自治体（町村は20，市は43，特例市規模以上の市は35）における「私立の多さ」の選択数を算出した。町村では2（10.0%），市は14（32.6%），特例市規模以上の市は17（48.6%）であった。私立比率の高さでは同比率でも人口規模によって保幼小連携担当者の連携体制作りの困難さに対する原因帰属の認識は異なっていることが明らかになった。

　特例市規模以上の市は，Table 5-3にみられるように地方自治体全体を対象とする教職員の長期派遣や接続期カリキュラムの開発，保幼小合同研修会の開催に取り組んでいる割合が高い。その取り組みの過程で，私立園の独自性と地方自治体共通の方針をどのように両立させていくのかという課題を担

当者が認識していること，ならびに比率としては同様に高くても実数においての数の多さが認識に影響を与えていることも考えられる。

(2)　取り組みが難しい理由

取り組みが難しい理由の記述を10カテゴリーに分類した。記述した地方自

Table 5-7　人口規模別の実施が難しい理由の記述数

カテゴリー	回答例（抜粋）	記述数			
		町村	市	特例市	計
多忙による日程調整の困難・人員の不足	人的なバックアップ体制が十分にとれない状況で，日常の保育，学習指導に追われるため，相互職員の長期派遣や地域・保護者を巻き込んだ活動が十分にできない。(MJ市)	8 (23.5)	13 (19.4)	5 (13.2)	26 (18.7)
接続カリキュラム開発のための研究の必要性	接続期カリキュラムが相互理解にもつながると考え，着手してはいるが，全体的なイメージ像がつかめず完成できずにいる。(KK市)	5 (14.7)	11 (16.4)	5 (13.2)	21 (15.1)
勤務条件や所管の課題	私立幼，公立幼，保育所，各教育機関を指導統括する部署が異なるため，3者の連携を密にしていかなければならない。(FE市)	9 (26.5)	9 (13.4)	10 (26.3)	28 (20.1)
幼児期の所管の問題	市内の私立幼稚園，保育所の数が多く，市外の幼稚園・保育所から市内小学校へ就学する児童も多い為，きめ細かい情報交換への場が持ちにくい。(IL市)	3 (8.8)	11 (16.4)	7 (18.4)	21 (15.1)
連携基盤の確立の課題	保幼小連携をしていく組織がまだ設置されていない。どこが中心になって組織をつくっていくかがはっきりしていないので設置されない現状である。(MM市)	3 (8.8)	5 (7.5)	4 (10.5)	12 (8.6)
保幼小連携の視点の見直し	教職員同士，子ども同士の顔が見える交流を重ねていくことが連携の質とスピードを向上させていく上で最も重要であると考えている。(TW市)	0 (0.0)	0 (0.0)	3 (7.9)	3 (2.2)
予算の制限	財政規模が大きくない。小学校教員が県費職員である。(RN市)	2 (5.9)	4 (6.0)	0 (0.0)	6 (4.3)
地区による状況の違い・対応の違い	地域により取り組みに差が見られ，1校1園のところはよいが1校で何園もとの連携をしていくのに難しさがある。(TO市)	1 (2.9)	6 (9.0)	3 (7.9)	10 (7.2)
連携に特化した人材の不足	教育（学校）と福祉（保育園）をつなげる職員がいない。(OQ市)	1 (2.9)	5 (7.5)	0 (0.0)	6 (4.3)
総合こども園への対応	将来的にはこども園に取り組む可能性がある。このため幼保小連携は取り組むことがない。(RR町)	1 (2.9)	1 (1.5)	0 (0.0)	2 (1.4)
その他		1 (2.9)	2 (3.0)	1 (2.6)	4 (2.9)
計		34 (100)	67 (100)	38 (100)	139 (100)

注　（　）内は比率を示す。「特例市」は特例市規模以上の市を示す。

治体数は112（総回答数の51.4%）であった（1-3の範囲で複数カウントあり。そのため全記述数は139）。9カテゴリーとは，(a)多忙による日程調整の困難・人員の不足，(b)接続カリキュラム開発のための研究の必要性，(c)勤務条件や所管の課題，(d)幼児期の所管の問題，(e)連携基盤の確立の課題，(f)保幼小連携の視点の見直し，(g)予算の制限，(h)地区による状況の違い・対応の違い，(i)連携に特化した人材の不足，(j)総合こども園への対応，であった（Table 5-7）。

　保幼小連携体制作りが難しい理由として，多忙による日程困難の調整，勤務条件や所管の課題が多く記述されていた。接続期カリキュラム開発に対しては接続期カリキュラムの研究の不足や人材の不足，教職員の長期派遣に対しては所管の課題，研修の開催・保幼小連絡委員会の設置・交流活動に対しては地区による違いや幼児期の所管が理由として指摘されていた。人口規模別にみると，特例市規模以上の市では幼児期の所管の問題や地区による状況の違い・対応の違いの記述比率が高く，町村は多忙による日程調整の困難・人員の不足の記述比率が高かった。

5.3.5　保幼小連携を持続させるために重要なポイント

　人口規模ごとの保幼小連携持続のポイントについて Table 5-8 に示した。

　「その他」を除く6項目の保幼小連携持続のポイントについて Fisher の正確確率検定を行ったところ，「幼児期と児童期のつながりの意識」（$p < .05$）に人口規模による有意な差がみられた。Tukey の多重比較によると（5％水準），町村・市と特例市規模以上の市の間に比率の差が認められ，町村は特例市規模以上の市と比較して，児童期と幼児期のつながりを意識することを保幼小連携のポイントとして選択した割合が高かった。

　幼児期と児童期のつながりの意識を保幼小連携のポイントとしたのは，町村が53（66.3%），市が51（57.3%），特例市規模以上の市が17（39.5%）であった。

　3割以上が接続期のカリキュラム開発を実施している特例市規模以上の市

Table 5-8　人口規模別の保幼小連携を持続させるために重要なポイント

	人的環境の整備	カリキュラムの編成	自治体のリーダーシップ	研修の実施	幼児期と児童期のつながり	家庭・地域との連携	その他
町村 (n=80)	41 (51.3)	51 (63.8)	34 (42.5)	25 (31.3)	53 (66.3)	28 (35.0)	3 (3.8)
市 (n=89)	45 (50.6)	60 (67.4)	46 (51.7)	22 (24.7)	51 (57.3)	25 (28.1)	3 (3.4)
特例市 (n=43)	27 (62.8)	32 (74.4)	24 (55.8)	18 (41.9)	17 (39.5)	10 (23.3)	2 (4.7)
計	113 (53.3)	143 (67.5)	104 (49.1)	65 (30.7)	121 (57.1)	63 (29.7)	8 (3.8)

注　（　）内は比率を示す。「特例市」は特例市規模以上の市を示す。

では，保育士や幼稚園教諭と小学校教諭が互いの保育・教育の内容とそこで育つ子どもの姿を理解し，その子ども像と現在関わっている子どもの状態を連続したものとしてとらえることは，カリキュラム開発によって達成されつつあるという認識が担当者にあったことが理由として考えられる。

5.3.6　人的環境についての取り組み

　人的環境に関する記述を5カテゴリーに分類した。記述した地方自治体数は77（総回答数の35.3%）であった（1-2の範囲で複数カウントあり。そのため全記述数は89）。5カテゴリーとは，(a)具体的連携の討議・実施による保幼小間の相互理解，(b)管理職の弾力的登用，(c)教育委員会・保育所・幼稚園・小学校等に担当部署を設置，(d)管理職のリーダーシップ，(e)保幼小間の人事交流，であった（Table 5-9）。

　保幼小間の相互理解と連携担当部署の設置が人的環境作りの代表的なものであった。教育委員会等に連携担当係を配置する以外に，保育士を増やしたり教育助手を配置することで連携を手厚くしていくといった対応も見られた。特例市規模以上の市における人事交流については，人事交流を行うだけではなくその交流の成果を報告・共有する仕組みが作られているケースもあ

Table 5-9　人口規模別の人的環境についての取り組み記述数

カテゴリー	回答例（抜粋）	記述数			
		町村	市	特例市	計
具体的連携の討議・実施による保幼小間の相互理解	教育課学校教育グループに教員，子育て支援グループに保育士を配置し，学校訪問，保育園訪問，園長校長会等，必ず出席し交流を続けています。（WS市）	7 (41.2)	7 (20.0)	8 (21.6)	22 (24.7)
管理職の弾力的登用	退職小学校長経験者や教職経験者を保幼の管理職に登用し，スムーズな保幼小連携を図る。（TT市）	3 (17.6)	4 (11.4)	8 (21.6)	15 (16.9)
教育委員会・保育所・幼稚園・小学校等に担当部署を設置	小中一貫教育を推進するにあたり，中学校区に教育助手を配置する，また教育委員会に担当係を設けた。（CU市）	3 (17.6)	12 (34.3)	5 (13.5)	20 (22.5)
管理職のリーダーシップ	市校長会の組織に幼児教育担当校長を位置づけることで，校長が同じスタンスで各小学校区における幼保小連携を推進することができた。（HV市）	2 (11.8)	7 (20.0)	8 (21.6)	17 (19.1)
保幼小間の人事交流	（幼保から1人ずつ）　年度末に教育長，市長に研修報告書を提出するとともに口頭で研修成果を報告する。また職員全員（幼稚園）に報告発表する。（MW市）	2 (11.8)	5 (14.3)	8 (21.6)	15 (16.9)
計		17 (100)	35 (100)	37 (100)	89 (100)

注）（　）内は比率を示す。「特例市」は特例市規模以上の市を示す。

った。人事交流は所管の問題で実施が難しいことが多く，研修のように多くの人が参加できるものでもないため，人事交流の経験者の知識や体験を共有する仕組み作りが重要であると考えられる。人口規模別にみると，特例市規模以上の市では保幼小間の人事交流の記述比率が高く，町村は具体的連携の討議・実施による保幼小間の相互理解の記述比率が高かった。

5.3.7　研修体制についての取り組み

　研修に関する記述を8カテゴリーに分類した。記述した地方自治体数は116（総回答数の53.2%）であった（1-3の範囲で複数カウントあり。そのため全記述数は148）。8カテゴリーとは，(a)研修対象拡大等による保幼小の情報交換・交流・資質向上，(b)情報の伝達・交流，(c)保育・授業とカリキュラムの工夫，(d)他地区との情報交換や外部講師の活用，(e)行政の主導，(f)特別な支援

を必要とする子どもへの支援，(g)地域住民の参加，(h)県主催の研修会等への参加，であった（Table 5-10）。

　情報交換や保育・授業の質の向上，保幼小の相互理解を目指して，多様な研修が実施されていた。研修の実施は広まってきたが，研修の参加者に制限があったり，希望者のみの参加となっているケースもあるため，研修の利用

Table 5-10　人口規模別の研修体制についての取り組み記述数

カテゴリー	回答例（抜粋）	記述数			
		町村	市	特例市	計
研修対象拡大等による保幼小の情報交換・交流・資質向上	幼保小合同研修会（6，8，2月），幼保1日体験研修（夏期休業中　教員希望者と初任者全員（いずれも小学校），小学校体験研修（10〜11月幼保職員希望者）（WX市）	7 (20.0)	30 (48.4)	23 (45.1)	60 (40.5)
情報の伝達・交流	進学校への視察（IY町） 幼保小の連携の意義を各管理職に十分に周知し，幼保から積極的に小中の連携を働きかけるよう指導を進めている（発達障害，要保護においての重要性を含む）。（IZ市）	6 (17.1)	9 (14.5)	2 (3.9)	17 (11.5)
保育・授業とカリキュラムの工夫	小中学校教職員における初任者研修で，保育園体験研修の機会を半日設定し，園児と触れあったり，保育士との意見交流会をはかったりしている。幼稚園保育園小中学校の教職員の交流会（参観，意見交流）を年4回開催している。（SA市）	11 (31.4)	7 (11.3)	13 (25.5)	31 (20.9)
他地区との情報交換や外部講師の活用	大学との連携による研修会（RN市） 幼保小連携代表者，実務者合同研修会（講演会）（KB市）	3 (8.6)	1 (1.6)	7 (13.7)	11 (7.4)
行政の主導	教育委員会（公立幼稚園・小学校）と子ども福祉課（保育所）の連携とリーダーシップ（RD市）	1 (2.9)	1 (1.6)	2 (3.9)	4 (2.7)
特別な支援を必要とする子どもへの支援	特別支援教育推進委員会では，幼保小中の代表が出席し子どもの支援について，連携を念頭においた研修を行なっている。（ZE町）	4 (11.4)	7 (11.3)	2 (3.9)	13 (8.8)
地域住民の参加	5歳児の保護者を対象として小1プロブレムに関する講演会を1回実施（FF市）	0 (0.0)	1 (1.6)	2 (3.9)	3 (2.0)
県主催の研修会等への参加	県の幼保小連携モデル地域指定事業を受け，幼保における公開保育参観を通して，市の連携について助言を受け，各小学校区での連携に活かした。（MV市）	1 (2.9)	5 (8.1)	0 (0.0)	6 (4.1)
その他		2 (5.7)	1 (1.6)	0 (0.0)	3 (2.0)
	計	35 (100)	62 (100)	51 (100)	148 (100)

注　（　）内は比率を示す。「特例市」は特例市規模以上の市を示す。

機会を増やしていくことが必要である。記述数としては少ないが，研修内容には特別な支援を必要とする子どもへの支援に関するものや大学の研究者を招いての講演会なども含まれていた。人口規模別にみると，特例市規模以上の市では研修対象拡大等による保幼小の情報交換・交流・資質向上の記述比率が高く，町村は（研修以外での）情報の伝達・交流や特別な支援を必要とする子どもへの支援の記述比率が高かった。

5.3.8　カリキュラム開発についての取り組み

　カリキュラム開発に関する記述を6カテゴリーに分類した。記述した地方自治体数は62（総回答数の28.4%）であった（1-2の範囲で複数カウントあり。そのため全記述数は70）。6カテゴリーとは，(a)接続期カリキュラムの開発・開発の準備過程，(b)接続期カリキュラム以外のカリキュラム開発・接続期における活動の設定，(c)関係者による子ども像の共有・カリキュラム開発の支援，(d)保護者支援・特別な支援を必要とする子どもの情報共有，(e)モデル校・モデルカリキュラムの活用，(f)各学校レベルでのカリキュラムの開発，であった（Table 5-11）。

　接続期カリキュラムを開発もしくは準備中の地方自治体がある一方で，接続期カリキュラムは開発していないが接続期のカリキュラムの工夫を行っている地方自治体があった。接続期カリキュラムの開発に取り組んでいる場合，所管の異なる人材をどのようにしてカリキュラム開発のメンバーに組み込むかが課題となっていた。特に，公立私立，保育所・幼稚園・認定こども園の違いを抱える幼児期において接続期カリキュラムを開発することは困難度が高いと考えられる。人口規模別にみると，特例市規模以上の市ではモデル校・モデルカリキュラムの活用の記述比率が高く，町村は接続期カリキュラム以外のカリキュラム開発・接続期における活動の設定や保護者支援・特別な支援を必要とする子どもの情報共有の記述比率が高かった。

Table 5-11　人口規模別のカリキュラム開発についての取り組み記述数

カテゴリー	回答例（抜粋）	記述数			
		町村	市	特例市	計
接続期カリキュラムの開発・開発の準備過程	編成にかかわる委員会（親会議）のメンバーの一員に小学校教諭（1年）に参加していただいている。幼児教育側（幼稚園，保育園）と学校教育側（教育委員会指導主事，小学校教諭）と幼保小の連携をはかる未来センターが，メンバーに構成されていることがポイントである。(MG市)	9 (33.3)	9 (37.5)	5 (26.3)	23 (32.9)
接続期カリキュラム以外のカリキュラム開発・接続期における活動の設定	幼小中で一貫した目標を掲げ，学期ごとにどこまで達成できたか集計し，見直しを随時行なっている。集計は校長園長会で情報交換し，共通理解を図って。(NH市)	12 (44.4)	5 (20.8)	5 (26.3)	22 (31.4)
関係者による子ども像の共有・カリキュラム開発の支援	お互いの授業を見合いながら幼児期から児童期へスムーズに移行できるようにしたい。(KI市)	0 (0.0)	5 (20.8)	7 (36.8)	12 (17.1)
保護者支援・特別な支援を必要とする子どもの情報共有	特に支援の必要な子どもについては，保健師サイド〜保育園 5歳児健康相談等で，早期発見早期支援就学に向けての保護者支援をおこなう。(TJ町)	4 (14.8)	1 (4.2)	0 (0.0)	5 (7.1)
モデル校・モデルカリキュラムの活用	県教育委員会のモデル地域指定事業を受け，市の取り組みを報告するとともに，指導を受けた。(ZK市)	1 (3.7)	1 (4.2)	2 (10.5)	4 (5.7)
各学校レベルでのカリキュラムの開発	小1プロブレム解消のために各校・園で教育課程を見直し，改善している。(DL市)	1 (3.7)	2 (8.3)	0 (0.0)	3 (4.3)
その他		0 (0.0)	1 (4.2)	0 (0.0)	1 (1.4)
	計	27 (100)	24 (100)	19 (100)	70 (100)

注　（　）内は比率を示す。「特例市」は特例市規模以上の市を示す。

5.4　全体的考察

　地方自治体の人口規模が保幼小連携の取り組みや保幼小連携担当者の認識に影響を与えている要因の一つであることが見出された。特例市規模以上の市は，町村と比較して研修会の開催，保育・授業の相互参観，教職員の長期派遣，接続期カリキュラムの開発，保幼小合同研修会の開催の取り組み比率が高く，教育委員会の役割を教職員の育成とする割合が高かった。このことから，地方自治体の人口規模が大きい場合，地方自治体全体を対象とした取

り組みを行いやすく，保幼小連携に取り組むための組織作りや制度作りに直接関わる要素を重視していると考えられる。人口規模の大きい地方自治体は，人口規模の小さい地方自治体よりも保幼小連携の取り組みに必要な予算や人材をより多く確保できることが予想される。さらに，保幼小連携を主導する指導主事の数が多いことによって，幼児期と児童期それぞれの専門家を偏りなく集めることが可能になることも推測できる。人口規模の大きさを活かして組織的に人材育成に取り組み，このことが持続的な保幼小連携を可能にする体制作りにつながると考えられる。

　特例市規模以上の市は，幼児期の教育において同程度の私立園のある町村や市と比較しても連携を阻む要因として私立の多さを選択した割合が高かった。私立の保育所・幼稚園・認定こども園は独自の理念を持ち，その理念に基づいて保育課程や教育課程を開発し実践しているため，その個性や独自性を失ってしまう懸念から，研修や接続期カリキュラムの開発への参加に慎重になっている状態であることが考えられる。そのため，研修や接続期カリキュラムの開発を進めたい特例市規模以上の市において，このような私立園との理念の違いの問題が担当者の中では顕在化しやすいと推察される。

　人口規模の大きい地方自治体では，複数の保育所・幼稚園・認定こども園出身者が同じ小学校に入学することが想定されるため，学区内の多様性に対応することを迫られる。その中には，教育理念や方針の多様さが大きい私立園も含まれる。このような背景のある人口規模の大きい地方自治体が今後保幼小連携を進めていくためには，一層の研修の充実を図り，公立私立間における教育理念や方針の違いに関する議論の機会を設け，それぞれの立場から実施可能な施策を検討していくことが必要である。

　一方，町村は特例市規模以上の市と比較して，研修会の開催，保育・授業の相互参観，教職員の長期派遣，接続期カリキュラムの開発，保幼小合同研修会の開催の取り組み比率が低かった。また，連携を阻む要因として保育者の理解不足と予算不足を選択した割合が高かった。地方自治体の人口規模が

小さい場合，限られた予算と人員で連携に取り組まなくてはならない状況から地方自治体全体を対象とした保幼小連携は行いにくく，子どもの交流のような学区ごとに実施可能な取り組みを進めていると考えられる。保育者の理解が不十分という認識もなされていることから，保幼小連携に関わる一人ひとりの連携への取り組みの意識を高めることで，保幼小連携をリードする人材の掘り起こしを狙っていると推察される。

　人口規模の小さい地方自治体では，その地域の特性を理解し時には私的なネットワークを活用しながら保幼小連携を進めていけるような人材の育成が必要とされていると考えられる。地方自治体が行う研修制度の枠組みの中で人材の育成を行っていくだけではなく，保幼小連携以外の職務や活動において築かれた人材ネットワークを利用することで，地域の特性を理解した保幼小連携の展開が可能になると思われる。

　各地方自治体の取り組みを見ると，特別な支援を必要とする子どもへの対応が保幼小連携の特色の記述として21（総回答数の7.2%）の地方自治体に取り入れられていることがわかる。特別な支援を必要とする子どもの支援においては，幼児期における子どもの育ち・個性に関する情報を小学校へと伝えていくことが大切である。佐藤・堀口・二宮（2008）は，特別支援教育の考えの下に連携を進めていく上でのヒントの一つとして，環境と子どもの行動とをセットにした引継ぎを挙げ，保育所や幼稚園で整備してきた環境とその環境下で観察された子どもの行動を併せて小学校に伝達することで，小学校での環境を整えることが可能になるとしている。このような工夫が保育所児童保育要録・幼稚園幼児指導要録・認定こども園こども要録に取り入れられることで情報交換の有用性を高めることができる。

　特別な支援を必要とする子どもへの対応は，保護者への支援と併せて考慮されている事例が5地方自治体でみられた。今後，特別な支援を必要とする子どもの保護者への支援の内容や方法論を手がかりとして，特別な支援のみならず保幼小連携における保護者への支援の内容を議論していくことも期待

できる。このように保育・教育上の課題に対して，保幼小連携という枠組み
で対応することでその成果を高める可能性が示唆されたといえる。

5.5　第 II 部のまとめと課題

　第 3 章から，保幼小連携の取り組みを進めるためには，個々の学校・園
（所）の実践や保護者・地域住民の意見を集約して移行期の保育・教育の柱
となる方針を打ち出せる地方自治体の仕組み作りが必要であることが示され
た。第 4 章と第 5 章では，保幼小連携の取り組み段階や地方自治体の人口規
模によって保幼小連携の取り組み状況が異なり，地域の特性を踏まえて連携
を進めていく必要があることが示された。このことから，保幼小連携体制に
は地方自治体のリーダーシップと力量ある保幼小連携担当者の存在が重要で
あると考えられる。

　持続可能な保幼小連携を支える要因として人的環境，研修体制，カリキュ
ラムの 3 点が重視されていたが，これは力量ある保幼小連携担当者の育成と
いう意味でも重要である。保育士・幼稚園教諭・小学校教諭の力量を高める
ための研修や実践は将来的には保幼小連携の担当者の力量を高めることにな
る。人事交流などにより幼児期の教育と児童期の教育の両方の経験を持つ人
材が連携担当部署に配置されリーダーシップをとることで，保幼小連携の持
続性もより高まる。さらに，そのような人材がカリキュラム開発に関わるこ
とで教育の連続性も保障され得る。

　第 3 章〜第 5 章によると，現在の保幼小連携の取り組みの課題の一つは教
育の連続性を保障する接続期カリキュラムの開発が進んでいないことであっ
た。教育における連続性は，政策決定における連続性，保育・教育の専門家
の専門性における連続性，家庭における連続性と並ぶ接続期の連続性を保障
するための 4 つの連続性のうちの一つである。そして，カリキュラム開発は
その要である。それにもかかわらず，接続期カリキュラムの開発への取り組
みは十分ではなかった。

　そこで次章から，接続期カリキュラムの内容と接続期カリキュラム開発を行った地方自治体の保幼小連携体制の在り方を分析する。接続期カリキュラムの内容のみを分析するのではなく地方自治体の連携の事例も検討することで，開発が難しい接続期カリキュラムを可能にする保幼小連携体制の実態を明らかにすることが可能になると期待できる。

第Ⅲ部　地方自治体の保幼小連携にみる
接続期カリキュラム

第6章　地方自治体の接続期カリキュラム：
5つの視点からの比較（研究4）

6.1　目的

　幼児期と児童期の教育の連続性を保つための主要な取り組みとしてカリキュラム開発がある。幼児期を対象としたカリキュラムであるアプローチカリキュラムや児童期を対象としたカリキュラムであるスタートカリキュラムは，子どもの特性や育ちを考慮しながら作成されるものである。しかしながら，第4章と第5章から，現在の保幼小連携の取り組みの中では地方自治体による接続期カリキュラムの開発が進んでいないことが示された。また，アプローチカリキュラムやスタートカリキュラムが備えているべき要件に関しての議論はまだ十分に行われていない。そこで，本章ではアプローチカリキュラムやスタートカリキュラムに関して，5つの視点による分析を行う。

　第一の視点はカリキュラムの構成である。幼児期と児童期の教育の連続性を保つことが保幼小連携の目的の一つであるならば，保育・授業の方法の工夫は幼児期と児童期において行われ，アプローチカリキュラムとスタートカリキュラムの両方が作成されると考えられる。実践に基づいたカリキュラム研究においても（秋田・第一日野グループ，2013；お茶の水女子大学附属幼稚園・小学校，2006），幼児期と児童期が対象となっている。ただし，スタートカリキュラムは2008年の小学校学習指導要領解説の生活編の中で規定があるがアプローチカリキュラムについては行政的に用語としては確定して使用されていないことや，移行期の教育の連続性をどのように担保していくかという地方自治体の考え方の違いもあり，実態としては，スタートカリキュラムのみ，アプローチカリキュラムのみを作成していることが想定される。そこ

で，移行期のカリキュラムとして幼児期と児童期を対象とするカリキュラムが作成されているかどうかを検討しておく必要があると考えられる。

　第二の視点は接続期の時期である。お茶の水女子大学附属幼稚園・小学校が実践研究の中で「接続期」を提唱したことで（松井，2005），接続期は幼児教育と小学校教育を接続するというねらいをもった時期として明確化された（横井，2007）。接続期は「地域や各学校・施設，子どもの実態等を踏まえ，適切な期間を設定して幼小接続の実践を工夫していくことが必要である」とされ，接続期という概念の普及が重要であると指摘されている（文部科学省，2010）。そのため，各地方自治体の接続期のとらえ方は一定ではなく，どの時期を接続期と見なすかによってカリキュラム内容も異なってくる。そこで，どの時期を対象とした接続期カリキュラムを作成しているか，接続期の時期をいつからいつまでと定義しているかといった視点からの分析が必要であると考えられる。

　第三の視点はカリキュラムの内容である。接続期のカリキュラムは子どもの発達を保障する役割を持っており，そのためには学習の内容や領域の立て方とその内容の時系列の区分や配列が鍵となる。スタートカリキュラムに対しては，編成における主な留意点の一つとして「授業時間や学習空間などの環境構成，人間関係づくりなどについて工夫すること」が挙げられ，児童の実態にあわせて実施することとされている。幼児期の教育活動に対しては，アプローチカリキュラムという言葉は使用されていないものの，幼児期の終わりまでに育ってほしい幼児の姿をイメージすることが保育所や幼稚園，認定こども園に求められている（文部科学省，2010）。接続期カリキュラムが備えるべき要件についての議論にみられるように（浅見，2010；新保，2010），接続期カリキュラムにおいてもどのような内容をどの時期に学ぶものとして計画されているかを検討する必要がある。

　第四の視点はカリキュラムの具現化である。接続期カリキュラムの実践にあたっては，カリキュラムの実践の自律性を誰に委ねるのかが議論となる。

カリキュラムの大綱を定め実践者の自律性に委ねるのか，カリキュラムを詳しく規定することで標準化したカリキュラムを作成するのかは幼児期カリキュラムのトピックとなっている（OECD, 2012）。スタートカリキュラムに対しては，「どのような期間，どのような方法で行うべきかは，それぞれの小学校において判断し，適切に実施されるべきものである」とされており（文部科学省, 2010），小学校レベルでの自律性について指摘されている。このことから，カリキュラムの具現化を議論した上でカリキュラムの内容の検討に入ることが求められるといえる。接続期カリキュラムの作成者である県や市区町村教育委員会が実践の方法に関しても全体の方向を枠づけることで等しい経験を保障することも想定し得るし，具現化の方法を実践者の自律性に委ねる可能性もある。よって，カリキュラムの具現化の在り方の視点からの分析が必要だと考えられる。

　第五の視点は保護者への支援である。移行期の保護者と学校がコミュニケーションを持つことの重要性は指摘されてきた（Fabian & Dunlop, 2007）。スタートカリキュラムにおいても，編成における主な留意点の一つとして「保護者への適切な説明を行うこと」が挙げられ，その理由は保護者が移行期の子どもを支援することの重要さだとされている（文部科学省, 2010）。これは，保護者にカリキュラムの意義や援助・指導内容を伝え，保護者の安心感や移行期の子どもへの支援の意欲を引き出すという形での保護者への支援といえる。このような保護者への支援はスタートカリキュラムだけではなく，アプローチカリキュラムにおいても同様に重要であることが想定される。したがって，接続期のカリキュラムにおける，学校・園（所）と保護者の間の情報交換や学校・園（所）の取り組みの説明を行う具体的な方法について検討する必要があると考えられる。

　本章は，複数の地方自治体が作成する幼児期の教育と児童期の教育の連続性を目的としたアプローチカリキュラムやスタートカリキュラムで検討されている事項を分析し，課題を明らかにすることを目的とする。そのために，

Table 6-1　対象

	人口	接続期カリキュラム
品川区	約 35万人	2010年に接続期カリキュラムを作成
佐賀市	約 24万人	2011年に接続期カリキュラム改訂版を作成
横浜市	約370万人	幼保小連携事業の中で接続期カリキュラム試案を作成
浦安市	約 16万人	2008〜2010年度の幼保小連携事業の中で接続期カリキュラム試案を作成
仙台市	約105万人	2010年にスタートカリキュラムの指針及び実践事例を出版
さいたま市	約124万人	2008〜2009年度の幼保小連携事業の中でスタートカリキュラム試案を作成
千葉市	約 96万人	2011年度にスタートカリキュラムを作成
京都市	約147万人	2009〜2010年度の保幼小連携事業の中でスタートカリキュラム試案を作成
堺市	約 84万人	2011年に接続期カリキュラムを作成

接続期カリキュラムの構成，接続期の捉え方，カリキュラムの内容，カリキュラムの具現化，保護者への支援の視点から分析を行う。

6.2　方法

6.2.1　対象

　2011年3月段階で入手した9地方自治体が作成している接続期カリキュラムに関する冊子を分析対象とした。分析対象となる9地方自治体（品川区・

の地方自治体

保幼小連携に関わる取り組み	保幼小連携が方針・施策として示された 計画・ビジョン
保幼小の連携や小中一貫教育による特色ある一貫教育が行われてきた。	「品川区長期基本計画」（2009年） 計画期間：2009〜2018年度
０歳から15歳までを見通した教育実践として幼保小連携教育や小中一貫教育・小中連携教育が行われてきた。	「第二次佐賀市教育基本計画」（2011年） 計画期間：2011〜2014年度
保育所・幼稚園・小学校での協同的な学びに視点をあてた幼児教育研究事例集が作成された。	「横浜市教育振興基本計画」（2011年） 計画期間：2010年度〜2014年度
就学前の施設の違いによらず子どもが質の高い保育・教育が受けられることを目指す「保育・教育」指針が策定された。	「浦安市教育ビジョン」（2010年） 計画期間：2010〜2019年度
スタートカリキュラムの実施の他に，小学校１学年に生活や学習の支援を行うサポーターの配置を行った。	「仙台市教育振興基本計画」（2012年） 計画期間：2012〜2016年度
就学前教育から義務教育への移行を重視するなど発達の連続性を大切にした教育ビジョンが策定された。	「さいたま市教育総合ビジョン」（2009年） 計画期間：2009〜2018年度
幼・保・小連携や小中一貫教育に関する教育研究が行われた。	「千葉市学校教育推進計画」（2009年） 計画期間：2009〜2015年度
保育園（所）・幼稚園，私立・市立・国立の垣根を越えて保育の質の向上に取り組む子育て支援センターが設立された。	「京都市基本計画」（2010年） 計画期間：2011〜2020年度
幼稚園・保育所（園）における幼児教育の推進に向けた取り組みとして教育カリキュラムが作成された。	「未来をつくる堺教育プラン」（2011年） 計画期間：2011〜2015年度

佐賀市・横浜市・浦安市・仙台市・さいたま市・千葉市・京都市・堺市）を Table 6-1 に示した。

　分析の対象とした接続期カリキュラムに関する冊子は，2010年に品川区によって作成された「〜保幼小ジョイント期カリキュラム〜しっかり学ぶしながわっこ」，2011年に佐賀市教育委員会・幼保小の接続を考える会によって作成された「接続期の教育　えがお　わくわく」，2010年に横浜市こども青少年局子育て支援課によって作成された「横浜の幼・保・小連携〜子どもた

ちの豊かな育ちと学びのために～」と2011年の幼児教育と小学校教育との接
続に関する研修会の資料，2010年に浦安市教育委員会・幼保小連携教育協議
会によって作成された「保育園・幼稚園での発達や学びを小学校の教育へ
『つなぐ』」，2010年に仙台市教育委員会によって出版された「『スタートカリ
キュラム』のすべて」，2008年度～2009年度のさいたま市教育委員会の研究
指定による「『確かな学び』をはぐくむ学習指導の推進」，2011年に千葉市教
育センターによって作成された「小1　スタートカリキュラム」，2009年度
～2010年度の京都市教育委員会の研究指定による「新しい初等教育の在り方
を探る～幼児教育と小学校教育をつなぐための接続期プログラムを考える
～」，2011年に堺市教育委員会によって作成された「育ちと学びをつなぐ―
幼児教育堺スタンダードカリキュラム―」であった。

6.2.2　手続き

　アプローチカリキュラムとスタートカリキュラムについて，接続期カリ
キュラムの構成，接続期の捉え方，カリキュラムの内容，カリキュラムの具現
化，保護者への支援の5つの視点における地方自治体の独自性を示す要素の
分析を行った。

6.3　結果と考察

6.3.1　接続期カリキュラムの構成

　9地方自治体のアプローチカリキュラムとスタートカリキュラムにおける
接続期カリキュラムの構成を Table 6-2 に示した。

　接続期カリキュラムは，幼児期を対象とするアプローチカリキュラムと児
童期を対象とするスタートカリキュラムから構成されている。9地方自治体
のうち，幼児期のアプローチカリキュラムと児童期のスタートカリキュラム
の両方を作成していた地方自治体は4，スタートカリキュラムのみの地方自
治体は4，アプローチカリキュラムのみの地方自治体は1であった。アプロ

Table 6-2　地方自治体ごとの接続期カリキュラムの構成

		品川区	佐賀市	横浜市	浦安市	仙台市	さいたま市	千葉市	京都市	堺市
接続期カリキュラムの構成	アプローチ	○	○	○	○					○
	スタート	○	○	○	○	○	○	○	○	

ーチカリキュラムとスタートカリキュラムの両方を作成している地方自治体は対象とした地方自治体の中ではまだ少なく，保育者と小学校教諭のそれぞれがアプローチカリキュラムもしくはスタートカリキュラムを作成していた。

　接続期カリキュラムを作成するためには，保育所・幼稚園・認定こども園での経験を小学校のどのような内容と関連付けて発展させていくかを検討しなくてはならない。そのためには，品川区，佐賀市，横浜市，浦安市で行われているように保育所・幼稚園・認定こども園・小学校が合同でアプローチカリキュラムとスタートカリキュラムを作成していくことが効果的である。アプローチカリキュラムとスタートカリキュラムを同時に作成することで，接続期カリキュラムに求められる子どもの力や発達の連続性について保育者と小学校教諭が話し合い，接続期カリキュラムに反映させることができる。アプローチカリキュラムあるいはスタートカリキュラムのみの作成の場合，幼児期と児童期の連続性についての共通理解を図る議論が持ちにくいと考えられる。

6.3.2　接続期の捉え方

　9地方自治体のアプローチカリキュラムとスタートカリキュラムにおける接続期の捉え方を Table 6-3 に示した。

　幼児期の教育と児童期の教育の学びをカリキュラムによってつなぐためには，対象となる時期を明確にしなくてはならない。そこで，接続期カリキュラムにおいて，保育所・幼稚園・認定こども園の卒園と小学校入学の前後の

Table 6-3　地方自治体ごとの接続期の捉え方

	保育所・幼稚園・認定こども園年長児												小学校1年生											
	4月	5月	6月	7月	8月	9月	10月	11月	12月	1月	2月	3月	4月	5月	6月	7月	8月	9月	10月	11月	12月	1月	2月	3月
品川区	━	━	━	━	━	━	━	━	━	━	━	━	━	━	━	━								
佐賀市									━	━	━	━	━	━										
横浜市							━	━	━	━	━	━	━	━	━	━								
浦安市										━	━	━	━	━	━	━								
仙台市							━	━	━	━	━	━	━	━	━	━	━	━	━					
さいたま市													━	━										
千葉市	━	━	━	━	━	━	━	━	━	━	━	━	━	━	━	━								
京都市													━	━	╌									
堺市						━	━	━	━	━	━	━												

時期のうち，学びの連続性を保つための時期がどのように定義されているか
を比較した。

　品川区，佐賀市，横浜市，浦安市はアプローチカリキュラムとスタートカ
リキュラムの両方を作成するにあたり，次のように接続期を設定していた。
品川区は保育園・幼稚園年長児10月頃から小学校1学年の1学期頃までを接
続期としていた（ただし，指導案は保育園・幼稚園年長児4月から示されてい
る）。佐賀市はアプローチプログラムを5歳児12月から3月，スタートカリ
キュラムを小学校1学年の4月から5月の時期について作成していた。横浜
市は年長児の10月から小学校1学年7月までを接続期としていた。浦安市は
5歳児3学期から小学校1学年1学期を接続期としていた。

　仙台市，さいたま市，千葉市，京都市は調査時点ではスタートカリキュラ
ムのみの作成であるが，千葉市と仙台市はカリキュラムを作成していない幼
児期も含めてカリキュラムの対象となる期間の設定をしていた。その他の2
市は小学校の時期についてのみ言及していた。仙台市は短期的なスパンで見
たときの接続期カリキュラムの対象の期間を1学年入学後4月から5月上旬
までの約1カ月間，中期的なスパンでは保育所・幼稚園年長児10月頃から1
学年入学後の10月頃までの約1年間，長期的なスパンでは保育所・幼稚園年
長児10月頃から小学校卒業までの約6年間としていた。さいたま市はスター

トカリキュラムを小学校1学年4月から7月の時期について作成していた。千葉市は接続期の前期を5歳児10月から3月，中期前期を小学校1学年4月から5月，中期後期を小学校1学年6月から7月，後期を小学校1学年の9月から3月としていた。京都市は小学校入学から5月のゴールデンウィーク明けの週を接続期としていた。堺市はアプローチカリキュラムのみの作成であり，接続期を5歳児後半（12月から3月）としていた。

　9地方自治体の接続期を比較すると，接続期の始期を年長の10月とした地方自治体は4，12月とした地方自治体は2，3学期とした地方自治体は1であった。接続期の終期に関しては，小学校1学年の9月もしくは2学期以降が含まれている地方自治体は2，5月から7月までの間に設定した地方自治体は6であった。接続期の始期はほぼ年長の10月あるいは12月のどちらかであるのに対して，接続期の終期は小学校1学年の5月から3月まで幅広かった。

　仙台市と千葉市のように接続期を複数の時期に分けており比較的長期の接続期を設定している場合，アプローチカリキュラムやスタートカリキュラムをそのすべての時期について作成しているわけではなく，保幼小間の子どもの交流活動も含めた保幼小連携の枠組みとしての時期を接続期に設定していると考えられる。したがって，比較的短い接続期を設定している地方自治体とは接続期の考え方が違う可能性がある。カリキュラムをつなぐという機能を持った接続期の意味が希薄化しているのではないかという指摘（横井，2007）もあり，接続期カリキュラムの作成にあたっては接続期の捉え方を明確にする必要がある。

　接続期の始期と終期の設定の仕方としては，学期・保育期に応じた区切りと月に応じた区切りとが見られた。一方，子どもの遊びや友だちとのやり取りなどの発達が大きく変わる時期にあわせた期によって始期と終期を設定する区切りはほとんど見られなかった。たとえば，ゴールデンウィーク明けの週は，長い休み後であることから子どもの登校渋りが生じやすい時期であ

る。したがって，京都市のカリキュラムでは，接続期終期をゴールデンウィーク明けの週に設定したと考えられる。このように，子どもの行動や意識の変化が起きやすい時期によって接続期を区切ることは，接続期カリキュラムにとって子どもの発達や文化適応の観点から重要であると考えられる。

6.3.3 カリキュラムの内容

接続期カリキュラムに示されているカリキュラムのポイントやカリキュラムを実施することにより育つと想定される子どもの力を Table 6-4 に示した。

保育所や幼稚園においては小学校入学以降の自覚的な学びにむけて育成したい子どもの力があり，アプローチカリキュラムにおいて中心となる要素として協同的な遊び（佐賀市，横浜市，堺市）や生活リズム（品川区，横浜市，浦安市），学びの芽生え（品川区，横浜市，堺市）が取り上げられていた。これに対して，小学校においては幼児期の体験を活かして伸ばしていく力があり，スタートカリキュラムにおいて中心となる要素として生活科を中心とした合科的関連的学習（横浜市，仙台市，さいたま市，京都市），生活習慣（佐賀市，千葉市，京都市），時間（品川区，佐賀市，千葉市，浦安市）が取り上げられていた。

カリキュラムのポイントや育つと想定される子どもの力の詳細が示されているのは，品川区や佐賀市のようにアプローチカリキュラムとスタートカリキュラムの両方を作成している場合であった。これに対して，仙台市のように接続期カリキュラムで育成される力を具体的に提示するのではなく，ある程度の枠組みを提供することにとどめる地方自治体もあった。試行段階にある地方自治体のカリキュラムには，仮説検証的に目標を設定し接続期のカリキュラムに適切な子ども像に関して模索したり（さいたま市，京都市），接続期のカリキュラムのポイントや育成したい子どもの力を複数設定するのではなく目標を絞ることでカリキュラムの効果を評価しようとする試み（堺市）がみられた。

両方のカリキュラムを同時に作成することによって，保育所・幼稚園・認

Table 6-4　地方自治体ごとのカリキュラムのポイントや育つと想定される子どもの力

	アプローチカリキュラム	スタートカリキュラム
品川区	1．生活する力（環境の変化に適応する力，身辺自立や生活習慣等に関する力），2．かかわる力（様々な人とかかわりあいながら自己を発揮し，共に生活をつくりだす力），3．学ぶ力（小学校以降の学習の基礎となる興味・関心や意欲，能力等）生活する力には，①保育室・教室環境，②一日の生活時程，③身の回りの始末，④食事・排泄の4項目，かかわる力には，⑤規範意識，⑥聞く・話す・伝え合う，⑦友達との関係づくり，⑧学級の一員としての担任との関係の4項目，学ぶ力には，⑨学びの芽生え，⑩運動・表現の2項目が含まれる。	
佐賀市	1．遊びのきっかけ・展開につながる「環境づくり」，2．子どもたちの「主体的な活動」，3．計画性・柔軟性のある「援助」，4．「見る・聴く・話す力」，5．「協同的な遊び」	1．「集まる場」を組み込んだ学習形態，2．「遊びの要素」を取り入れた学習活動，3．「基本的な学習習慣・生活習慣」を組み込んだ学習内容，4．「柔軟な学習時間」の設定
横浜市	1．協同的な遊びや体験の充実，2．就学への期待，3．学びの芽となる興味・関心・知的好奇心を大切にした活動，4．生活リズム	1．安心感をもてる環境づくり（新しい人間関係等），2．生活科を中核とした合科的・関連的な学習，3．興味・関心を生かした学習，4．体験・活動を取り入れた学習
浦安市	幼稚園においては 1．学級全体の活動，指導を多く取り入れて 2．準備も力を合わせて，自分たちで 保育園においては 1．生活のリズムを合わせて，昼寝をなくす 2．給食の配膳はお盆を使って	1．時間のつなぎ目を弾力的に活用して 2．生活の適応に細やかな配慮をして
仙台市		1．小1プロブレムを乗り越えるために学級活動の指導内容を取り上げる，2．生活科を中心に合科的・関連的にカリキュラムを編成する，3．学校・地域・家庭との連携，4．幼稚園・保育所との連携を深めるために幼稚園・保育所の1日の生活プログラムを知る
さいたま市		1．スタートカリキュラムの工夫，2．生活科を中心とした合科的・関連的な学習
千葉市		1．コミュニケーション，2．単位時間，3．学習方法や内容，4．小学校の生活習慣，5．保護者
京都市		1．子どもたちが「安心」を獲得するための手立てや支援（①友達とのかかわり合いから得られる「安心感」，②見通しが持てることで得られる「安心感」），2．交流が広がる教室環境の設定，3．子どもの意識や思いの流れを大切にした学校生活，4．生活科とのつながり
堺市	幼稚園・保育所（園）において，小学校への接続期の教育を滑らかにつなぎ，「育ち」と「学び」の連続性を図っていくために，「学びの芽生え」につながる遊びに視点をおく	

定こども園では小学校の，小学校では保育所・幼稚園・認定こども園の子ども
もの姿を意識して保育・教育のねらいや援助・指導内容を共有して決定でき
たと考えられる。保育所・幼稚園・認定こども園での子どもの活動と小学校
での別の活動とのつながりや，保育所・幼稚園・認定こども園と小学校にお
ける同じ活動が子どもの発達上違った意味を持つことがあることを想定し，
育成したい子どもの力が提案されていた。アプローチカリキュラムは保育
所・幼稚園・認定こども園関係者が，スタートカリキュラムは小学校関係者
が作成するというように分担すると，カリキュラムの内容とその配列が接続
期の子どもの力を育てるものにならない可能性があると考えられる。

6.3.4　カリキュラムの具現化

　9 地方自治体のアプローチカリキュラム・スタートカリキュラムにおける
カリキュラムの具現化を Table 6-5 に示した。

　接続期カリキュラムを作成するにあたり，どのような情報を提示するかに
ついては地方自治体により違いがみられた。指導案においては年間計画，月
案，週案などの違いがあり，どの形式の指導案が提示されているかについて
も違いがみられた。

　保育者と小学校教諭が接続期カリキュラムをすぐに応用できることを想定
している接続期カリキュラムは，詳細な指導案と利用可能な資料・教材を提
供していた。このような方向性でカリキュラムを作成した例は佐賀市と千葉
市であった。佐賀市のアプローチカリキュラムでは指導案や遊びの実践例，
おすすめの本の紹介があり，スタートカリキュラムでは数十例に及ぶ指導案

Table 6-5　地方自治体ごとの接続期カリキュラムの具現化

		品川区	佐賀市	横浜市	浦安市	仙台市	さいたま市	千葉市	京都市	堺市
接続期 カリキュラム の具現化	指導案	月・週	年 単位時間	週	期・週	週	週 単位時間	期・月・週 単位時間	週	－
	資料		○					○		

に加えて，「かず」や「ことば」に関する教材が資料として提供されていた。例を挙げると，「かず」に関しては，10の合成・分解についてゲームを通して習熟を図るためのカードが添付されゲームの進め方が示されていた（Figure 6-1）。「ことば」に関しては，よい姿勢で鉛筆を正しく持って書くためのワークシートが添付されていた。千葉市のスタートカリキュラムでは指導案（期案や月案，週案），活動例，歌や絵本に関する資料が提供されていた。学校生活を楽しくするための歌や絵本は，行事・出来事に応じて整理されたものや月ごとに整理され学習内容との関連についても示されたものがあった。行事や出来事として「食育」，「交通・防犯安全」，「明日も学校かあ」，「赤ちゃんが生まれた！」の 4 つのカテゴリーに分類され，合計19冊の本が示されていた（Figure 6-2）。4 月から 7 月までの月ごとに整理された本の中では，例えば，4 月は「国語　はるのおたより」，「算数　かずとすうじ」，「生活　わぁい　たのしいがっこうだ」と関連があるものとして12冊の本が示されていた。

　これに対して，各保育所・幼稚園・認定こども園・小学校が子どもの実態にあった接続期カリキュラムを作成することを想定している接続期カリキュラムは，カリキュラムのねらいやカリキュラムの作成の方法を中心として構成されており，カリキュラム作成の手順を示している地方自治体もあった（Figure 6-3）。仙台市のスタートカリキュラムでは，指導案や実践事例が示されているが，そのまま指導案を応用することよりも独自のカリキュラムを作成することを推奨していた。

　接続期カリキュラムの具現化の程度は，その地方自治体がカリキュラムの基準・視座は示すが，実践についてはそれぞれの保育所・幼稚園・認定こども園・小学校に任せることを目的としているのか，指導案や資料なども示した上で地方自治体全体として共通化を図り，すぐに実践できることを目的としているのかという考え方によって違いがみられた。カリキュラムの実践の自律性が保育所・幼稚園・認定こども園・小学校にある場合には，子どもの

・「いくつといくつ」のまとめとして、10の合成・分解について、ゲームを通して理解を図ります。「さくらんぼ」過程では、2つの活動を考えてみました。「かずあわせ」は、10だけではなく、他の数の中間をつくることもできます。「カード合わせ」は、数カードを使います。各活動で10の合成・分解ができるといいですね。

かず（ いくつといくつ ）　教P40〜41　（7／7）

1　目標
★本時の目標
・やくそく（例）　100の構成の理解を確実にする。
　　　　　　　　　話をよく聞く。

2　展開

過程	学習活動	おもな発問など
つかむ　5分	1　P40の「あわせていくつ」をする。100の構成をつかむ。話をよく聞く。	○ 先生が出す数図を見て、あわせて10になるものをこたえましょう。
きづく	A　「かずあわせ」をする。	○ やり方を説明します。よく聞いてください。 ★ 1人ずつゼッケンをつけましょう。合図を受けたら、10になる2人組になって座りましょう。 ○2人組で、数を数えましょう。 「□と□で10です」 ○他の方とやってみましょう。
30分	B　「カード合わせゲーム」をする。	○ 友だちと「カード合わせゲーム」をやってみましょう。 <カード合わせゲームのやり方> ① 2人1組で、机に1から9までの数図カードをふせておく。 ② じゃんけんをして、勝ったほうから2枚ずつひらく。合わせて10になったら、カードをもらう。 ③ 多いほうが勝ち。 ④ 2回目は、数カードでやる。
まとめ　10分	4　P40に数字を書き、運筆する。	○ ペアくりをしましょう。 となりの友だちと確かめましょう。 ★ □□を書いて、うなずきながら、よく話を聞いていましたね。

指導上の留意点	備考
○ 1〜9の中から、任意の数を選ばせ、前時の学習を振り返らせる。	集まる場所 数図カード 数カード
○ 活動できないなかの答えを出せない児童には、指を折って考えてもよいことを伝え、理解度の差に配慮する。	
○ できるだけ児童数分のゼッケンを用意する。数が足りなければ、半数の児童が「かずあわせ」を行い、残り半数の児童がそれぞれを確認させる。	ゼッケン（ゲームのベスト） 数図カード 数カード
○ 二人合わせで10になっているペアには、1組ずつ「9と1で10です」「1と9で10です」など、合成・分解の見方で括らせる。	
◎ 二人の数カードを裏返して、10をつくるゲームをする。	
○ めくったカードは、相手によく見せてからゲームを続けるように指導する。	
○ ゲームが終わったら、数図カード、数カードを表に出す。「1と9で10になる」…と声に出して書かせ、一人一人目で確認できるようにする。	
◆ 数図カードでのゲームができたら、次は数カードを用いてゲームをする。	
◆ 教科書P.4の「ペアづくり」をさせる。	
★ 話をよく聞いて、ルールを守ってゲームができることを子どもと確かめ、全体へ広げるようにする。	

最初は、10の数図の数図カードを使っておくと方がわかりやすいでしょう。

10になる相手がみつからないときには、3人での組合せ（2と3と4など）も認めてもいいでしょう。

個人差があると思いますので、楽しみながらペアとの連携を図るといいでしょう。

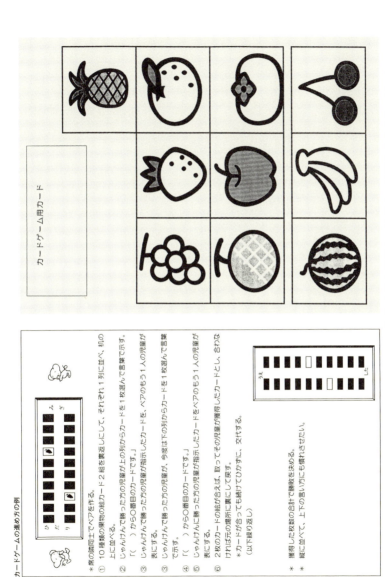

Figure 6-1 「かず」に関する指導案と資料（佐賀市教育委員会・幼保小の接続を考える会，2011）

注 遊びを通して子どもの数への興味・関心を高め、クラスメートとの関係づくりの場としても機能するように構成されている。

学校生活を楽しくするために
－「うたうのだいすき・えほんだいすき」－
～学習内容と、歌・絵本との関連を通して～

【目的・方法】

　1年生は、小学校生活に期待と不安を抱えて入学してくる。始めのうちは期待が大きく「がんばろう」という気持ちでいっぱいだが、学校の規模の大きさや教師の対応の違いなど環境の違いに不安を感じ、スムーズに学校生活になじむことができない児童が出てくる。そこで、幼稚園や保育園等で歌っていた歌や絵本などをそろえる。この資料を活用し、どの子も安心し、楽しんで学習や学校生活を送ることができるようにしたい。

記号について：　－本、－歌、－関連する学習

【行事や出来事などに応じて】

　［食育］

行事	題名	作者	絵	出版社
	たべるのだいすき！―みんなげんき―	吉田隆子	せべまさゆき	金の星社
	ごはんだいすき！	足立己幸／越智直実	佐藤真紀子	大日本図書
	あさごはんからはじめよう	すずきさちこ		講談社
	いただきまーす！	二宮由紀子	荒井良二	解放出版社
	おかいもの　おかいもの	さいとうしのぶ		ひさかたチャイルド

Figure 6-2　カテゴリー別の本の提
注　子どもの生活体験に合わせた本

[交通・防犯安全]

行事	題名	作者	絵	出版社
防犯	ぜったいについていかないよ！ ゆうかいつれさりにあわない	嶋崎政男	すみもとななみ	あかね書房
	ちびまるこちゃんのあんぜんえほん きをつけよう！ゆうかい・まいご	さくらももこ	さくらももこ	金の星社
	まもる！	国崎信江	せべまさゆき	学研
交通	たろうのおでかけ	村山桂子	堀内誠一	福音館
	ねぼすけ一年生	長崎源之助	松崎茂樹	新日本出版社
	あぶない！くうぴい	なかやみわ		ミキハウス

 [明日も学校かあ]

行事	題名	作者	絵	出版社
	ぜったいがっこうにはいかないからね	ローレンス・チャイルド		フレーベル館
	きょうふのわすれものチェック	スギヤマカナヨ		佼成社
	給食当番	よしながこうたく		長崎出版
	がっこうのきらいなきょうりゅう	マイケル・サーモン		文渓堂

 [赤ちゃんが生まれた！]

行事	題名	作者	絵	出版社
	あかちゃんのくるひ	いわさきちひろ		至光社
	せかい一わるいかいじゅう	パット・ハッチンス		偕成社
	フランシスのいえで	ラッセル・ホーバン	リリアン・ ホーバン	好学社
	リサのいもうと	アン・グットマン	ゲオルグ・ハレ ンスレーベル	ブロンズ新社

示例（千葉市教育センター，2011）
を選択できるように提示されている。

姿から必要とされるカリキュラム内容を抽出する実践者の力量を高める工夫が必要になる。一方，カリキュラムの実践の自律性がカリキュラム作成者である地方自治体にある場合は，提示されたカリキュラムを実際の保育や教育の状況に最適化する実践者の能力を高めることが求められる。

【スタートカリキュラム作成のための作業日程（例）】

	学校行事等 《幼保と連携できる活動》	スタートカリキュラム作成委員会	ワンポイントアドバイス
	《幼保小交流授業》 《教員同士の相互訪問》		○保育参観・授業参観の機会を活用 ○校内研究授業の相互訪問
10月	《生活科「○○集会」への園児の招待》		
11月・12月	《学芸会・学習発表会見学》 ○就学時健康診断 ・子育て講座の実施 ・スタートカリキュラム説明など	◎スタートカリキュラム作成委員会立ち上げ（入学準備委員会に併設する場合にはここで立ち上げる） ・作成のねらいや作業日程等確認 ◎入学児童の実態調査①（就学時健康診断時の子どもの様子の観察） ・身に付いている力 ・集団行動 ・話の聞き方　など	○既存の組織を活かして対応してもよい（入学準備委員会に併設し，教務主任や生活科主任，特別支援コーディネーターも含めるなど） ○保護者に学校の方針やスタートカリキュラムを説明し周知を図る。
1月	○入学準備委員会 《幼稚園・保育所児学校見学》	◎スタートカリキュラム作成委員会の開催 ・次年度行事の確認 ・アンケート作成	○入学準備委員会との連携
2月	○幼保小連絡会の開催 《小学校教諭による幼稚園・保育所での体験授業》 ○新入学児童保護者説明会	◎実態調査②（幼保指導者対象） ・身に付けた力 ・身に付けさせたい力 ・好きな歌や遊び　など ◎実態調査③（引継ぎ文書活用） ・身に付いている力 ・好きな歌や遊び　など ・幼稚園・保育所の特色ある活動 ◎実態調査④（保護者アンケート） ・親から見た子どもの力 ・身に付いた力 ・身に付けてほしい力 ・好きな歌や遊び　など	○幼保小連絡会で協力を依頼する ○実態把握をして行動目標を立てる ○新入学児童保護者説明会で協力を依頼する
3月	○入学児童数（学級数）確定	◎スタートカリキュラムの完成	○週のねらいを明確にする ○学習ボランティアなどを募集する
4月	○入学式 《幼稚園教諭による小学校での授業》	◎スタートカリキュラムの実施	○子どもの実態に応じ柔軟にプログラムを見直し，変更する
5月	○幼稚園・保育所から送付された「幼児指導要録」「児童保育要録」の読み合わせ	◎実施したスタートカリキュラムの成果と課題の把握	○話し合った結果は指導計画等に朱書し，次年度のカリキュラム作成に活かす

Figure 6-3　スタートカリキュラム作成の手順（木村・仙台市教育委員会，2010）

6.3.5　保護者への支援

　接続期カリキュラムの内容の中心は子どもの活動に関するものであるが，保護者への支援も接続期カリキュラムに欠かせない要素である。子どもが保育所・幼稚園・認定こども園から小学校へと移行する際に子どもは直接その変化を体験することになるが，保護者は子どもを通じてその変化を知るだけである。保護者自身も間接的な情報しか得られないことで接続期に対する不安を感じることもある（野口・秋田・淀川・箕輪・門田・芦田・鈴木・小田，2009）。そのため，保護者に対して情報の提供を行い，接続期の子どもに対する保育・教育に関して理解を求める必要がある。アプローチカリキュラムやスタートカリキュラムにおいて具体的な事項として保護者への支援について取り上げていたのは横浜市，浦安市，仙台市，千葉市の4地方自治体であった。

　横浜市のカリキュラムの事例では，家庭との連携の中で保護者の安心のために取り組むこととして，園保護者会への校長先生・小学校教諭の参加，学年だより等で活動やねらいを伝える，学年・学校体制の取り組みを伝える，保護者の給食体験・小学校授業参観，子どもの様子をスモールステップで伝えることが挙げられていた。

　浦安市のカリキュラムでは，保護者のサポート（就学に向けた保護者の実態調査の実施・学校説明会や懇談会の開催），連携教育についての理解を促すための情報発信（広報誌の発行）といった保護者への支援を提案していた。

　仙台市のスタートカリキュラムでは，スタートカリキュラム実践のポイントとして，スタートカリキュラムについての保護者への周知や保護者からの要望の活用，保護者への情報公開と協力依頼があるとしていた。そして，保護者アンケートの結果から保護者から見た子どもの姿を把握し，基本的生活・学習習慣を定着させるためのスタートカリキュラムの作成へと結びつけた事例を紹介していた。この事例では，保護者に「幼稚園・保育所生活にかかわる調査」と「家庭生活（基本的な生活）にかかわる調査」を実施し子ど

もの実態を把握した上で，「学年合同の朝の活動『にこにこタイム』の設定」，「声を出して自分を表現する場の設定」，「基本的話型の指導」，「話を聞く態度の指導」をポイントとしたカリキュラムの作成が行われていた。

　千葉市のスタートカリキュラムでは，保護者の信頼と協力が得られるような保護者との連携をカリキュラムの対象領域のひとつとしていた。活動例として，入学式当日のあいさつ，学年だより・学級だよりの発行，保護者間交流が挙げられていた。入学式当日のあいさつの取り組み方は「担任の自己紹介では，明るくさわやかに，出会いの喜びと意欲を伝える」とされていた。学年だよりや学級だよりの取り組み内容として「担任の教育観・学級経営方針を知ってもらう」，「児童の学習カードや作品を載せる（一年間で全員が載るように）」，「保護者が参加した行事（学習参観・運動会等）のあとはアンケート欄を設けて，感想をいただく。感想は児童に伝えるほか，ときには了承を得て無記名で掲載する」などが示されていた。保護者間交流の取り組み内容は「学級懇談会の導入時に，保護者間交流の場（心ほぐしのエクササイズ）を設け，保護者同士の人間関係を育てる」とされていた。

　接続期カリキュラムの中で，接続期をまたがって具体的に何をするかについてまで明示的に保護者への支援策が示されていることは少なかった。育つと想定される力や子ども像が保育所・幼稚園・認定こども園と小学校に共有され，さらには保護者にも理解されることによって，子どもの学びが保障されることを考えると，移行の時系列に沿って保護者も展望を持てるように，保護者への支援を接続期カリキュラムと共に盛り込んでいくことが求められる。

6.4　全体的考察

　保幼小連携の取り組みの中で，子どもの発達の見通しを持ってアプローチカリキュラムやスタートカリキュラムを作成している地方自治体はまだ少ない。このような状況で作成されたアプローチカリキュラムとスタートカリキ

ュラムにおいて，接続期カリキュラムの構成，接続期の捉え方，カリキュラムの内容，カリキュラムの具現化，保護者への支援の5点について課題の整理を行った。

　第一に，接続期カリキュラムの構成の視点から，アプローチカリキュラムとスタートカリキュラムを同時に作成することで，子どもの力や発達の連続性について保育者と小学校教諭が話し合い相互理解を深める可能性が示された。第二に，接続期の捉え方の視点から，接続期の始期と終期の設定の仕方としては，学期・保育期・月に応じた固定的な区切りと子どもの遊びや友だちとのやり取りなどの発達が大きく変わる時期にあわせた区切りがあることが示された。第三に，カリキュラムの内容の視点から，9地方自治体の接続期カリキュラムの中で重視されている子どもの力とそれを育成するために用いられる手だては，各地方自治体の教育ビジョンや子ども観を反映していることが示唆された。第四に，カリキュラムの具現化の視点から，詳細な指導案と利用可能な教材を資料として提供し保育者や小学校教諭がすぐに応用できることを想定している接続期カリキュラムとカリキュラムのねらいやカリキュラムの作成の方法を示して保育者や小学校教諭が子どもの実態にあった接続期カリキュラムを作成することを想定している接続期カリキュラムがあることが示された。第五に，保護者への支援の視点から，時期に応じた具体的な支援策が示されているカリキュラムは少ないことが示された。

　子どもの発達の見通しを持って接続期カリキュラムを作成するためには，接続期カリキュラムの構成，接続期の捉え方，カリキュラムの内容，カリキュラムの具現化，保護者への支援について，保育者と小学校教諭だけではなく地方自治体の保幼小連携担当者も含めて意見の交換を行うことが求められる。保護者が期待する移行期への支援の在り方を探るための調査や，地域社会に対して地方自治体の接続期カリキュラムへの考え方を公開していくことも必要となる。その際にこれらの5つの視点を用いて議論を行うことが有効であると考えられる。

　本章では9地方自治体におけるアプローチカリキュラムとスタートカリキュラムの分析から，接続期カリキュラムを作成する際に5つの視点から議論を行うことが有益であることを示した。第7章では，アプローチカリキュラムやスタートカリキュラムを作成した地方自治体の保幼小連携体制を検討し，接続期カリキュラム開発を可能にする保幼小連携の在り方を考察する。

第7章　地方自治体による保幼小連携
体制の構築過程（研究5）

7.1　目的

　幼児期から児童期（低学年）にかけての時期の特性は，幼児が学ぶことを意識していないが体験の中に学びが含まれている「学びの芽生えの時期」から児童が計画的に与えられた時間の中で課題を達成する「自覚的な学びの時期」への発展であり，両者の調和のとれた教育を展開する時期ととらえることができる（文部科学省, 2010）。幼児期の終わりから児童期（低学年）にかけての時期の配慮点は，「学びの自立」，「生活上の自立」，「精神的な自立」という3つの自立を養うことであり，これらは児童期とそれ以降の教育において育成が求められる「基礎的な知識・技能」，「課題解決のために必要な思考力，表現力等」，「主体的に学習に取り組む態度」へとつながるものである。

　このような幼児期の教育と児童期の教育をつなぐ試みの一つとしてアプローチカリキュラムあるいはスタートカリキュラムの作成が挙げられる。接続期のカリキュラムの開発により，異なる特性を持つ学校・施設種を移行する子どもの学びが保障されることが期待できる。地方自治体はこのような接続期カリキュラムに注目し，その地域の子どもにあった接続期カリキュラムの開発に着手し始めている。地方の特性に合わせたカリキュラムの成果や課題の検討（赤木・田部・石川・内藤・髙橋, 2016）や地域資源を活用した保幼小連携カリキュラムの考察（矢島・山下・鹿野, 2014）も行われている。

　第6章の結果から，地方自治体が中心となって作成されたアプローチカリキュラムとスタートカリキュラムは，接続期カリキュラムの構成，接続期の捉え方，カリキュラムの内容，カリキュラムの具現化，保護者への支援の観

点からみて，その地方自治体の保幼小連携の在り方を反映するものであることが明らかとなった。

　接続期のカリキュラムの開発は保幼小連携の取り組みが進み，カリキュラム開発に取り組む人材が育って行われるものである。そこで，本章は接続期のカリキュラムの作成もしくは試案の作成に取り組んでいる地方自治体がどのような保幼小連携体制を構築し，持続的な連携を実現しようとしているのかを明らかにすることを目的とする。

7.2　方法

7.2.1　対象

　地方自治体の接続期カリキュラムの研究（第6章）の対象であり，保幼小連携体制作りに関する質問への回答を得た7地方自治体（品川区・佐賀市・横浜市・浦安市・さいたま市・京都市・堺市）の質問紙への回答を分析対象とした。

7.2.2　手続き

　質問紙調査は，市及び区の保幼小連携担当部署に調査を依頼して実施された。調査実施期間は2011年2〜3月であった。

　質問紙調査では，地方自治体の保幼小連携体制を把握するために過去と現在の保幼小連携の取り組みについて回答を求めた（質問紙は資料1を参照）。質問項目は，1．保幼小連携への取り組みの経緯，2．人的環境についての取り組み，3．研修体制についての取り組み，4．カリキュラム開発についての取り組み，5．地方自治体が各学校・園（所）の取り組みを支援する工夫，6．各学校・園（所）での取り組みを地方自治体の方針に反映する工夫であった。項目1〜6に対して自由記述によって回答するよう求めた。

7.3　結果と考察

　保幼小連携体制の構築に関する自由記述から抽出された特徴を，取り組みの経緯，人的環境，研修体制，カリキュラム開発，支援や反映の工夫の 5 つの観点別に整理した（Table 7-1）。

7.3.1　保幼小連携への取り組みの経緯

　保幼小連携の取り組みが始まった経緯として，幼児期の教育や子どもの成長に関する意識の変化，意識調査による教育の見直しなどが挙げられた。連携の目的やきっかけとして「小 1 プロブレム」や子どもの問題行動の改善に触れた回答はなかった。

　幼児期の教育や子どもの成長に関する意識の変化が幼児教育の側から示さ

Table 7-1　保幼小連携体制の構築における特徴

	取組の経緯	人的環境	研修体制	カリキュラム	支援の工夫	反映の工夫
共通要素	「小 1 プロブレム」のような現代的な課題がきっかけではない	管理職・実践者が連携の意識を高め実践の指針を得られる体制作りの推進	行政主導の連携に関する研修が確立されている	接続期のカリキュラム開発及び開発されたカリキュラムの活用	研修やカリキュラムにより自治体の方針を示し，それに基づいた現場の実践を行い，その成果が研修やカリキュラムに反映されるサイクルの形成	
独自要素	・幼児期の教育や子どもの成長に関する意識の変化 ・連携に対する意識調査の実施	・管理職対象の研修 ・幼小間の人事交流の実施	・幼保小連携研修 ・教育委員会指定研究の実践発表会 ・5 歳担任研修 ・小 1 担任者研修	・カリキュラムの見直し ・教育課程についての協議	・「推進地区だより」の発行 ・各園年間 2 回以上の巡回指導 ・交流活動を推進するための事業予算を計上	・研修会後のアンケート調査 ・年度末報告書の提出

れたものとして，「26年前，当時の幼児教育センターに，幼稚園（私立）の園長たちが働きかけ，幼小の連携をしていこうということで横浜の幼小連携は始まった（横浜市）」，「昭和52年，合併前の大宮市に幼児教育センター及び附属幼稚園が設立され，子どもの成長を三歳児以前の乳幼児教育と，卒園後の小学校の教育にも目を向けた運営が求められた（さいたま市）」の回答があった。

　幼稚園と小学校の両者が取り組み始めたものとして，「1967年度から幼稚園が小学校敷地内に併設されているところでは，校長が園長の兼務，運動会・展覧会・学校見学等の幼小の合同行事が行われた。独立園においても近隣小学校との共同開発，教育活動の交流が行われた（品川区）」，「幼児期の教育と小学校教育の接続の大切さをふまえ，幼児の体験入学をはじめとする小学生との交流活動や５歳児の保護者を対象にした就学支援ノート（家庭教育の大切さを認識し，小学校生活への理解を深めることが目的）の配布を行う（堺市）」，「組織的な連携の始まりは，20数年前から始まった幼小連携講座であった。生活科研究会の立ち上げに伴い，隣接された公立小・幼の交流から始まった（京都市）」の回答があった。

　子どもの育ちに適切な教育がなされているかどうかの見直しをしたものとして，「教師の意識調査から課題を明確にし，幼小連携の目的やねらい，保育園との連携も含め必要性について共通理解を図った（浦安市）」，「2005年にアンケート調査（対象は幼稚園，保育園の年長児の保護者および担任，小学校１年生の保護者および担任）を実施したことで，幼保小の接続期の教育について新たな施策の必要性が浮き彫りとなった（佐賀市）」の回答があった。

7.3.2　人的環境についての取り組み

　人的環境に関して，管理職のリーダーシップを高めるための管理職対象の研修や連携教育の情報交換の機会の設置，保幼小間の相互理解のための幼小間の教諭の交流や教育委員会と保育担当部との連携，教育委員会内における

連携担当者の配置が挙げられた。

　リーダーシップを高めるためのものとして，「区の連携組織づくりは，実行委員会や園長・校長会の開催と充実をよびかけ，リーダーシップを発揮し連携を継続できるよう働きかけている。小学校の人材育成として管理職研修を検討（教育委員会との連携）（横浜市）」，「管理職の連携教育の理解とシステム作りのための積極的な取り組み（浦安市）」，「公・民の幼保小の管理職を対象にした情報交換や共通理解をする場の設定をする（堺市）」の回答があった。

　保幼小間の相互理解の深めるためのものとして，「私立幼稚園で3年間保育をおこなった小学校教諭が小学校に戻った後で，幼小連携の推進役を担う（さいたま市）」，「教育委員会指導課と子ども未来事業部保育課との連携。指導課担当指導主事，保育課乳幼児教育係，就学前教育担当の連携による研修計画と実施（品川区）」，「教育委員会こども課に幼保小連携担当職員（指導主事）として，教職員を一名配置（佐賀市）」，「小学校からの管理職を幼稚園の園長として起用。市立幼稚園の在り方を考え，平成元年以降の採用は，小学校の免許との併有が条件となっている。そのために人事交流が行われやすい環境（どちらも教育職）（京都市）」の回答があった。

7.3.3　研修体制についての取り組み

　研修体制に関して，保育者・小学校教諭を対象とした研修と保幼小の連携の在り方を協議する研修，保育・授業の実践に関わる研修が挙げられた。

　保育者を対象としたものとして，「幼保（認可外含）の教職員を対象とした保育従事者研修会（佐賀市）」，「5歳担任研修（ジョイント期の保育計画立案），教育委員会主催の幼児教育研修会（公私の保幼対象）（品川区）」の回答があった。小学校教諭を対象としたものとして，「小1担任者研修（佐賀市）」，「保育参観・体験研修，保育・幼児教育体験研修（さいたま市）」の回答があった。

　保幼小の連携の在り方を協議するものとして，「幼保小連携研修，接続期

研修会（横浜市）」,「幼保小連携担当者研修会（佐賀市）」,「地域の保幼小中連携の合同研修会（京都市）」の回答があった。

　保育・授業の実践に関わるものとして,「教育委員会指定研究の実践発表会の支援（保幼小連携研究）,幼小連携講座（幼小の授業と保育を見て研修）（京都市）」,「小学校教員の一日先生体験の出前授業（保・幼へ）（品川区）」の回答があった。

　これらの実践事例から,研修の実施の頻度や対象は異なるものの,研修が長期的に実践されるものとして計画されていることがわかる。また,地方自治体の連携に関する方針によって研修の対象と内容は変化することが推測される。たとえば,保幼小連携だけではなく小中連携も重視している地方自治体では,小学校教諭が幼児期の教育と中学校の教育の両者を理解し,実践の在り方を議論する必要性から,小学校教諭に対する研修を手厚くすることが考えられる。

7.3.4　カリキュラムの開発についての取り組み

　カリキュラムに関して,地方自治体が主体となったカリキュラム開発,作成されたカリキュラムの見直し,作成されたカリキュラム内容についての協議が挙げられた。

　地方自治体が主体となりカリキュラム開発が実施されたものとして,「幼保でとりくむアプローチカリキュラム,小でとりくむスタートカリキュラムを作成。幼児教育事例集の作成と配布（全幼保小中）（横浜市）」,「入門期の生活の週案。幼保生活習慣カリキュラム作成（京都市）」の回答があった。

　カリキュラムの見直しに言及したものとして,「幼児教育スタンダードカリキュラムの作成。市として,モデルカリキュラムを作成し,市内の保育所・園・小学校に配布する。活用状況を把握し,モデルカリキュラムの見直しをする（堺市）」,「保育園・幼稚園と小学校とをつなぐ乳幼児教育実践のてびきの作成と改訂（内容の修正とともに,保育・教育と小学校教科との関連,保

幼小連携の頁を増やし充実させた）。保幼小ジョイント期カリキュラム（品川区）」の回答があった。

　カリキュラムの内容の協議に言及したものとして，「4・5月期の小学1年の授業参観を幼保の希望する職員で行う『学校訪問』と6月〜11月に小学校区の園を小学校教職員が訪問する『保育園・幼稚園訪問』によって，お互いの保育や教育を理解した上でめざす子ども像はじめ教育課程について各小学校区にて協議をするよう指導（佐賀市）」の回答があった。

　これらの実践事例から，カリキュラムの開発が見直しや協議を伴って行われていること，また，見直しや協議は地域で育つ子どもの姿を軸にして行われていることがわかる。

7.3.5　支援や反映の工夫

　地方自治体が各学校・園（所）の取り組みを支援する工夫として，連携の取り組み内容の公開，カリキュラムを踏まえた実践の推進，研修を利用した幼児教育理解の促進，管理職への施策の周知，予算の確保，連携モデルプランや教育プランの実践と見直しが挙げられた。これに対して，各学校・園（所）での取り組みを地方自治体の方針に反映する工夫として，アンケート調査や報告書の活用，交流事業実行委員会の開催が挙げられた。

　連携の取り組み内容の公開として，「年4回の『推進地区だより』の発行（横浜市）」，「園だよりを通じて各幼保に取り組みの例を紹介（佐賀市）」，「（保幼小ジョイント期カリキュラムに関する）保護者啓発リーフレットの作成（品川区）」の回答があった。

　カリキュラムの説明やカリキュラムに基づく連携状況の把握として，「幼児教育スタンダードカリキュラム（保幼小連携カリキュラム）を作成配布し，活用のための説明会を開催する（堺市）」，「カリキュラムを踏まえて，保育－教育課程を区立保育園・幼稚園が作成，各園年間2回以上の巡回指導を通し，小学校との連携状況を把握し課題を明確にする（品川区）」の回答があっ

た。しかしながら，巡回指導に関しては，「小学校の体制が整わず，年間計画が予定通り実行できない（品川区）」という課題を抱えていることも指摘されている。

　研修の場を通じた幼児教育への理解を促す試みとして，「保育参観・体験研修を悉皆研修で，保育・幼児教育体験研修を五年経験者研修と位置づけ，幼児教育への理解を推進していく（さいたま市）」の回答があった。

　管理職への地方自治体による施策の周知として，「各小学校の連携担当者だけではなく管理職にも校長会を通じて基本方法・施策などを複数回説明している（佐賀市）」の回答があった。

　予算の確保として，「交流活動を推進するための事業予算を計上し，支援する（堺市）」の回答があった。

　連携モデルプランや教育プランの実践と見直しとして，「連携モデルプランを各学校区で実践・検証し，連携モデルプランの見直しを図る（浦安市）」，「市の教育プランや学校園への指示事項の中に，幼小連携の推進をうたっている（堺市）」の回答があった。

　アンケート調査・報告書として，「各研修会や講演会後にアンケート調査を行い，その結果をまとめて，幼児教育振興協議会の場で報告し，ご意見を頂いたことを次年度の事業に反映させていく（さいたま市）」，「年度末報告書提出（それを冊子にして全小学校・幼保に配布）により，成果と課題を市として把握（佐賀市）」の回答があった。ただし，報告書による意見の収集に関しては，「各小学校は年度末報告文書に追われる。そんな中，提出を求めることがさらに多忙化を生み，各小学校に負担となっている（佐賀市）」といった課題も残している。

　交流事業実行委員会として，「推進地区連絡会（年3回）と他区交流事業実行委員長会（年2回）の開催により，現場の取り組みや課題をすいあげ，反映できるように努力している（横浜市）」の回答があった。

　地方自治体が学校・園（所）を支援していく際の課題として，連携への理

解（「校長会や教育委員会との連携，幼児教育ならびに小学校への接続に関する認識と理解を特に小学校教員（管理職も含む）に図っていくことが課題（横浜市）」），教職員の多忙さ（「教職員は多忙である。その中で時間を確保するための工夫が必要である（浦安市）」），就学前施設の公立私立の存在（「就学前施設同士の連携が難しい。私立幼稚園をまきこんで考える仕組みづくりが困難であるが大きな課題（京都市）」）が挙げられた。

7.4　全体的考察

　接続期のカリキュラムの作成もしくは試案の作成に取り組んでいる地方自治体の保幼小連携体制に共通する特徴として，連携への取り組みの経緯が一部の子どもの問題行動ではないこと，管理職と実践者に対して連携のありようを検討する場が提供されていること，研修の場が整備されていること，カリキュラム開発とカリキュラムの活用がなされていること，実践者への支援・連携の実践・実践から生まれた内省の施策への反映というサイクルが作られていることが見出された。これらの結果から，カリキュラム開発を可能にする保幼小連携体制の構築への示唆が得られた。

　第一に，カリキュラム開発に取り組んでいる地方自治体では，保幼小連携を子どもの問題行動への対処といった限定された問題解決としてとらえていなかった。「小 1 プロブレム」の解消を連携の主要な目的ととらえた場合，連携は問題行動が解決するまで取り組めばよい，子どもの問題行動が生まれている小学校が対処すればよいといった認識につながる可能性がある。これに対して，実践者・管理職・地方自治体の保育・教育担当者が，保幼小連携の取り組みとは子どもの発達に応じた教育を行うための取り組みであるという認識を持っている場合，連携は長期的に取り組んでいくことでその効果がもたらされるという認識を共有でき，発達に応じた教育を行うことは公立私立，保育所・幼稚園・認定こども園の違いに関係なく必要であるという認識を得やすいと考えられる。

　第二に，カリキュラム開発に取り組んでいる地方自治体では，管理職と実践者が保幼小連携の意義や方針を議論する機会が提供されていた。カリキュラム開発に取り組んでいる地方自治体では，保幼小連携は発達に応じた教育のために必要だという認識がある程度共有されており，連携を進めることが可能になっていた。

　発達に応じて子どもの環境を調整する考え方と準備教育として幼児教育をとらえる考え方のどちらからも連携は必要であるという結論にたどりつく可能性がある。連携は必要だという認識のもとに幼児教育の実践者と小学校教育の実践者が会合を持ったとしても，なぜ必要なのかという認識が異なっていれば，お互いが求める連携の取り組み方針や内容にずれが生じてしまうことが予想される。このことから，保幼小連携の必要性に対する異なる認識の摺合せが困難であるか，その摺合せをしなくてはならないという意識が希薄であることがカリキュラム開発の進まない原因となる可能性が示唆された。

　第三に，カリキュラム開発に取り組んでいる地方自治体では，人的環境や研修体制，カリキュラムに関する複数の取り組みが同時に進められ，関連づけられて実施されており，地方自治体から現場へ，現場から地方自治体へという双方向の情報伝達手段が確保され，一つのサイクルを形成していた。

　たとえばさいたま市の場合をみると，研修という取り組みが，保育者と小学校教諭が相互の保育・教育について議論することで互いの保育・教育の理解を深める，講演や趣旨説明などにより地方自治体の連携の方針の周知を行う，アンケート調査を行うことで実践者の意見を拾い上げる，という3つの機能を果たしていることがわかる。品川区においても，カリキュラム開発と巡回指導が行われることで，保幼と小の相互理解，地方自治体と現場との双方向の情報の伝達が行われていた。ただし，品川区の巡回指導や佐賀市の年度末報告書提出に関して，実施の困難さや教員への負担増が指摘されていることから，実践者の意見の収集に関してはまだ試行錯誤の段階であるといえる。

　保幼小連携体制の構築という観点から重要なことは，接続期カリキュラムの開発のプロセスには相互理解や情報共有が含まれているということである。地方自治体が連携の方針を示し，それを受けて保育所・幼稚園・認定こども園・小学校が保幼小連携を行う。その成果を報告書などで地方自治体に伝え，地方自治体は成果を次年度の連携の方針やカリキュラムに反映させる。カリキュラムの作成・改訂は地方自治体の方針を示すと同時に，実践から生まれた成果を反映すものであるから，そのような双方向の流れを保障する一連の活動サイクルが整うことにより，持続可能な保幼小連携が可能になると考えられる。

7.5　第Ⅲ部のまとめと課題

　第6章では，アプローチカリキュラムとスタートカリキュラムにおける接続期カリキュラムの構成，接続期の捉え方，カリキュラムの内容，カリキュラムの具現化，保護者への支援の視点は，地方自治体の保幼小連携の在り方を反映するものであることが示された。第7章では，保育所・幼稚園・認定こども園・小学校と地方自治体間の双方向の情報共有がカリキュラム開発を可能にし，さらには持続可能な保幼小連携も可能にすることが示唆された。

　第Ⅲ部の課題として，第6章で検討したアプローチカリキュラムとスタートカリキュラムには試案も含まれているため，十分に地域の特性が反映されていない可能性があるという点が挙げられる。また，第6章と第7章の分析対象は接続期カリキュラムを作成した地方自治体と開発された接続期カリキュラムであったが，現時点で接続期カリキュラムを作成していない地方自治体であっても，教育の連続性を保つ接続期カリキュラムに対する方針を持っていることが期待される。

　そこで，第8章では，接続期カリキュラムを未作成の地方自治体も含めて，全国の保幼小連携担当者を対象にどのような接続期カリキュラムの開発方針を持っているのかを尋ね，その内容を分析する。第9章ではアプローチ

カリキュラムとスタートカリキュラムから構成される接続期カリキュラムを対象として分析することで，接続期カリキュラムの独自性を検討する。このような分析によって，他の地方自治体の接続期カリキュラムでは言及されることはなくても，ある地方自治体で伝統的に大切にしてきた子どもの力が存在することが明らかになる可能性がある。

第Ⅳ部　接続期カリキュラムの開発と実践

第8章　地方自治体の接続期カリキュラムにみる 育てたい能力（研究6）

8.1　目的

　接続期カリキュラム開発を行う地方自治体では，所管官庁や公立私立の違いを乗り越えてカリキュラム開発に携わる人材を集め，接続期カリキュラムの核となる理念を決定している。保育・教育の理念が異なる学校・施設種間や公立私立の間で共通の理念を決定するためには，地方自治体の保幼小連携担当者がそれぞれの地方自治体の特性に基づいてあるべき保幼小連携の姿をイメージしておくことが重要であると考えられる。実際に接続期カリキュラムの内容を決定するときには保育士・幼稚園教諭・小学校教諭の関与が大きいとしても，接続期カリキュラムの意義やその利用の方法の説明，疑問点の解消や意見の取りまとめは地方自治体の保幼小連携担当者の役割となる。そこで，本章では保幼小連携担当者への調査を通して，地方自治体の接続期カリキュラムに対する取り組みを明らかにする。

　第6章から，接続期カリキュラム開発に際して決定しておくべき要素として，接続期に育てたい子どもの力，接続期の始期と終期，カリキュラム作成手順，行政支援の在り方が示された。

　接続期に育てたい子どもの力に関しては，「学びの自立」，「生活の自立」，「精神的な自立」（文部科学省，2010）が接続期において重要であると指摘されている。したがって，これら3つの自立につながる子どもの力を各地方自治体が接続期カリキュラムに取り入れることが予想される。しかしながら，地域の特性に基づいて具体的にどのような子どもの力に力点を置くかという点については明らかになっていない。

　接続期カリキュラムの対象となる接続期は，幼児教育と小学校教育を接続するという意識のもとでねらいをもった時期として定義されている（横井，2007）。しかし各地方自治体の接続期のとらえ方は一定ではなく，どの時期を接続期と見なすかによってカリキュラム内容も異なってくると予想される。そこで，接続期の始期と終期の分析が必要であると考えられる。

　接続期カリキュラムの作成手順とはアプローチカリキュラム（幼児期）を先に作成するか，スタートカリキュラム（児童期）を先に作成するか，あるいは両方のカリキュラムを同時に作成するかという作成の手続きに関する方針である。2008年の小学校学習指導要領解説の生活編の中では，スタートカリキュラムについて触れられているが，アプローチカリキュラムについては，まだ行政的に用語としては確定して使用されてはいない。そのためスタートカリキュラム開発の検討（佐藤・椋田，2011；高橋，2011）に対して，アプローチカリキュラムの研究（横山・木村・竹内・掘越，2013）は少ない。このような状況の中で，アプローチカリキュラムとスタートカリキュラムの関連性について地方自治体による考え方の違いがみられることが予想される。よって，両カリキュラムの関連性に対する考え方とそれに基づく作成方針について検討する必要がある。

　行政支援の在り方とは，地方自治体が接続期カリキュラムに関して枠を示して各保育所・幼稚園・認定こども園・小学校の自律性を高める方針であるのか，実践の詳細までも地方自治体で準備し，各保育所・幼稚園・認定こども園・小学校の支援を強化する方針であるのかということである。接続期のカリキュラムの在り方として，文化に特有のニーズや個人差に柔軟に対応する自律性を持つ方向性と指導及びカリキュラム内容の詳細化という方向性があるとされている（OECD，2012）。しかし，このような2つの方向性が地方自治体の支援の方針にどのように反映されているかは明らかになっていない。

　本章では接続期カリキュラムを未作成の地方自治体，アプローチカリキュ

ラムを作成した地方自治体，スタートカリキュラムを作成した地方自治体，両カリキュラムを作成した地方自治体における接続期に育てたい子どもの力，接続期の始期と終期，カリキュラム作成手順，行政支援の在り方を比較検討することによって接続期カリキュラムの開発の現状と意義を明らかにする。接続期カリキュラムを作成済みの地方自治体と併せて接続期カリキュラム未作成の地方自治体も対象にすることで，作成過程が地方自治体の連携・接続の方針に与える影響を示すことができると考えられる。

8.2　方法

8.2.1　調査協力者と調査期間

　質問紙調査は，全国の273市区町村保幼小連携担当部署に調査を依頼して実施された。

　調査実施期間は2012年3月であった。質問紙は返信用封筒を同封して郵送によって配布した。回収も郵送によって行い，119自治体（回収率43.6%）から回答が得られた（内訳は，教育委員会学校教育課が87，教育委員会子ども課・幼児教育課が7，福祉部局での保育課・子ども課が5，その他が20であった）。

8.2.2　調査項目

　接続期カリキュラム開発に対する保幼小連携担当者の認識を把握するための設問として，1．アプローチカリキュラムの内容として幼児期に重要な力，2．スタートカリキュラムの内容として児童期に重要な力，3．接続期の始期と終期，4．接続期カリキュラムの作成手順，5．作成手順選択の理由，6．行政支援の在り方の6項目を設定した（Table 8-1, 資料3）。接続期に育てたい子どもの力を検討するための項目が1〜2，接続期の対象となる時期の始期と終期を検討するための項目が3，接続期カリキュラム作成手順を検討するための項目が4〜5，行政支援の在り方を検討するための項目が6であった。

Table 8-1 質問項目

1. アプローチカリキュラムの内容として幼児期に重要な力
(a)生活習慣としての時間通りの起床や整理整頓
(b)相手に分かるように話す力や落ち着いて話を聞く力
(c)生活や遊びのルールを守るなどの規範意識
(d)友だちと関わり協力する力
(e)知的好奇心や学習への意欲
(f)主体的に選択したり実行したりする力
(g)数や量への関心
(h)かなのよみかきなどへの関心
(i)起床時間や食事時間などの生活リズム
(j)小学校の生活についての具体的な期待

2. スタートカリキュラムの内容として児童期に重要な力
(a)生活習慣としての時間通りの起床や整理整頓
(b)相手に分かるように話す力や落ち着いて話を聞く力
(c)生活や遊びのルールを守るなどの規範意識
(d)友だちと関わり協力する力
(e)知的好奇心や学習への意欲
(f)主体的に選択したり実行したりする力
(g)数や量に関する学習習慣
(h)かなのよみかきなどの学習習慣
(i)授業時間に合わせた生活リズム
(j)幼児期と異なる環境に対する子どもの安心感

3. 接続期の始期と終期
(a)月や学期により区切りを設定する。始期は保育所・幼稚園・認定こども園年長10月から3月までの間とし、終期は小学校入学から1学年1学期までの間とする
(b)月や学期により区切りを設定する。始期は保育所・幼稚園・認定こども園年少から年長10月までの間とし、終期は小学校1学年1学期以降の時期とする
(c)月や学期による区切りではなく、子どもの発達に大きな変化が生じると思われる時期や行事を区切りとして設定する

4. 接続期カリキュラムの作成手順
(a)接続期カリキュラムとしてアプローチカリキュラムとスタートカリキュラムを同時に編成する
(b)スタートカリキュラムを編成し、それを足がかりにしてアプローチカリキュラムの編成へとつなげる
(c)アプローチカリキュラムを編成し、それを足がかりにしてスタートカリキュラムの編成へとつなげる

5. 作成手順選択の理由

6. 行政支援の在り方
(a)自治体が接続期カリキュラムの中で基準は示すが、実践についてはそれぞれの保育所・幼稚園・認定こども園・小学校に任せるほうがよい
(b)自治体が接続期カリキュラムを編成した上で、実践の方法についても自治体全体に共通する方向づけを図るほうがよい
(c)自治体は接続期カリキュラム編成・実践のすべてを各学区の保育所・幼稚園・認定こども園・小学校に任せるほうがよい
(d) (小学校入門期スタートカリキュラムの方向づけは考えていないが)、就学前のアプローチカリキュラムは保育所・幼稚園・認定こども園合同で編成する必要があり、自治体共通に方向づける必要がある

　設問 1 〜 6 について，既に接続期カリキュラムを作成した地方自治体に対してはその開発方針を，接続期カリキュラムを作成していない地方自治体に対しては接続期カリキュラムに対する考え方を回答として求めた。設問の選択肢は，文部科学省（2010）や 9 地方自治体の接続期カリキュラムに関する冊子（第 6 章の分析対象）のカリキュラム編成方針と実例を参考に作成した。

　設問 1 は 11 の選択肢のうち，重要と思われる順に 3 つの子どもの力を選択するよう求めた。11 の子どもの力とは，(a)生活習慣としての時間通りの起床や整理整頓，(b)相手に分かるように話す力や落ち着いて話を聞く力，(c)生活や遊びのルールを守るなどの規範意識，(d)友だちと関わり協力する力，(e)知的好奇心や学習への意欲，(f)主体的に選択したり実行したりする力，(g)数や量への関心，(h)かなのよみかきなどへの関心，(i)起床時間や食事時間などの生活リズム，(j)小学校の生活についての具体的な期待，(k)その他である。

　設問 2 は 11 の選択肢のうち，重要と思われる順に 3 つの子どもの力を選択するよう求めた。11 の子どもの力とは，(a)生活習慣としての時間通りの起床や整理整頓，(b)相手に分かるように話す力や落ちついて話を聞く力，(c)生活や遊びのルールを守るなどの規範意識，(d)友だちと関わり協力する力，(e)知的好奇心や学習への意欲，(f)主体的に選択したり実行したりする力，(g)数や量に関する学習習慣，(h)かなのよみかきなどの学習習慣，(i)授業時間に合わせた生活リズム，(j)幼児期と異なる環境に対する子どもの安心感，(k)その他である。

　設問 3 は 4 つの選択肢から，接続期の始期と終期の選択肢を選択するよう求めた。4 つの選択肢とは，(a)月や学期により区切りを設定する。始期は保育所・幼稚園・認定こども園年長 10 月から 3 月までの間とし，終期は小学校入学から 1 学年 1 学期までの間とする，(b)月や学期により区切りを設定する。始期は保育所・幼稚園・認定こども園年少から年長 10 月までの間とし，終期は小学校 1 学年 1 学期以降の時期とする，(c)月や学期による区切りではなく，子どもの発達に大きな変化が生じると思われる時期や行事を区切りと

して設定する，(d)その他である。

　設問4は3つの選択肢から，接続期カリキュラムの作成手順を選択するよう求めた。3つの選択肢とは，(a)接続期カリキュラムとしてアプローチカリキュラムとスタートカリキュラムを同時に編成する，(b)スタートカリキュラムを編成し，それを足がかりにしてアプローチカリキュラムの編成へとつなげる，(c)アプローチカリキュラムを編成し，それを足がかりにしてスタートカリキュラムの編成へとつなげる，である。

　設問6は4つの選択肢から，行政支援の在り方を選択するよう求めた。4つの選択肢とは，(a)自治体が接続期カリキュラムの中で基準は示すが，実践についてはそれぞれの保育所・幼稚園・認定こども園・小学校に任せるほうがよい，(b)自治体が接続期カリキュラムを編成した上で，実践の方法についても自治体全体に共通する方向づけを図るほうがよい，(c)自治体は接続期カリキュラム編成・実践のすべてを各学区の保育所・幼稚園・認定こども園・小学校に任せるほうがよい，(d)（小学校入門期スタートカリキュラムの方向づけは考えていないが），就学前のアプローチカリキュラムは保育所・幼稚園・認定こども園合同で編成する必要があり，自治体共通に方向づける必要がある，である。

　設問5に対しては自由記述によって回答するよう求めた。

8.2.3　分析のための手続き

　設問5の自由記述については，カテゴリー化の手続きを行った（カテゴリー化の手続きについては，木下（2003）や Willig（2001）を参考にした）。カテゴリー化の手続きとして，カリキュラム作成手順の目的・意義の観点から記述内容にラベルを与えた。次に，記述内容の類似性と差異に基づいて，ラベルを整理・統合し，カテゴリーを生成した。2名の共同研究者が独立に分析をして評定の一致を確認した。不一致箇所については協議を行ってカテゴリーの定義を改善し，それぞれのカテゴリー分類が一致したところで度数の分析を

進めた。

8.3　結果と考察

8.3.1　接続期カリキュラムの内容として重要な力

　接続期カリキュラムの内容として何が重視されているのか，スタートカリキュラムとアプローチカリキュラムで重視する力はどのように違うのかを検討するため，接続期カリキュラムの作成状態（接続期カリキュラムを未作成の地方自治体，両方のカリキュラムを作成した地方自治体，アプローチカリキュラムを作成した地方自治体，スタートカリキュラムを作成した地方自治体）別に，アプローチカリキュラムの内容として重要な力を尋ねた結果を Table 8-2 に，スタートカリキュラムの内容として重要な力を尋ねた結果を Table 8-3 に示した。

　119地方自治体のうち，接続期カリキュラム未作成の地方自治体は99，アプローチカリキュラムとスタートカリキュラムの両方を作成した地方自治体は13，アプローチカリキュラムのみ作成した地方自治体は 4，スタートカリキュラムのみ作成した地方自治体は 3 であった（ただし，設問によっては回答していない地方自治体があるため，合計が119とならない場合がある）。

(1)　アプローチカリキュラム

　すべての地方自治体において，3 位までに選択されたアプローチカリキュラムの内容として重要な力は次のようなものであった。「起床などの生活習慣」を選択した地方自治体は44（38.6%），「話す力聞く力」は46（40.4%），「規範意識」は68（59.6%），「協力する力」は71（62.3%），「知的好奇心」は23（20.2%），「主体的行動力」は20（17.5%），「数や量への関心」は 1（0.9%），「かなへの関心」は 2（1.8%），「生活リズム」は46（40.4%），「小学校への期待」19（16.7%），その他は 2（1.8%）であった。友だちと関わり協力する力，規範意識，生活リズム，話す力や聞く力が重要であると認識されており，いずれも 4 割以上の地方自治体が 3 位までに選択していた。

Table 8-2　アプローチカリキ

		起床など 生活習慣	話す力 聞く力	規範意識	協力する力
未作成 (*n*=95)	1位	16 (16.8)	15 (15.8)	9 (9.5)	11 (11.6)
	総選択数	36 (37.9)	38 (40.0)	56 (58.9)	59 (62.1)
両方を作成 (*n*=12)	1位	1 (8.3)	1 (8.3)	2 (16.7)	4 (33.3)
	総選択数	4 (33.3)	5 (41.7)	8 (66.7)	7 (58.3)
アプローチ を作成 (*n*=4)	1位	0 (0.0)	1 (25.0)	0 (0.0)	0 (0.0)
	総選択数	1 (25.0)	3 (75.0)	1 (25.0)	3 (75.0)
スタートを 作成 (*n*=3)	1位	2 (66.7)	0 (0.0)	1 (33.3)	0 (0.0)
	総選択数	3 (100)	0 (0.0)	3 (100)	2 (66.7)
全体	1位	19 (16.7)	17 (14.9)	12 (10.5)	15 (13.2)
	総選択数	44 (38.6)	46 (40.4)	68 (59.6)	71 (62.3)

注　（　）内は比率を示す。

　すべての地方自治体において，1位に選択されたアプローチカリキュラムの内容として重要な力は次のようなものであった。「起床などの生活習慣」を選択した地方自治体は19（16.7%），「話す力聞く力」は17（14.9%），「規範意識」は12（10.5%），「協力する力」は15（13.2%），「知的好奇心」は3（2.6%），「主体的行動力」は6（5.3%），「数や量への関心」は0（0.0%），「かなへの関心」は0（0.0%），「生活リズム」は26（22.8%），「小学校への期待」11（9.6%），その他は1（0.9%）であった。子どもが生活リズムを身につけることが最も重要であると認識されていた。

　アプローチカリキュラムの内容として，規範意識，友だちと協力する力，

ュラムの内容として重要な力

知的好奇心	主体的 行動力	数や量への 関心	かなへの 関心	生活リズム	小学校への 期待	その他
2 (2.1)	5 (5.3)	0 (0.0)	0 (0.0)	23 (24.2)	10 (10.5)	0 (0.0)
18 (18.9)	15 (15.8)	1 (1.1)	2 (2.1)	42 (44.2)	17 (17.9)	1 (1.1)
0 (0.0)	1 (8.3)	0 (0.0)	0 (0.0)	1 (8.3)	1 (8.3)	1 (8.3)
3 (25.0)	4 (33.3)	0 (0.0)	0 (0.0)	2 (16.7)	2 (16.7)	1 (8.3)
1 (25.0)	0 (0.0)	0 (0.0)	0 (0.0)	2 (50.0)	0 (0.0)	0 (0.0)
1 (25.0)	1 (25.0)	0 (0.0)	0 (0.0)	2 (50.0)	0 (0.0)	0 (0.0)
0 (0.0)	0 (0.0)	0 (0.0)	0 (0.0)	0 (0.0)	0 (0.0)	0 (0.0)
1 (33.3)	0 (0.0)	0 (0.0)	0 (0.0)	0 (0.0)	0 (0.0)	0 (0.0)
3 (2.6)	6 (5.3)	0 (0.0)	0 (0.0)	26 (22.8)	11 (9.6)	1 (0.9)
23 (20.2)	20 (17.5)	1 (0.9)	2 (1.8)	46 (40.4)	19 (16.7)	2 (1.8)

話す力聞く力，生活リズムが重要であるとされていたのに対して，数や量・かなへの関心は3位までにほとんど選択されておらず，学びに関する要素よりも子どもが他者と関わり世界を広げていくための力を育成していくことが重要であると考えられていた。

　未作成の地方自治体において，3位までに選択されたアプローチカリキュラムの内容として重要な力は「協力する力」が59（62.1%），「規範意識」が56（58.9%），「生活リズム」が42（44.2%）であった。作成済みの地方自治体では，「協力する力」が12（63.2%），「規範意識」が12（63.2%），「起床など生活習慣」が8（42.1%），「話す力聞く力」が8（42.1%）であり，「生活リズ

Table 8-3　スタートカリキ

		起床など 生活習慣	話す力 聞く力	規範意識	協力する力
未作成 (*n*=96)	1位	16 (16.7)	7 (7.3)	10 (10.4)	12 (12.5)
	総選択数	30 (31.3)	39 (40.6)	45 (46.9)	42 (43.8)
両方を作成 (*n*=12)	1位	1 (8.3)	0 (0.0)	2 (16.7)	2 (16.7)
	総選択数	3 (25.0)	5 (41.7)	8 (66.7)	4 (33.3)
アプローチ を作成 (*n*=4)	1位	0 (0.0)	1 (25.0)	0 (0.0)	0 (0.0)
	総選択数	1 (25.0)	3 (75.0)	1 (25.0)	2 (50.0)
スタートを 作成 (*n*=3)	1位	2 (66.7)	0 (0.0)	0 (0.0)	0 (0.0)
	総選択数	2 (66.7)	1 (33.3)	3 (100)	1 (33.3)
全体	1位	19 (16.5)	8 (7.0)	12 (10.4)	14 (12.2)
	総選択数	36 (31.3)	48 (41.7)	57 (49.6)	49 (42.6)

注　（　）内は比率を示す。

ム」は4（21.1%）であった。

　未作成の地方自治体においては生活リズムが重視される傾向にあったが作成済みの地方自治体ではそのような傾向はそれほどみられなかった。生活リズムは幼児期において重要な要素である。そのため未作成の地方自治体はアプローチカリキュラムの内容としても重要であると認識していたと推測される。これに対して作成済みの地方自治体は，通常の保育課程や教育課程で十分に育っていると考えられる生活リズムではなく，他の子どもの力を選んだのではないかと考えられる。接続期カリキュラムを作成することで通常の保育課程や教育課程との違いを意識し，特に接続期に重視したい子どもの力が

ュラムの内容として重要な力

知的好奇心	主体的行動力	数や量の学習習慣	かなの学習習慣	生活リズム	子どもの安心	その他
4 (4.2)	3 (3.1)	0 (0.0)	0 (0.0)	8 (8.3)	32 (33.3)	0 (0.0)
35 (36.5)	11 (11.5)	0 (0.0)	0 (0.0)	39 (40.6)	46 (47.9)	1 (1.0)
0 (0.0)	0 (0.0)	0 (0.0)	0 (0.0)	0 (0.0)	6 (50.0)	1 (8.3)
5 (41.7)	2 (16.7)	0 (0.0)	0 (0.0)	2 (16.7)	6 (50.0)	1 (8.3)
0 (0.0)	0 (0.0)	0 (0.0)	0 (0.0)	0 (0.0)	2 (50.0)	1 (25.0)
1 (25.0)	0 (0.0)	0 (0.0)	0 (0.0)	1 (25.0)	2 (50.0)	1 (25.0)
0 (0.0)	0 (0.0)	0 (0.0)	0 (0.0)	0 (0.0)	1 (33.3)	0 (0.0)
1 (33.3)	0 (0.0)	0 (0.0)	0 (0.0)	0 (0.0)	1 (33.3)	0 (0.0)
4 (3.5)	3 (2.6)	0 (0.0)	0 (0.0)	8 (7.0)	41 (35.7)	2 (1.7)
42 (36.5)	13 (11.3)	0 (0.0)	0 (0.0)	42 (36.5)	55 (47.8)	3 (2.6)

明確になったと考えられる。

(2) スタートカリキュラム

　すべての地方自治体において，3位までに選択されたスタートカリキュラムの内容として重要な力は次のようなものであった。「起床などの生活習慣」を選択した地方自治体は36（31.3%），「話す力聞く力」は48（41.7%），「規範意識」は57（49.6%），「協力する力」は49（42.6%），「知的好奇心」は42（36.5%），「主体的行動力」は13（11.3%），「数や量に関する学習習慣」は0（0.0%），「かなの学習習慣」は0　（0.0%），「生活リズム」は42（36.5%），「子ど

もの安心感」55（47.8%），その他は 3（2.6%）であった。規範意識，子ども
の安心感，友だちと関わり協力する力，話す力聞く力が重要であると認識さ
れており，いずれも 4 割以上の地方自治体が 3 位までに選択していた。

　すべての地方自治体において，1 位に選択されたスタートカリキュラムの
内容として重要な力は次のようなものであった。「起床などの生活習慣」を
選択した地方自治体は19（16.5%），「話す力聞く力」は 8（7.0%），「規範意
識」は12（10.4%），「協力する力」は14（12.2%），「知的好奇心」は 4
（3.5%），「主体的行動力」は 3（2.6%），「数や量への関心」は 0（0.0%），「か
なの学習習慣」は 0（0.0%），「生活リズム」は 8（7.0%），「子どもの安心」
41（35.7%），その他は 2（1.7%）であった。子どもの安心感が最も重要であ
ると認識されていた。

　スタートカリキュラムの内容として，規範意識，友だちと協力する力，話
す力聞く力など子どもが他者と関わり世界を広げていくための力と，新しい
環境に移行してきた子どもに安心感を育てることが重要であるとされていた
のに対して，数や量・かなの学習習慣など学習の要素は選択されていなかっ
た。

　未作成の地方自治体において，3 位までに選択されたスタートカリキュラ
ムの内容として重要な力は「子どもの安心」が46（47.9%），「規範意識」が
45（46.9%），「協力する力」が42（43.8%）であった。作成済みの地方自治体
では，「規範意識」が12（63.2%），「子どもの安心」が 9（47.4%），「話す力聞
く力」が 9（47.4%）であった。未作成の地方自治体においても，作成済みの
地方自治体においても，小学校の教科の教育課程とは異なる側面がスタート
カリキュラムの内容として重視されていた。

(3) アプローチカリキュラムとスタートカリキュラムの関連

　アプローチカリキュラムとスタートカリキュラムで 1 位に選択された内容
をみると，アプローチカリキュラムでは地方自治体によって重点に違いがあ

る一方で，スタートカリキュラムでは子どもの安心が重視されていた。3位までに選択された内容をみると，アプローチカリキュラムとスタートカリキュラムのいずれにおいても規範意識，協力する力，話す力聞く力に力点が置かれており，特に協力する力と規範意識が大切とされていた。しかしながら，アプローチカリキュラムでは協力する力を選択する地方自治体がより多く，スタートカリキュラムでは知的好奇心を重視する地方自治体がより多いという点での違いがみられた。スタートカリキュラムでは小学校の教科の教育課程とは異なる側面が重視されていたが，学びにつながる子どもの力が全く考慮されていないのではなく，知的好奇心の育成という形で取り入れられていた。このことから，アプローチカリキュラムとスタートカリキュラムのいずれにおいても，人やものへの興味を持ち，生活習慣や技能を身につけて社会の一員としての生活をしていく能力を培うことが重視されていたといえる。

8.3.2　接続期の始期と終期

　接続期カリキュラムを作成する場合，どのような接続期の時期設定に基づいて作成していくかを検討するため，接続期カリキュラムの作成状態別に，接続期カリキュラムの対象となる接続期の始期と終期を尋ねた結果を Table 8-4 に示した。未作成の地方自治体においては，「年長10月〜小学校1学年1学期」を選択した地方自治体は56（74.7%），「年長10月以前〜小学校1学年1学期以降」は4（5.3%），「学期以外の区切り」は15（19.7%）であった。作成済みの地方自治体においては，「年長10月〜小学校1学年1学期」を選択した地方自治体は11（84.6%），「年長10月以前〜小学校1学年1学期以降」は1（7.7%），「学期以外の区切り」は1（7.7%）であった。

　「学期以外の区切り」を選択した地方自治体に学期以外の区切りとなるようなできごとを尋ねたところ，幼児期のできごととして運動会や発表会，劇遊び，共同製作作品展が挙げられた。また，小学校1学年のできごととして

Table 8-4　接続期の始期と終期

	年長10月～ 1学年1学期	年長10月以前～ 1学年1学期 以降	学期・月以外の 区切り	その他	計
未作成	56 (74.7)	4 (5.3)	15 (19.7)	1 (1.3)	76 (100)
両方を作成	7 (77.8)	1 (11.1)	1 (11.1)	0 (0.0)	9 (100)
アプローチを 作成	3 (100)	0 (0.0)	0 (0.0)	0 (0.0)	3 (100)
スタートを 作成	1 (100)	0 (0.0)	0 (0.0)	0 (0.0)	1 (100)
計	67	5	16	1	89

注　（　）内は比率を示す。

ゴールデンウィーク，春期運動会，校外学習が挙げられた。

　接続期を学期や月で区切り，約10カ月間とする認識が未作成の地方自治体では7割，作成済みの地方自治体では8割を占めていた。学期や月での区切りは保育士・幼稚園教諭・小学校教諭・保護者の間で共通の認識を持ちやすく，約10カ月とすることで接続期カリキュラムの内容も設定しやすい。これに対して，子どもの発達の大きな節目となるようなできごとによって接続期を設定することは，子どもの実態に沿った接続期カリキュラムの開発の可能性を持つと同時に，実践者間の共通認識が形成されにくいと考えられる。

8.3.3　接続期カリキュラムの作成手順

　接続期カリキュラムを作成する場合，どのような作成方針に基づいて作成していくかを検討するため，接続期カリキュラムの作成状態別に，接続期カリキュラムの作成手順を尋ねた結果を Table 8-5 に示した。未作成の地方自治体においては，「アプローチカリキュラムとスタートカリキュラムを同時に作成」を選択した地方自治体は61（63.5%），「アプローチカリキュラムを先に作成」を選択した地方自治体は8（8.3%），「スタートカリキュラムを先

Table 8-5　接続期カリキュラム作成手順

	両方を同時に 作成がよい	アプローチを 先に作成がよい	スタートを 先に作成がよい	計
未作成	61 (63.5)	8 (8.3)	27 (28.1)	96 (100)
両方を作成	8 (66.7)	1 (8.3)	3 (25.0)	12 (100)
アプローチを作成	1 (25.0)	3 (75.0)	0 (0.0)	4 (100)
スタートを作成	1 (33.3)	0 (0.0)	2 (66.7)	3 (100)
計	71	12	32	115

注　（　）内は比率を示す。

に作成」を選択した地方自治体は27（28.1%）であった。作成済みの地方自治体においては，作成状態と一致した作成方針が最も多く選択されていた。両方を作成した地方自治体の中で「アプローチカリキュラムとスタートカリキュラムを同時に作成」を選択した自治体は8（66.7%），アプローチカリキュラムを作成した地方自治体の中で「アプローチカリキュラムを先に作成」を選択した自治体は3（75.0%），スタートカリキュラムを作成した地方自治体の中で「スタートカリキュラムを先に作成」を選択した自治体は2（66.7%）であった。

　さらに，作成手順の方針を選択した理由に関する記述を8カテゴリーに分類した。記述した地方自治体数は90であった（1-2の範囲で複数カウントあり。そのため全記述数は100）。8カテゴリーとは，(a)発達の連続性や目標・方針の一貫性，(b)保幼小の相互理解の必要性，(c)カリキュラム内容の明確化，(d)各保育所・幼稚園・認定こども園・小学校の差異への対応，(e)小学校での子ども像・学習内容の共有，(f)幼児期の子どもの姿の共有，(g)作成手続き上の課題・必要性，(h)接続期カリキュラムの継続的な見直し・課題の発見，であった（Table 8-6）。

　アプローチカリキュラムとスタートカリキュラムを同時に作成する方針を

Table 8-6　接続期カリキュラムの作成手順を選択した理由

カテゴリー	回答例（抜粋）	記述数			
		同時に作成	スタートが先	アプローチが先	計
発達の連続性や目標・方針の一貫性	保育所・幼稚園と小学校が目指すスムーズな接続を実現するためには，お互いの目的や目標に連続性や一貫性を持たせることが重要であると考えるから。(MA市)	30 (47.6)	1 (3.7)	0 (0.0)	31 (31.0)
保幼小の相互理解の必要性	関係する保育者，教職員が相互に保育，教育内容を理解し，子どもの姿を知ったうえで，受け渡しをする必要があると考えているため。(TB市)	19 (30.2)	2 (7.4)	2 (20.0)	23 (23.0)
カリキュラム内容の明確化	現在，本市ではキャリア教育を推進するなかで，中学校区において，めざす20歳像をイメージしながら，めざす子ども像づくりをすすめている。と同時に，すべての子どもの学力保障・進路保障の視点で子どもの育ちを考えている。そのような視点にたったとき，スタートカリキュラムを作成するなかで，文字，数量にかかわる指導等に入る前に，小学校入学期にどんなことをするのか，何が必要かを明らかにしてから，アプローチカリキュラムを考えるという順で作成をすすめている。(NC市)	3 (4.8)	4 (14.8)	2 (20.0)	9 (9.0)
各保育所・幼稚園・認定こども園・小学校の差異への対応	市内においても，学校区等により，実態が異なる部分がある。そのため，大枠を同時に編成し，細部を実態に応じたものとする形がよいと考える。(TD市)	2 (3.2)	6 (22.2)	2 (20.0)	10 (10.0)
小学校での子ども像・学習内容の共有	小学校入学時に，どのような子どもが育っているのがよいかを元にスタートしていけることを念頭に入れてから，そこにいたるまでのアプローチを考える方がよい。(DE市)	0 (0.0)	8 (29.6)	0 (0.0)	8 (8.0)
幼児期の子どもの姿の共有	幼児から小学生へと発達を追ってカリキュラム編成することが望ましい。小（スタート）→幼（アプローチ）の発想では，幼児にとっての負担が考慮される形になるだろうが，発達から順に自然な流れで考えていくべきだと考える。(NF市)	0 (0.0)	0 (0.0)	2 (20.0)	2 (2.0)
作成手続き上の課題・必要性	スモールステップでアプローチしていかないと長続きしないから。(SG市)	3 (4.8)	3 (11.1)	2 (20.0)	8 (8.0)
接続期カリキュラムの継続的な見直し・課題の発見	力点を置く「付けたい力」に対する両カリキュラムの効果を検証しながら改善を図っていくため（KH市）	5 (7.9)	1 (3.7)	0 (0.0)	6 (6.0)
その他		1 (1.6)	2 (7.4)	0 (0.0)	3 (3.0)
計		63 (100)	27 (100)	10 (100)	100 (100)

注　（　）内は比率を示す。

選択した地方自治体は，子どもの発達の連続性や接続期カリキュラムの目標の一貫性を重視し（47.6%），接続期カリキュラムを作成する保幼小が互いの保育・教育を理解し協働することを想定していた（30.2%）。

　これに対して，スタートカリキュラムを先に作成することを選択した地方自治体は，小学校入学時の子どもの姿や小学校での学習内容を基盤とし（29.6%），接続期カリキュラムで求められる内容を明確化することによって（14.8%），学校や園の違いに対応した（22.2%）接続期カリキュラムを作成することを想定していた。

　アプローチカリキュラムを先に作成することを選択した地方自治体は，幼児期の子どもの姿やそこで育つ力を基盤とし（20.0%），接続期カリキュラムで求められる内容を明確化することによって（20.0%），学校や園の違いに対応した（20.0%）接続期カリキュラムを作成することを想定していた。

　作成手順の選択理由から，接続期カリキュラムの作成手順は子どもの育ちをどのような視点でとらえ，子どもの力をどのような形で伸ばしていくかという観点が反映されたものであることが示された。アプローチカリキュラムとスタートカリキュラムを同時に作成することを選択した地方自治体は，子どもの育ちをある軸に沿って連続していると考えていた。スタートカリキュラムを先に作成することを選択した地方自治体は，小学校入学時点の子どもの姿をイメージしそこにたどり着くための道筋をとらえようとしていた。アプローチカリキュラムを先に作成することを選択した地方自治体は，幼児期の子どもの姿をイメージしそこから様々な子どもの力が伸びていく道筋をとらえようとしていた。

8.3.4　行政支援の在り方

　接続期カリキュラムを作成する場合，どのような行政支援の在り方に基づいて作成していくかを検討するため，接続期カリキュラムの作成状態別に，地方自治体内での接続期カリキュラムの共通化に対する方針について尋ねた

Table 8-7　行政支援の在り方

	基準のみ 方向づけ	基準・実践 方向づけ	基準・実践 方向づけない	幼児期 方向づけ	計
未作成	70 (71.4)	5 (5.1)	16 (16.3)	7 (7.1)	98 (100)
両方を作成	11 (84.6)	1 (7.7)	1 (7.7)	0 (0.0)	13 (100)
アプローチを 作成	4 (100)	0 (0.0)	0 (0.0)	0 (0.0)	4 (100)
スタートを 作成	3 (100)	0 (0.0)	0 (0.0)	0 (0.0)	3 (100)
計	88	6	17	7	118

注　（　）内は比率を示す。

　結果を Table 8-7 に示した。未作成の地方自治体においては，「接続期カリ
キュラムの基準のみ共通の方向づけを行い，実践は各保育所・幼稚園・認定
こども園・小学校に任せる」を選択した地方自治体が70（71.4%），「接続期
カリキュラムの基準・実践両方について共通の方向づけを行う」が5
（5.1%），「接続期カリキュラムの基準も実践も各保育所・幼稚園・認定こど
も園・小学校に任せる」が16（16.3%），「幼児期のみ共通化を図る」が7
（7.1%）であった。作成済みの地方自治体においては，「接続期カリキュラム
の基準のみ共通の方向づけを行い，実践は各保育所・幼稚園・認定こども
園・小学校に任せる」を選択した地方自治体が18（90.0%），「接続期カリキ
ュラムの基準・実践両方について共通の方向づけを行う」が1　（5.0%），「接
続期カリキュラムの基準も実践も各保育所・幼稚園・認定こども園・小学校
に任せる」が1　（5.0%），「幼児期のみ共通化を図る」が0　（0.0%）であった。
　地方自治体のカリキュラム開発における役割は，接続期カリキュラムの方
針の共通化にあり，実践については各保育所・幼稚園・認定こども園・小学
校に任せるべきであるとの認識が未作成の地方自治体では7割，作成済みの
地方自治体では9割を占めていた。多くの地方自治体が接続期カリキュラム
における保育所・幼稚園・認定こども園・小学校の独自性を保ち，保育士・

幼稚園教諭・小学校教諭の実践の工夫を支援し，保育所・幼稚園・認定こども園・小学校の自律性を高めることを重視していた。この方針は実際に接続期カリキュラムを作成した地方自治体により多くみられた。

　一方，方針の共通化だけではなく，実践についてもある程度の共通化を行い，各保育所・幼稚園・認定こども園・小学校の支援を強化することを重視する地方自治体は一割以下であった。

　このことから，各保育所・幼稚園・認定こども園・小学校の自律性が重視され，それぞれの学区に委ねられる部分が大きいことが示された。地域的なニーズや個人差に対応することが接続期カリキュラムにおいて重視されていると考えられる。学校・園（所）の自律性が重視されることは望ましいことである一方で，学校・園（所）で接続期のカリキュラムの開発が困難であると感じているにもかかわらず，地方自治体の支援が受けられず，カリキュラム開発が進まない原因となっているとも考えられる。

8.4　全体的考察

　接続期カリキュラムを作成するときに作成者間で共通に理解しておくべき要素として接続期に育てたい子どもの力，接続期の始期と終期，カリキュラム作成手順，行政支援の在り方がある。これらの要素の分析から，地方自治体の保幼小連携担当者の認識における接続期カリキュラムの内容として重要な力，接続期の対象となる時期，子どもの発達観の共有の意義，行政支援の在り方に対する示唆が得られた。

　第一に，育てたい子どもの力として接続期カリキュラムに求められている要素をみると，規範意識や友だちと関わり協力する力，話す力聞く力など子どもが生活し他者と関わり集団での活動に参加していく力が重視されていた。これは幼児期のアプローチカリキュラムだけではなく児童期のスタートカリキュラムについても同様であった。小学校教育の特徴の一つは教科教育である。しかしスタートカリキュラムにおいても学習の要素は他の力と比較

すると重視されなかった。接続期は小学校の教科教育に必要な力を準備しておく時期ではなく，幼児期に芽生え子どもの中で育っている力をさらに伸ばす時期として認識されていると考えられる。

　アプローチカリキュラムとスタートカリキュラムのどちらにおいてもほぼ同じ力が重視されていることから，地方自治体が子どもの特定の力に焦点をあて，これらの力の違った側面を引き出していくように働きかけ，それぞれの時期に適した方法で力を伸ばしていくことを想定していると考えられる。同じ子どもの力をカリキュラムの柱とすることで接続期カリキュラムの連続性を保ち，子ども自身が幼児期と小学校の時期を断絶したものと感じないような環境作りを目指していると思われる。ただし，その内容は地方自治体によって異なり，生活に関わる力重視のカリキュラムや主体性重視のカリキュラムのような違いが形成されていくのではないかと考えられる。

　第二に，接続期の始期と終期に関しては，接続期を学期や月で区切り約10カ月間とする認識が未作成の地方自治体では7割，作成済みの地方自治体では8割を占めていた。接続期カリキュラムを作成した地方自治体で学期や月による区切りが8割を占めたのは，実際の接続期カリキュラムを作成する作業の中で，接続期の時期が明確になってくることが理由として考えられる。これに対して，子どもの発達の大きな節目となるようなできごとによって接続期を設定することは，できごとが子どもに与える影響が一様でないため接続期の見直しが頻繁に必要になる可能性や実践者間で意見の一致をみない可能性があるため，接続期カリキュラムでは取り入れられにくいと考えられる。

　第三に，接続期カリキュラムの作成手順の方針には，地方自治体が子どもの育ちをどのような視点でとらえ，子どもの力をどのような形で伸ばしていくかという観点が反映されていた。小学校での子どもの姿からその子どもの活動を支えるためのどのような力が幼児期に育てられてきたのかを知ろうとする視点，幼児期の子どもの姿からさらにどのような力を伸ばしていくのか

を知ろうとする視点，誕生から成人するまでの各時期で開花する子どもの力を知ろうとする視点，いずれもが接続期カリキュラムの開発に必要なものである。これらの視点を議論することで，目標の共通化と保幼小の共通理解が図られると考えられる。

　第四に，行政支援の在り方は，接続期カリキュラムの具現化の程度を導き出す点で重要である。もし方針だけではなく，実践についても共通化をはかることを目指すのであれば，接続期カリキュラムには実践に関する利用可能な資料や詳細な実践手順を含めて，各保育所・幼稚園・認定こども園・小学校をきめ細やかに支援する準備を整える必要がある。一方，方針は共通化をはかるが，実践については各保育所・幼稚園・認定こども園・小学校に任せることを目指すのであれば，詳細な資料や手順は必須ではない。ただし，接続期カリキュラム配布の際には，機会を設けて各保育所・幼稚園・認定こども園・小学校の自律性に期待するという意図を説明することが必要である。いずれを選択するにせよ重要なことは，接続期カリキュラムの具現化の程度は行政支援の在り方が反映されるものであることを理解した上で，どのような行政支援を目指しているのかという指針について接続期カリキュラムの実践者である保育士・幼稚園教諭・小学校教諭に伝えることである。

　本章では，接続期カリキュラム未作成の地方自治体と接続期カリキュラムを作成した地方自治体の両方を対象として，接続期に育てたい子どもの力，接続期の始期と終期，カリキュラム作成手順，行政支援の在り方に関する保幼小連携担当者の認識を示した。次の第9章では，アプローチカリキュラムとスタートカリキュラムから構成される接続期カリキュラムとそれを作成した地方自治体の保幼小連携の方針について分析を行う。

第9章　地方自治体の特色ある
接続期カリキュラムの分析（研究7）

9.1　目的

　保幼小の連携への取り組みとして，地方自治体レベルの接続期カリキュラムの開発が進められている（木村・茅野市教育委員会，2016）。幼児期の教育から児童期の教育への移行の時期を接続期ととらえ，異なる環境へと移行する子どもや保護者の不安に対応し，新しい環境での生活に対処していく子どもの力を育成するためのカリキュラムが接続期カリキュラムである。接続期カリキュラムを開発することにより，移行期において特に大切にしたい子どもの力を保育者と小学校教諭が共有することができ，実践者が子どもと直接接していない時期に子どもの成長のために準備された環境や援助についても知ることができる。

　第7章ではカリキュラム開発に着手している7地方自治体の事例の分析によって，接続期カリキュラムの開発のためには保幼小の実践者間に相互理解が高まっていることと，地方自治体が各学校・園（所）の連携プランをとりまとめるリーダーシップを発揮していることが必要であることを明らかにした。次に，第8章では接続期カリキュラム未作成の地方自治体と接続期カリキュラムを作成した地方自治体の両方を対象として，接続期に育てたい子どもの力，接続期の始期と終期，カリキュラム作成手順，行政支援の在り方に関する保幼小連携担当者の認識を示した。

　地方自治体は地域の特性に応じて育てたい子ども像を設定し，その子ども像に向けて重点的に育てたい子どもの力を接続期カリキュラムの中で定めている。アプローチカリキュラムとスタートカリキュラムから構成される接続

期カリキュラムを作成した地方自治体とは，保育士・幼稚園教諭・小学校教諭と地方自治体の保幼小連携担当者が子どもの育ちについて共通した理解を持つ仕組みが構築されているということである。そのような地方自治体が接続期に重点的に育成すべきものとして選択した子どもの力の在り方を分析することで，質の高い接続期の保育や教育への示唆が得られると考えられる。

　本章では，アプローチカリキュラムとスタートカリキュラムから構成される接続期カリキュラムを作成した地方自治体のみを対象として保幼小連携担当者の接続期カリキュラムに対する認識と作成された接続期カリキュラムに示された育てたい子どもの力を分析する。

　重視される子どもの力及び子どもの力を育成するための手立てに関して，各接続期カリキュラムにおいて中核となる要素には共通点がみられると同時に，地方自治体の教育プランや地域の要望などにより，独自要素も盛り込まれていると予想される。そこで本章では，接続期カリキュラムの中で重視されている子どもの力の共通点・相違点の内容を明らかにする。

9.2　方法

9.2.1　対象と手続き

　接続期のカリキュラム開発に関する資料の提供を得た上，接続期カリキュラム開発に関する質問への回答を得た4地方自治体（高松市・江東区・品川区・台東区）が作成している接続期カリキュラムに関する冊子及び質問紙への回答を分析対象とした。

　分析の対象とした質問紙調査は，市及び区の保幼小連携担当部署に調査を依頼して実施された。調査実施期間は2012年3月であった。

　分析の対象とした接続期カリキュラムは，2011年に高松市・高松市教育委員会によって作成された「高松っ子いきいきプラン」，2012年に江東区教育委員会によって作成された「江東区保幼小連携教育プログラム（別冊）〜『江東のこどもたち』の育ちをつなぐ〜」，2010年に品川区によって作成され

た「〜保幼小ジョイント期カリキュラム〜しっかり学ぶしながわっこ」，
2011年に台東区教育委員会によって作成された「台東区幼児教育共通カリキュラム　ちいさな芽」であった。

9.2.2　調査項目

　接続期カリキュラム開発に対する保幼小連携担当者の認識を把握するための設問として，１．アプローチカリキュラムの内容として幼児期に重要な力，２．スタートカリキュラムの内容として児童期に重要な力，３．接続期の始期と終期，４．接続期カリキュラム作成手順，５．行政支援の在り方，６．接続期カリキュラムの特徴・編成時に大事にしたことの６項目を設定した（Table 9-1，資料３）。設問の選択肢は，文部科学省（2010）や９地方自治体の接続期カリキュラムに関する冊子（第６章の分析対象）のカリキュラム編成方針と実例を参考に作成した。

　設問１は11の選択肢のうち，重要と思われる順に３つの子どもの力を選択するよう求めた。11の子どもの力とは，(a)生活習慣としての時間通りの起床や整理整頓，(b)相手に分かるように話す力や落ち着いて話を聞く力，(c)生活や遊びのルールを守るなどの規範意識，(d)友だちと関わり協力する力，(e)知的好奇心や学習への意欲，(f)主体的に選択したり実行したりする力，(g)数や量への関心，(h)かなのよみかきなどへの関心，(i)起床時間や食事時間などの生活リズム，(j)小学校の生活についての具体的な期待，(k)その他である。

　設問２は11の選択肢のうち，重要と思われる順に３つの子どもの力を選択するよう求めた。11の子どもの力とは，(a)生活習慣としての時間通りの起床や整理整頓，(b)相手に分かるように話す力や落ちついて話を聞く力，(c)生活や遊びのルールを守るなどの規範意識，(d)友だちと関わり協力する力，(e)知的好奇心や学習への意欲，(f)主体的に選択したり実行したりする力，(g)数や量に関する学習習慣，(h)かなのよみかきなどの学習習慣，(i)授業時間に合わせた生活リズム，(j)幼児期と異なる環境に対する子どもの安心感，(k)その他

Table 9-1　質問項目

1.　アプローチカリキュラムの内容として重要な力
⒜生活習慣としての時間通りの起床や整理整頓
⒝相手に分かるように話す力や落ち着いて話を聞く力
⒞生活や遊びのルールを守るなどの規範意識
⒟友だちと関わり協力する力
⒠知的好奇心や学習への意欲
⒡主体的に選択したり実行したりする力
⒢数や量への関心
⒣かなのよみかきなどへの関心
⒤起床時間や食事時間などの生活リズム
⒥小学校の生活についての具体的な期待

2.　スタートカリキュラムの内容として重要な力
⒜生活習慣としての時間通りの起床や整理整頓
⒝相手に分かるように話す力や落ち着いて話を聞く力
⒞生活や遊びのルールを守るなどの規範意識
⒟友だちと関わり協力する力
⒠知的好奇心や学習への意欲
⒡主体的に選択したり実行したりする力
⒢数や量に関する学習習慣
⒣かなのよみかきなどの学習習慣
⒤授業時間に合わせた生活リズム
⒥幼児期と異なる環境に対する子どもの安心感

3.　接続期の始期と終期
⒜月や学期により区切りを設定する。始期は保育所・幼稚園・認定こども園年長10月から３月までの間とし，終期は小学校入学から１学年１学期までの間とする
⒝月や学期により区切りを設定する。始期は保育所・幼稚園・認定こども園年少から年長10月までの間とし，終期は小学校１学年１学期以降の時期とする
⒞月や学期による区切りではなく，子どもの発達に大きな変化が生じると思われる時期や行事を区切りとして設定する

4.　接続期カリキュラムの作成手順
⒜接続期カリキュラムとしてアプローチカリキュラムとスタートカリキュラムを同時に編成する
⒝スタートカリキュラムを編成し，それを足がかりにしてアプローチカリキュラムの編成へとつなげる
⒞アプローチカリキュラムを編成し，それを足がかりにしてスタートカリキュラムの編成へとつなげる

5.　行政支援の在り方
⒜自治体が接続期カリキュラムの中で基準は示すが，実践についてはそれぞれの保育所・幼稚園・認定こども園・小学校に任せるほうがよい
⒝自治体が接続期カリキュラムを編成した上で，実践の方法についても自治体全体に共通する方向づけを図るほうがよい
⒞自治体は接続期カリキュラム編成・実践のすべてを各学区の保育所・幼稚園・認定こども園・小学校に任せるほうがよい
⒟（小学校入門期スタートカリキュラムの方向づけは考えていないが），就学前のアプローチカリキュラムは保育所・幼稚園・認定こども園合同で編成する必要があり，自治体共通に方向づける必要がある

6.　接続期カリキュラムの特徴・編成時に大事にしたこと

である。

　設問3は4つの選択肢から，接続期の始期と終期の選択肢を選択するよう求めた。4つの選択肢とは，(a)月や学期により区切りを設定する。始期は保育所・幼稚園・認定こども園年長10月から3月までの間とし，終期は小学校入学から1学年1学期までの間とする，(b)月や学期により区切りを設定する。始期は保育所・幼稚園・認定こども園年少から年長10月までの間とし，終期は小学校1学年1学期以降の時期とする，(c)月や学期による区切りではなく，子どもの発達に大きな変化が生じると思われる時期や行事を区切りとして設定する，(d)その他である。

　設問4は3つの選択肢から，接続期カリキュラムの作成手順を選択するよう求めた。3つの選択肢とは，(a)接続期カリキュラムとしてアプローチカリキュラムとスタートカリキュラムを同時に編成する，(b)スタートカリキュラムを編成し，それを足がかりにしてアプローチカリキュラムの編成へとつなげる，(c)アプローチカリキュラムを編成し，それを足がかりにしてスタートカリキュラムの編成へとつなげる，である。

　設問5は4つの選択肢から，行政支援の在り方を選択するよう求めた。4つの選択肢とは，(a)自治体が接続期カリキュラムの中で基準は示すが，実践についてはそれぞれの保育所・幼稚園・認定こども園・小学校に任せるほうがよい，(b)自治体が接続期カリキュラムを編成した上で，実践の方法についても自治体全体に共通する方向づけを図るほうがよい，(c)自治体は接続期カリキュラム編成・実践のすべてを各学区の保育所・幼稚園・認定こども園・小学校に任せるほうがよい，(d)（小学校入門期スタートカリキュラムの方向づけは考えていないが），就学前のアプローチカリキュラムは保育所・幼稚園・認定こども園合同で編成する必要があり，自治体共通に方向づける必要がある，である。

　設問6に対しては自由記述によって回答するよう求めた。

9.2.3　分析のための手続き

　接続期カリキュラムに関する質問紙への回答について，接続期カリキュラムの作成の方針の観点から分析を行った。また，接続期カリキュラムについて，接続期カリキュラムの位置づけ，接続期カリキュラムの特徴，接続期カリキュラムで育てたい能力の観点から分析を行った。

　接続期カリキュラムで育てたい能力については，第8章において地方自治体の保幼小連携担当者からアプローチカリキュラムとスタートカリキュラムの内容として重要な力として上位に挙げられた規範意識，人と関わる力，生活習慣に関して，4地方自治体の接続期カリキュラムに記載されている具体的な記述の内容の共通要素と独自あるいは強調されている要素を抽出した。

9.2.4　人口・労働力人口・就学前施設及び小学校の設置数

　4地方自治体の人口・労働力人口・就学前施設及び小学校の設置数は以下のようなものであった。人口及び労働力人口の統計値はいずれも2010年国勢調査によるものである。

　高松市は人口419,429人（0-14歳57,943人，15-64歳255,599人，65歳以上93,667人）の市である。男性の労働力人口は116,213人（就業者107,655人，完全失業者8,558人），非労働力人口は42,662人であった。女性の労働力人口は88,117人（就業者83,602人，完全失業者4,515人），非労働力人口は89,733人であった。

　就学前施設の設置数は保育所74園（私立38・公立33），幼稚園48園（私立22・公立25・附属1），認定こども園11園（私立6・公立5），小学校数は51校（私立1・公立49・附属1）であった。

　江東区は人口460,819人（0-14歳55,555人，15-64歳317,191人，65歳以上88,073人）の区である。男性の労働力人口は144,976人（就業者135,529人，完全失業者9,447人），非労働力人口は34,139人であった。女性の労働力人口は104,141人（就業者98,745人，完全失業者5,396人），非労働力人口は81,709人であった。

　就学前施設の設置数は保育所164園（私立61・公立32・公設民営12・認証59），

幼稚園31園（私立11・公立20），認定こども園 3 園（私立 3・公立 0），小学校数は45校（私立 0・公立45）であった。

　品川区は人口365,302人（0-14歳35,993人，15-64歳254,692人，65歳以上69,850人）の区である。男性の労働力人口は108,733人（就業者102,478人，完全失業者6,255人），非労働力人口は26,403人であった。女性の労働力人口は84,152人（就業者80,268人，完全失業者3,884人），非労働力人口は60,441人であった。

　就学前施設の設置数は保育所101園（私立36・公立39・公設民営 2・認証24），幼稚園27園（私立18・公立 9），認定こども園 6 園（私立 2・公立 4），小学校数は39校（私立 2・公立37）であった。

　台東区は人口175,928人（0-14歳15,067人，15-64歳117,000人，65歳以上40,720人）の区である。男性の労働力人口は52,113人（就業者48,964人，完全失業者3,149人），非労働力人口は12,021人であった。女性の労働力人口は38,451人（就業者36,774人，完全失業者1,677人），非労働力人口は24,913人であった。

　就学前施設の設置数は保育所37園（私立16・公立11・認証10），幼稚園17園（私立 7・公立10），認定こども園 3 園（私立 0・公立 3），小学校数は19校（私立 0・公立19）であった。

9.3　結果と考察

9.3.1　接続期カリキュラム作成の方針

　接続期カリキュラム開発に対する保幼小連携担当者の認識を Table 9-2 に示した。

　接続期カリキュラムで重視される子どもの力として，幼児期においては友だちと関わり協力する力，児童期においては安心感が 4 地方自治体のうち 3 地方自治体に選択されていた。接続期カリキュラムで重視されている子どもの力には異なる面もあり，学習への意欲（台東区），規範意識（江東区，品川区），主体性（高松市）に力点を置いているかどうかに違いがみられた。幼児期と児童期で同じ子どもの力を重視しているかという点については，1 つの

Table 9-2　接続期カリキュラム作成の方針

	高松市	江東区	品川区	台東区
アプローチ カリキュラム で重要な力	主体性 話す力聞く力 友だちと関わる力	友だちと関わる力 規範意識 主体性	生活習慣 規範意識 主体性	友だちと関わる力 生活習慣 学習への意欲
スタート カリキュラム で重要な力	安心感 主体性 友だちと関わる力	安心感 学習への意欲 規範意識	安心感 話す力聞く力 規範意識	
接続期	年長10月〜 　　　1年1学期	年長4月〜 　　　1年7月	年長10月〜 　　　1年1学期	年長10月〜 　　　1年1学期
作成手順	両方を同時に作成	両方を同時に作成	両方を同時に作成	両方を同時に作成
行政支援の在り方	自治体は基準を 方向づけ	自治体は基準を 方向づけ	自治体は基準・実 践ともに方向づけ	自治体は基準を 方向づけ

力が共通している地方自治体が2，2つの力が共通している地方自治体が1，3つの力が共通している地方自治体が1であった。ここから，接続期カリキュラムがアプローチカリキュラムとスタートカリキュラムに分かれていても，移行期を対象とするカリキュラムとして統一が図られていることがわかる。

　接続期の始期と終期に関しては，3地方自治体が年長の10月から小学校1学年の1学期までとしており，残りの1地方自治体は年長の4月から小学校1学年の7月としていた。

　カリキュラム作成手順に関しては，4地方自治体ともアプローチカリキュラムとスタートカリキュラムを同時に作成するとしていた。

　行政支援の在り方として，カリキュラムの基準のみ地方自治体が方向づけを行う方針と回答したのは3地方自治体であった。これに対して，カリキュラムの基準だけではなく，実践についても地方自治体が方向づけを行う方針と回答したのは1地方自治体であった。

　接続期カリキュラムの特徴・編成時に大事にしたことに関して，高松市からは，「高松っ子の課題（乳幼児と小学生，保護者）を踏まえ，就学までに高松の子どもに育てたい力を明らかにし，4つの視点を設けた」ことと，「視点

別の0歳から小学校1年生までの発達の連続性」が挙げられた。

　江東区からは，編成時に大事にしたこととして，「公私立，保育所・幼稚園の種別に捉われない『江東のこどもたち』の視点をもち包括的な連携を推進していくことから，より実践的な取り組みを促すことを目的とすること」，「連携教育推進に向けた体制づくりや取り組みの第一歩を示す指針となるものであること」，「実効性を高めるための保育士・教員用の実践用ツールとして役立つものであること」が挙げられた。また，特徴として「より実効性を高めていくために，それぞれの保育所，幼稚園，学校での共通的な運用事項を定めた」ことが挙げられ，「連携協力校（園・所）のグループ化」，「連携教育担当の設置」，「グループ連絡会の開催」，「江東区連携の日」，「実践報告書の提出」の5つの運用事項が示された。

　品川区からは，「幼児期の教育と小学校の教育の違いを踏まえ，『学びの芽』をはぐくみ，保幼小のジョイント期を『のりしろ部分』とし，丁寧に指導する」，「3つの育てたい力と10項目を示し，バランス良く伸長させる」，「保幼での経験を生かした小学校での指導を工夫する」，「交流活動の充実や家庭への啓発（実践事例，指導計画，資料編等の掲載により，活用を促す）」ことが挙げられた。

　台東区からは，「幼稚園・保育所・こども園それぞれの職員が策定に参画し，それぞれの立場や思いが十分に反映されるものを作った」ことが挙げられた。

　以上のことから，接続期カリキュラムは保育所・幼稚園・認定こども園・小学校の実践者が編成に参加し実践することを目指して作成されていること，地域での課題とニーズを反映すると同時に子どもの普遍的な発達を踏まえたものとして作成されていることがわかる。

9.3.2 接続期カリキュラムの位置づけ

⑴ 高松市

　高松市の「高松っ子いきいきプラン」は，2010年に高松市・高松市教育委員会によって策定された「高松市教育振興基本計画」と2005年に高松市によって策定された「高松市子ども未来計画」を踏まえ，2010年に香川県教育委員会が策定した「香川県幼児教育振興プラン」，2009年に高松市健康福祉部保育課が策定した「高松市保育所における質の向上のためのアクションプログラム」とも整合性をとりながら作成された。

　「高松市教育振興基本計画」は，2010年に計画期間を2010年からの6年間とし，学校教育を中心とした高松市の教育の目指すべき方向とその実現に必要な施策を示すものとして策定された。この基本計画では「確かな学力と豊かな心をはぐくみ夢にむかってたくましく生きる人づくり」が基本理念とされ，「学校教育の充実」，「学校教育環境の整備」，「家庭教育の向上」，「青少年の健全育成」，「子どもの安全確保」の5つの基本目標が定められた。「学校教育の充実」を実現する具体的な19の施策の1つに「就学前教育の充実」があり，そのために幼稚園と保育所の連携による保護者の相談の機会増加・子育て支援の充実，保育所・幼稚園・小学校の連携や交流の機会の充実，幼稚園教員免許と保育士資格の併有率の増加・保小人事交流・保小共通のカリキュラム作成などの施策が示された。

　「高松市こども未来計画」は，2005年に2005年からの5年間を計画期間とし，高松市の少子化対策・子育て支援に関する施策・事業を推進する指針として策定された。この行動計画では「高齢者や障害者，未来を担う子どもたち，事業を営む者など，都市に生きる様々な立場の『人』にとって『やさしいまち』づくり」が基本理念とされ，「次世代の高松を担う子どもが健やかに生まれ育つ環境づくり」が基本目標とされた。そして，「家庭・地域における子育て支援」，「子育てと仕事の両立支援の推進」，「子育てを支援する生活環境の整備」，「子どもの心身の健やかな成長に資する教育環境の整備」，

「子育てに伴う負担の軽減」の5つの施策の基本的方向が定められた。「子どもの心身の健やかな成長に資する教育環境の整備」の5つの施策の内容の1つに「『生きる力』を育てる学校教育の推進」があり，「『生きる力』の育成を支える学校と地域との連携の強化や就学前教育（幼稚園教育）の充実を図る」ことがその基本方針の1つとして挙げられた。

(2) 江東区

「江東区保幼小連携教育プログラム（別冊）〜『江東のこどもたち』の育ちをつなぐ〜」は，2009年に策定された「江東区基本構想」と2010年に策定された「江東区長期計画」を踏まえて策定された「教育推進プラン・江東」の方針に基づき作成された。

「教育推進プラン・江東」は，2011年に2011年度からの10年間の江東区の目指す教育とその実現のための施策や事業を総合的かつ体系的にまとめたものとして策定され，江東区の教育振興基本計画として位置づけられた。この教育推進プランは，「確かな学力・豊かな人間性・健やかな体の育成」，「安心して通える楽しい学校（園）づくりの推進」，「地域や教育関係機関との連携による教育力の向上」，「教育を支える健全で安全な社会環境づくり」の4つの柱で構成された。

「教育推進プラン・江東」の重点プロジェクトの一環として，小1プロブレム対策である小1支援員の期間を延長し学校での生活習慣を定着させる「幼小中連携教育の推進」，公私立の垣根を越えた保育所・幼稚園の連携を推進し小学校への円滑な接続を体系づける「就学前教育の充実」の計画が示された。

(3) 品川区

「〜保幼小ジョイント期カリキュラム〜しっかり学ぶしながわっこ」は，2009年に設置された保幼小連携の推進に関する検討委員会により作成され

た。このジョイント期カリキュラムは，2008年に作成された0歳から小学校入学までの保育教育課程のモデルである乳幼児教育プログラムの「のびのび育つしながわっこ」の内容を踏まえて作成された。

　教育施策としては，2009年に2009年度から10年間を計画期間として策定された「品川区長期基本計画」の中で，子育て・教育分野において「子育ち，親育ちを支援する」，「学校教育の充実を図る」，「次世代を担う青少年を育成する」，「平和で人権が尊重される社会をつくる」の4つの基本方針が定められた。この基本計画では，就学前の時期には専門講師による指導や保育課程の作成と研修の充実などの「乳幼児教育の充実」，就学前から児童期にかけては「保幼小連携事業」，児童期以降の時期には「小中一貫教育の推進」の計画が示された。また，学校教育の充実については，品川区教育委員会によって教育改革の基本方針として策定された「プラン21」を通して，学校経営の改善や教員の意識改革・資質向上を図り，小中一貫教育等を推進し教育目標を達成するとされた。

⑷　台東区

　「台東区幼児教育共通カリキュラム　ちいさな芽」は，2004年に策定された「台東区基本構想」と2001年に策定された「台東区教育ビジョン」を踏まえ，「台東区次世代育成支援地域行動計画（後期計画）」の方針に基づき作成された。

　「台東区次世代育成支援地域行動計画（後期計画）」は，2010年に2010年度からの5年間を計画年度とし，子育て支援施策の方向性や目標を総合的に定めるものとして策定された。この行動計画では「子どもたちの笑顔にあふれ，にぎわいと活力のまち・たいとう～子どもの育ちを喜び，見守るまちを目指して～」が基本理念とされ，「安心して子どもを生み健やかに育てられる環境を整備する」，「子どもの健全な成長の場を提供する」，「子育て家庭のニーズに合わせて支援する」，「子どもが安全に育つ環境をつくる」の4つの

基本目標が定められた。

「子どもの健全な成長の場を提供する」ための6つの施策の1つに「就学前教育の充実」があり，幼児教育共通カリキュラムの作成や幼稚園・保育園・こども園・小学校連絡協議会の設置，出前教育委員会などの計画が示された。

(5)　まとめ

以上の4地方自治体の接続期カリキュラムの位置づけをみると，これらの地方自治体の教育施策の方針には就学前教育の充実が含まれており，就学前教育の成果が児童期に入ってどのような子どもの姿として結実しているのかを振り返ることで保幼小連携という発想につながっていったと考えられる。そして，小学校低学年の時期に子どもの行動上の課題がみられるのだとすれば，それは小学校の教育の課題ととらえるのではなく就学前教育も含めた教育の課題としてとらえるという考え方が地方自治体内で共有されていることが推測される。

9.3.3　接続期カリキュラムの特徴

(1)　高松市

育てたい子どもの力　乳幼児の課題が「生活習慣」，「自制心」，「コミュニケーション能力」，「遊び・体験」であり，小学1年生の課題が「生活習慣」，「自制心」，「コミュニケーション能力」，「社会的ルール体験」であることと，子育て家庭の実態と家庭を取り巻く状況を踏まえて，就学までに育てたい子どもの力は「生活に必要な習慣（基本的生活習慣・生活リズム・食習慣）」，「豊かに感じる心の育成（感性・表現力）」，「主体的に環境にかかわり遊びこむ力（好奇心・探究心・思考力）」，「人とかかわる力（自己発揮と自己抑制のバランスのとれた自律性・自尊感情・コミュニケーション能力・協同性）」，「道徳性・規範意識」，「しなやかで健康な体つくり（体力・身体調整力・挑戦意欲・

ねばり強さ・危険回避能力）」とされた。これらの力から，「基本的な生活習慣」，「身近な環境とのかかわり」，「人とのかかわり」，「しなやかで健康な体つくり」という4つの視点が設定され，この4つの視点別に0歳から小学1年生までの共通カリキュラムが作成された。

カリキュラムの構成要素　共通カリキュラムには，0歳児・1歳児・2歳児・3歳児・4歳児・5歳児（-12月）・接続期前期（5歳児1-3月）・接続期後期（1年生4-7月）・1年生（8月-）のそれぞれの時期における視点別の「ねらいと内容」，「環境構成（状況づくり）と援助のポイント」が記述された。また，4つの視点別に0歳から6歳までの「基本的な発達過程の流れ」が記載された。

カリキュラム活用の方針　子どもにとって望ましい教育・保育内容の充実のために，(1)生きる力の基礎を培う教育・保育内容の充実，(2)特別支援教育の推進，(3)小学校との交流・相互連携の推進，(4)幼稚園・保育所・一体化施設の交流・相互連携の推進，(5)子ども理解と保育の評価，幼稚園・保育所・一体化施設内外における研修機会の充実，保育者の協力体制の充実等を通した職員の資質向上の推進，の具体的方策が示された。共通カリキュラムは生きる力の基礎を培う教育・保育内容の基本的な方向性を示すものとして作成された。

(2) 江東区

育てたい子どもの力　幼児期に身に付けさせたい「生きる力」の基礎は「健康・体力につながる健康な心と体」，「豊かな人間性につながる人とのかかわり」，「確かな学力につながる体験に基づく学び」とされた。また，幼児期に子どもの発達に応じて体験させたい内容の視点として，保育所保育指針と幼稚園教育要領に示された「健康」の領域から「基本的な生活習慣」「運動」，「人間関係」の領域から「協同」「信頼」「規範」，「環境」の領域から「思考」，「言葉」の領域から「言葉」，「表現」の領域から「創造」が設定さ

れた。

カリキュラムの構成要素　接続期カリキュラムには，進級期（年長組4-5月），充実期（年長組6-12月），移行期（年長組1-3月），入学期（小学校1年4-7月）のそれぞれの時期の「ねらい」，「こどもが経験する内容」，「配慮点」，「交流活動の例」が記述された。また，「0歳児〜小学校1年生のこどもの発達の特徴と育ちのすがた」，「交流活動の具体例」が記載された。

カリキュラム活用の方針　円滑な連携を図るために，⑴初めて交流を試みようとする時や，組織として実践に取り組む場合のパートナー校・園（所）として連携協力校（園・所）をグループ化，⑵各施設における連携教育担当者の設置，⑶グループ内で情報交換や実践計画の立案のためのグループ連絡会を開催，⑷連携の実践日を設定，⑸年度末に連携実践の活動内容を教育委員会（保育課）へ報告，の運用事項を定めた。

⑶　品川区

育てたい子どもの力　保育園・幼稚園の年長児の10月頃から小学校1年生の1学期頃までを「ジョイント期」とし，「ジョイント期」に育てたい子どもの力を「生活する力（環境の変化に適応する力，身辺自立や生活習慣等に関する力）」，「かかわる力（様々な人とかかわりあいながら自己を発揮し，共に生活をつくりだす力）」，「学ぶ力（小学校以降の学習の基礎となる興味・関心や意欲，能力等）」の3観点からとらえた。「生活する力」は「保育室・教育環境」「一日の生活時程」「身の回りの始末」「食事・排泄」の4項目，「かかわる力」は「規範意識」「聞く・話す・伝え合う」「友達との関係づくり」「学級の一員としての担任との関係」の4項目，「学ぶ力」は「学びの芽生え」「運動・表現」の2項目から構成された。

カリキュラムの構成要素　ジョイント期カリキュラムは保育園・幼稚園編と小学校編に分けられ，10項目ごとに，「小学校での活動の状況や課題（小学校編では「保育園・幼稚園での活動の状況や課題」）」，「小学校へつながる保

育・教育活動（小学校編では「保育園・幼稚園での経験をいかした指導の工夫」），「指導開始の時期」が記述された。また，実践ガイドとして，保育園・幼稚園編では10項目ごとに「発達の姿」，「指導のねらい」，「展開」，「経験する内容」，「保育園・幼稚園での経験をいかした指導の工夫」が示された実践事例が記載された。小学校編では小学校入門期における１週間ごとの指導のポイントが記載された。さらに，交流活動実践事例や教室・保育室環境（保育園・幼稚園），教室環境（小学校）が記載された。

　カリキュラム活用の方針　カリキュラム活用の方針として，⑴乳幼児期の保育・教育活動の充実，⑵３つの力をバランスよく伸長させる，⑶保育園・幼稚園での経験を生かした小学校での指導の工夫，⑷交流活動の充実や家庭への啓発，が提案された。ジョイント期カリキュラムを有効に活用するために，カリキュラムには実践事例や指導計画，事例の写真などの資料が掲載された。

⑷　台東区

　育てたい子どもの力　子どもたちに身に付けさせたい３つの力は「健康な心と体で生活できる力」，「相手や状況が分かり，楽しく活動し，協力できる力」，「自分で考え，意欲的に遊び，学べる力」とされ，「生活」，「人とのかかわり」，「学び」の３つの柱が設定された。また，幼児教育共通カリキュラムで重視する内容を「規範意識の芽生えの育成」，「こころざし教育」，「食育」，「体力の向上」，「生活習慣・学習習慣の共通化・段階化」，「地域財産等の活用」としていた。

　カリキュラムの構成要素　幼児教育共通カリキュラムには，５歳児（10-12月）・５歳児（1-3月）・１年生（4-5月）・１年生（6-7月）のそれぞれの時期の年間指導計画が示された。３つの柱の観点から，「ねらい」，「内容」，「環境・援助（１年生では「指導・環境（配慮事項）」）」，「保育・教育資料（例）（１年生では「段差を乗り越えるための具体的な取組（例）」）」が記述され，「幼・

保・こ・小の連携のねらいと交流例」，「保護者・地域との連携のねらいと連携例，地域財産等の活用例」も記述された。また，実践で活用可能な事例集として，保育事例，幼児・児童の交流事例，保育士・教員と小学校教員の連携・交流事例，保護者との連携・理解啓発事例，小学校入門期の生活習慣・学習習慣，小学校入門期の最初の2週間の指導計画例，保護者との連携・理解啓発事例が記載された。さらに実践で活用できる資料集も記載された。

　カリキュラムの活用の方針　幼児教育共通カリキュラムの推進にあたり，(1)家庭における保育・教育の充実，(2)豊かな学びを保障する（特別支援教育の視点からの配慮），(3)保育・教育の適正な評価と保護者への情報提供，(4)保育士・教員，小学校教員の資質向上，(5)私立幼稚園・保育園・こども園などとの連携，(6)カリキュラムの継続的な検証と改善，が提案された。

　(5)　**まとめ**

　以上の4地方自治体の接続期カリキュラムの特徴をみると，育てたい子どもの力は，生活習慣・身辺自立に関するもの，他者とのコミュニケーションに関するもの，主体的・自発的な表現や遊びなどの体験に関するものであった。接続期カリキュラムは，視点・観点別にみた子どもの姿と年齢別に見た子どもの姿を重ね合わせて子ども像を理解できるよう構成されていた。接続期カリキュラムの活用方針には，カリキュラムを活用した保育・教育の充実と連携の推進，カリキュラムを活用した保育・教育の評価，保護者・地方自治体連携担当部署に対する実践の活動内容の報告が含まれていた。

9.3.4　接続期カリキュラムで育てたい能力

　規範意識・人と関わる力・生活習慣に関して，4地方自治体の接続期カリキュラムに記載されている具体的な記述をみると，共通している要素がみられると同時に質の異なる要素がみられた。記述内容の共通要素と独自あるいは強調されている要素を Table 9-3 に示した（以下では，共通している部分を

Table 9-3　接続期カリキュラムで育てたい能力の特徴

	高松市	江東区	品川区	台東区
規範意識の 共通要素	友達との遊びや共同生活の中でルールのある遊びを楽しむ			
	ルールを守って生活する			
規範意識の 独自の要素・強調 されている要素	ルールのある活動 としての体を動か す遊びや運動	活動にあわせたル ールの変更・状況 に応じた行動の決 定	市民科学習と連動 させたあいさつや ルールの順守	ルールを守らない ことによる気持ち の変化への気付き
人と関わる力の 共通要素	目的をもって友達と協力し，やり遂げた喜びを経験する			
	友達のよさや気持ちに気付く			
人と関わる力の 独自の要素・強調 されている要素	友だちへの感謝の 気持ち	友人関係における 信頼感	学級担任との親和 的な関係の中で， 学級の活動を行う	年齢や文化の異な る他者への親しみ
生活習慣の 共通要素	時間を意識して生活の見通しを持つ			
	身の回りの整理整頓の必要性がわかり自分でやろうとする			
生活習慣の 独自の要素・強調 されている要素	自分の健康に関心 を持ち，進んで病 気の予防に必要な 活動を行う	健康・体力につな がる基本的な生活 習慣	保育室・教育環境 の変化への適応	食材や調理する人 への感謝の気持ち

下線，独自あるいは強調されている要素を二重下線で示した）。

(1)　**規範意識**

　規範意識として，高松市は，「友達と一緒に体を十分に動かして，ルールのある遊びや集団遊びを楽しむ」，「身近な環境（学校や地域）に好奇心や探究心をもって積極的にかかわり，ルールやマナーを知る」，「簡単なきまりや活動を工夫して，新しい集団で，仲よく運動する」などを挙げていた。江東区は，「友達とのかかわりの中でルールを理解し守って遊ぶ楽しさを味わう」，「よいことや悪いことを自分で考えて行動する」，「活動に合わせルールを考えたり変えたりしながらそれを守って進める」，「今は何をすべきかを自分なりに判断し，状況に応じた行動をしようとする」（Figure 9-1）などを挙げていた。品川区は，「園のルールを守りながら，生活する」，「してはいけないことを自分で判断する」，「周りの人に目を向け，すすんであいさつをす

②5歳児年長組から小学校入学期への接続期カリキュラム

生きる力の基礎となる「健康な心と体」「人とのかかわり」「体験に基づく学び」の3つの項目について，発達や学びが連続することに視点をあてた年長組の4月から小学校1年生の7月までのカリキュラムである。

		進級期	充実期	移行期	入学期
		4月～5月	6月～12月	1月～3月	4月～7月
ねらい		○新しい環境に自分からかかわり，いろいろな遊びに取り組む。 ○自分のやりたい遊びをしたり友達や保育者とのかかわりを楽しんだりしながらクラスのつながりを感じる。 ○年長児としての自覚をもち生活の仕方がわかり進んで行う。	○身近な環境に触れ，自分なりの目的をもち，試したり，考えたりしながら遊ぶ。 ○友達とのつながりを深め，思いを伝えながら遊びを進める。 ○みんなでする活動を楽しみながら，友達のよさに気付き，様々な友達への親しみを広げる。 ○共通の目的に向かって，工夫や協力，分担などをしながら遊びに取り組み，達成感を味わう。	○思いや考えを様々な方法で表現し，いろいろな活動に楽しんで取り組む。 ○友達と過ごす喜びを味わい，自分たちで生活を進め充実感を味わう。 ○先生や友達，保護者と心身の成長を喜び合い，就学への期待をもつ。	○1年生になった喜びと自覚をもち，意欲的に学習や生活に取り組む。 ○各教科の学習に興味・関心をもって取り組む。 ○学校生活のルールや生活の仕方を理解し，自分のことは自分ですることができる。 ○自分の思いや考えを言葉でわかりやすく伝えることができる。
〔健康な心と体〕の経験する内容	基本的な生活習慣	○衣服の着脱など自分で気付いて調整する。 ○手洗いうがいなど，必要に応じて自分から行う。 ○新しい場での生活の仕方や片付け方を知ったり1日の生活が分かって行動したりする。	○所持品の整理や片付けを進んで行う。 ○共同のものの片付けの必要性を感じ，自分から片付けようとする。 ○1日の園生活の流れに見通しをもち，友達と声を掛け合って行動する。	○身の回りの整理や片付けの必要性が分かり，協力して進んで行う。 ○時間を意識しながら生活に見通しをもち，場や状況に応じた行動をとる。	○自分がやらなければならない勉強や仕事は進んでやろうとする。 ○小学校での基本的な約束を知り，守って生活する。 ○自分の身の回りの整理整頓を自分から進んで行う。
	運動	○すすんで戸外に出て，友達と体を動かして遊ぶ心地よさやルールのある遊びの楽しさを感じる。	○友達と一緒に遊びのルールを確かめたり工夫したりして，体を動かす遊びを十分に楽しむ。 ○遊具や用具，遊びに使う場所など安全に気を付けて遊ぶ。	○友達と積極的に体を動かす運動に取り組み，競い合う楽しさやルールをつくって自分達で遊び充実感を味わう。	
〔人とのかかわり〕の経験する内容	協同	○年長になったことを喜び合い，友達と一緒に遊ぶ楽しさや友達とのつながりを感じる。 ○友達の考えを聞いたり自分の考えや発見などを話したりして伝え合ううれしさを感じる。	○クラスや同年齢の友達，保育者と一緒に，目的に向かって活動を進め，気持ちを合わせる心地よさややり遂げた満足感を味わう。 ○グループの友達と共通の目的に向けて遊ぶ中で，一緒に進めていく楽しさややり遂げた達成感を味わう。	○クラスや学年の友達とみんなでする楽しさが分かり，友達との連帯感を感じながら自分の力を発揮する。 ○共通の目的や課題に向かって，友達と一緒に力を合わせてやり遂げる喜びを味わう。	○友達と一緒に学ぶ楽しさを知り，考えたことや感じたことを先生や友達に話したり，友達の意見を取り入れたりする。 ○互いの意見をよく聞いたり，気遣ったりして，仲よく助け合って話し合いを進める。
	信頼	○年下のこどもに対して親しみの気持ちをもって接したり，世話をしたりする中で年長児としての自覚をもつ。 ○友達の動きや言葉を感じとりながら行動する。	○自分の力を発揮し，友達のよさに気付いたり認めたりしながら遊ぶ。 ○自分の考えと相手の考えの違いに気付き，相手の立場に立って，考えたり行動したりしようとする。	○自分の感じたことや考えたことを友達に分かるように伝え，友達の話を聞いて受け止める。 ○友達の得意な面やよさや得意なことを認め，生かし合って遊ぶ。	
	規範	○新しい生活の中でのきまりの必要性を感じ，保育者や友達と一緒につくる。 ○友達とのかかわりの中でルールを理解し守って遊ぶ楽しさを味わう。	○園生活のきまりやしてはいけないことの意味や大切さが分かり，自分たちで知らせ合い確認し合い，守ろうとする。 ○よいことや悪いことを自分で考えて行動する。 ○活動に合わせルールを考えたり変えたりしながらそれを守って進める。	○自分たちで考えたルールを守って，友達と一緒に遊ぶ。 ○今は何をすべきかを自分なりに判断し，状況に応じた行動をしようとする。	
〔体験に基づく学び〕の経験する内容	思考	○考える，試すなど遊びの中で取り入れる。 ○場の構成の仕方を工夫して遊ぶ。 ○新しい環境に自分からかかわり，発見を楽しんだり，考えたりして遊びに取り入れる。	○身近な出来事に興味をもち疑問に思った事を保育者に聞いたり調べたりする。 ○遊びに応じて，必要な表示を考えたり文字や数字を積極的に取り入れたりする。 ○季節の変化に関心をもち，遊びに取り入れたり調べたりする。	○小学校と保育所・幼稚園生活の違いに気付き，入学への期待をもつ。	○小学校における学習形態に慣れる。 ○教科書に沿って学んだり，必要なことをノートに写したりして自ら学ぼうとする態勢をつくっていく。 ○目的や課題を自分のこととして受けとめ，これまでの経験を生かして授業に取り組む。
	言葉	○保育者や友達に対して，自分の思いや考えを自分なりの言葉で伝えようとする。 ○保育者や友達に自分から挨拶をする。	○経験したこと，感じたこと，考えたことなどをみんなに分かる言葉で伝える。 ○物語や話の続きに興味をもち，クラスの友達と楽しんで聞く。 ○生活の場に応じた言葉の使い方や表現の仕方が分かる。	○話している人に気持ちを向け，自分の経験と重ね合わせながら，関心をもって話を聞く。 ○自分の思いや考えをみんなの前で話す楽しさを味わう。	
	創造	○新しい素材や教材を使い，考えたことを自分なりに作ったり描いたりして表現することを楽しむ。	○経験したこと，感じたこと，考えたこと，イメージしたことなどを様々な方法で自分なりに表現する。 ○自分たちが表現したいことを材料や方法を選び，工夫して作ることを楽しむ。	○友達と一緒にいろいろな方法でダイナミックに伸び伸びと表現する。 ○友達と一緒に共通の目的をもち，遊びの場や必要なものを描いたり作ったりする。	

Figure 9-1　5歳児年長組から小学校入学期への接続期カリキュラム（江東区教育委員会，2012）

注　育てたい能力の関連性と発達の連続性を踏まえた子どもの姿が提示されている。

る」などを挙げていた。そして，小学校においては，あいさつやルールを守ることは<u>市民科学習</u>を中心に指導するとされた。台東区は，「<u>簡単なルールを作り出し，友だちと一緒に遊びを発展させる中で，守ろうとする</u>」，「<u>よいこと，悪いことに気付き，考えながら行動する</u>」，「<u>きまりを守らないと嫌な思いをしたり，皆に迷惑をかけたりすることに気付き，守ろうとする</u>」などを挙げていた。

　共通して育てたい規範意識として挙げられているのは，友だちとの遊びや共同生活の中でルールのある遊びを楽しむこと，ルールを守って生活することであった。一方，独自の要素・強調されている要素として，高松市はルールのある活動としての体を動かす遊びや運動，江東区は活動にあわせたルールの変更・状況に応じた行動の決定，品川区は市民科学習と連動させたあいさつやルールの順守，台東区はルールを守らないことによる気持ちの変化への気付きを想定していた。

⑵　人と関わる力

　人と関わる力として，高松市は，「<u>友達と教え合ったり，励まし合ったりしながら，目標や課題に向かって挑戦する</u>」，「生活の中で<u>互いのよさや持ち味に気付く</u>ようになり，気持ちを合わせて一緒に活動を進めていこうとする」，「<u>今まで一緒に遊んだ友達</u>や，世話になった人に<u>感謝の気持ちをもつ</u>」などを挙げていた。江東区は，「クラスや同年齢の友達，保育者と一緒に，<u>目的に向かって活動を進め，気持ちを合わせる心地よさややり遂げた満足感を味わう</u>」，「<u>友達の得意な面やよさや得意なことを認め，生かしあって遊ぶ</u>」などを挙げていた。品川区は，「グループ製作や行事での係活動，劇遊びや合奏など，<u>目的に向かって友だちと協力して取り組み，やり遂げる経験をする</u>」，「協同的な活動の中で，自分の気持ちをコントロールしたり，<u>相手の気持ちを受け入れたりする経験をする</u>」，「<u>学級全体での活動は，担任と集団という関係の中で行動する</u>」（Figure 9-2）などを挙げていた。台東区は，

Ⅱ　かかわる力

⑧学級の一員としての担任との関係

小学校では

* 児童と担任との関係は、一対一の関係もあるが、原則的に学級を単位としてあり、学級の一員としての行動が主となる。
* 全校朝礼や校外学習等では、学級単位で整列して移動し、場面にふさわしい態度が求められる。
* 具合の悪い時やケガをしたときは、自分でどこが痛いか、どこでどのようにケガをしたのかなどを担任や養護教諭に伝えることが必要となる。
* 担任以外の教職員ともコミュニケーションがとれるようになることが必要になる。
* 学級集団の人数が増え、自由に過ごす時間も減るので、担任を独占して話を聞いてもらうような機会が、就学前と比べて少なくなる。

小学校へつながる保育・教育活動

* クラス全体で取組む活動では、ルールに沿って動いたり、合図を聞いて動いたりするなど、クラス全体の中での自分の行動を意識できるようにする。
* クラスの一員としての所属意識をもち、係活動や行事の準備などで役割を果たす経験をする中で、自己有用感を育てるようにする。
* 年長クラスとして、様々な行事の中心になって活躍し、クラスという集団で行動しているという意識を高める。
* 担任以外の職員とのコミュニケーションをとる機会を意図的につくる。

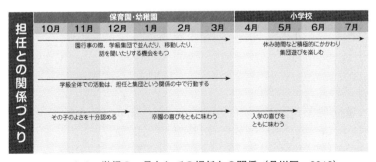

Figure 9-2　学級の一員としての担任との関係（品川区，2010）
注　幼児期と児童期の活動の違いと活動間の連続性が提示されている。

| 重視する内容 | **こころざし教育** | （例） |

◆保育・教育の実践において重視する点
1　主体的な活動、協同的な遊び
2　見る、聞く、話す力の育成
3　計画性・柔軟性のある環境・援助

こころざし教育を進めるにあたって、以下の3つの観点から、指導していきましょう。

◎…経験させたい内容 □ …援助のポイント ▱ …例

《人を敬う心》

　◎地域の方と喜んでかかわり、親しみをもつ（10～3月）

　◎（自分の成長を感じ）周りの人への感謝の気持ちをもつ（1～3月）

| ①幼児の内面の理解 | 子供の行動や表情から、内面を理解する。相手に対して優しい気持ちをもつには、まず、自分自身が満たされていることが必要である。人間関係をよくみて援助する。 |

| ②様々な立場 | リードする・リードされる、手伝う・手伝ってもらう、教える・教えられるなど様々な立場を経験できるようにする。 |

| ③周りの人への関心 | 家族、保育士・教員、友達、地域の方など身の回りの人のしていることやその方の気持ちなどに折に触れ気付かせる。 |

| ④気持ちの表現 | 感謝の気持ちを感じられるようにするとともに、それを表現する体験を重ねる。 |

《 一例として・・・》 ①～④は環境・援助に対応

②園内の異年齢交流や小学生・中学生・地域の方など様々な方との交流を図る。

③「この誕生会の準備は誰がしてくれたのかな？」等、してもらったことや相手の気持ちを子供たちに考えさせたり、保育士・教員が言葉にしたりする。

⑤一緒に遊んでくれた小学生にお礼の絵手紙を書く。

《身に付けさせたい言葉・態度》

　◎元気よく、あいさつや返事をする（10～3月）

　※重視する事項「生活習慣・学習習慣の共通化・段階化」
　　（60ページ）を参照。

Figure 9-3　こころざし教育
注　地域で育てたい子どもの力とそれを

《人の役に立つうれしさ・やりがい》

◎生活や遊びの中で、人の役にたったという思いを味わう。

◎1年生になることに喜びや期待をもち、自信をもって行動する。

◎自分の成長を感じ、周りの人への感謝の気持ちをもつ。　　　（1〜3月）

| ①役割を果たす経験 | 当番活動や年少・年中児へのかかわりの中で、一人一人が役割をきちんと果たせるようにする。全体・グループとともに個の役割を押さえる。 |

| ②成長を感じる機会 | 自分の成長を具体的に実感できるようにする。何かができるようになったということだけではなく、心の成長も感じられるよう言葉を掛けていく。友達の成長も喜び合うようにする。喜びに共感する。 |

| ③感謝の気持ち | 家族、保育士・教員、友達、地域の方など身の回りの人のしていることやその方の気持ちなどに折に触れ気付かせる。自分の成長を感じるとともに周りの人への感謝の気持ちがもてるようにする。 |

| ④小学校・家庭との連携 | 小学校の生活や小学生とのかかわりを通して、入学に期待をもてるようにする。保護者の悩みを聞いたり、入学に向けての情報を伝えたりし、保護者自身も安心して入学を迎えられるようにする。 |

《　一例として・・・》　①〜④は環境・援助に対応

①飼育物の世話や当番活動の引継ぎ、お休み（欠席者）調べ、修了記念製作、修了式でのお別れの言葉など

②赤ちゃんの頃の写真をもってきてもらう、生まれた時や赤ちゃんの頃の話を子供にしてもらう等の活動を取り入れる。

〇エピソード

　もうすぐ修了し小学校へ行くという話から、自分たちがお兄さん、お姉さんになったと思う時はどんな時かと投げかける。保育士・教員自身が子供たちの成長を感じた時の話をする。幼児が「今まで跳べなかったなわとびが跳べた時」「〇〇ちゃんと一緒に飼育当番をちゃんとできた」などと発言する。(2)発言をみんなで共有できるよう、また、刺激となるよう聞いている子供たちに広げていく。　(2)子供の発言を認めながらも、技能的なことだけではなく心情面の育ちにも気付かせる。　全員が自分の成長を振り返れるよう、挙手しない子も指名する。自分で発言が出てこなかったら、他の子供に投げかけ、友達がその子の成長(よさ)を感じた時を発表させる。幼児は「〇〇ちゃんは、折り紙の折り方を優しく教えてくれた。」と友達のことを話す。　(2)一人一人が自分の成長を感じるとともに、友達の成長も感じ、喜び合えるようにする。　(3)大きくなったのは自分一人の力だけではないことに気付かせ、家族や地域の方への感謝の気持ちをもたせる。　幼児から「おかあさんが、いつもご飯つくってくれる」「□□さんが、道路を渡るとき危なくないように見てくれた」などの意見が出る。　(2)皆の成長を喜び、これからの成長が楽しみと話す。

④学校探検や体験授業など小学校との連携を深める。

④お家の人とともに入学を楽しみにできるよう、保護者会などで小学校の生活や入学に向けての子供への接し方等具体的に伝えていく。学校公開への参加を呼びかける。

④保護者自身が子供の頃に抱いた小学生へのあこがれなども話し、子供と期待感を共有する姿勢を示す。

《小学校につながる点》

〇人を敬い感謝することや人の役に立つ嬉しさ、やりがいを感じることは、自分や友達の成長への気付きと一人一人の自信につながっていく。「こうありたい」というこころざしは、学びへの意欲を高めていく。

（東京都台東区教育委員会，2011）

支える接続期の活動が提示されている。

「クラスやグループで力を合わせたり役割を分担したりして活動に取り組み
やりとげた充実感を味わう」,「互いのよさが分かり，協同しながら一緒に遊
ぶ楽しさを味わう」,「地域の方と喜んでかかわり，親しみをもつ」(Figure
9-3),「国籍，文化の違う人や身近な人とのかかわりの中で自己主張したり
人の立場を理解したりして行動する」などを挙げていた。

　共通して育てたい人と関わる力として挙げられているのは，目的をもって
友だちと協力し，やり遂げた喜びを経験すること，友達のよさや気持ちに気
付くことであった。一方，独自要素・強調されている要素として，高松市は
友だちへの感謝の気持ち，江東区は友人関係における信頼感，品川区は学級
担任との親和的な関係の中で学級の活動を行うこと，台東区は年齢や文化の
異なる他者への親しみを想定していた。

(3)　生活習慣

　生活習慣として，高松市は「一日や一週間など短期間の生活に見通しを持
ち，自分で考えて行動する」,「学習の準備や持ち物の整理の仕方を知り，自
分で学習の用意をする」,「自分の健康に関心を持ち，進んで病気の予防に必
要な活動を行う」(Figure 9-4) などを挙げていた。江東区は，「時間を意識
しながら生活に見通しをもち，場や状況に応じた行動をとる」,「自分の身の
回りの整理整頓を自分から進んで行う」などを挙げていた。品川区は「一日
の生活に見通しを持って行動できる」,「自分の荷物の整理整とん」,「(保育
所・幼稚園で) 立ち姿勢で並んで話を聞く」などを挙げていた。台東区は
「生活に見通しをもち状況に応じて行動する」,「整理整頓等，身の回りのこ
とを自分でやろうとする」,「体と食物の関係に関心をもち，自然の恵みとし
ての食材や調理する人への感謝の気持ちをもつ」などを挙げていた。

　共通して育てたい生活習慣として挙げられているのは，時間を意識して生
活の見通しを持つこと，身の回りの整理整頓の必要性がわかり自分でやろう
とすることであった。一方，独自要素・強調されている要素として，高松市

（基本的な生活習慣）

基本的な生活習慣	共通カリキュラム（0歳児～1年生）
0歳児	・保育者に世話をしてもらう心地よさを味わう。 ・おなかがすいて、ミルクや離乳食を意欲的に食べるようになる。 ・スプーンを使ったり、手づかみで食べようとする。 ・おむつを交換してもらい、気持ちよさを味わう。 ・睡眠、授乳の生活リズムを整え、安心して過ごす。
1歳児	・自分で食べようとする気持ちをもつ。 ・食べることに興味をもち、喜んで食べようとする。 ・スプーンやフォークを使って自分で食べようとする意欲をもつ。 ・おまるや便器での排泄に慣れ、タイミングが合えば排泄することができるようになる。 ・生活の簡単な流れを大切にしてもらいながら、安心して主体的に行動する。 ・衣類の着脱に興味をもって、自分でしようとする。
2歳児	・自分でしようとする気持ちを受け止めてもらいながら、自分でできたという満足感を味わう。 ・嫌いなものでも促されて少しは食べたり、実践もある程度自分でしようとする。 ・保育者と一緒に排泄し、次第に尿意を感じて自分で排泄しようとする。 ・着脱に興味を示し、簡単な衣服は一人でしようとすることがある。 ・既満食後の手洗いや保育者と一緒にしようとする。
3歳児	・自分の回りのことを自分でしようとする。 ・嫌いなものでも食べてみようとする。 ・尿意を感じて自分で知らせ、失敗もある程度一人で排泄しようとする。 ・着脱に慣れ、自分でやり方を覚えて、周りの友達の様子を見てしようとする。 ・遊んだ後の遊具や用具などを保育者や友達と一緒に片付けようとする。
4歳児	・1日の生活の流れがわかり、見通しをもって生活を進めようとする。 ・友達と一緒に楽しく食事をしながら、食べ物への興味を知る。 ・生活の流れに応じて、食事、排泄、着脱などの身辺処理が自分でできるようになる。 ・生活に関心をもって、自分の健康に必要な活動を行う。 ・自分の持ち物の始末や、遊んだ後の後片付けなどに取り組む。
5歳児 ～12月	・好きな食べ物をもって、自分たちで生活を進めていこうとする。 ・自分に必要なことに気付き、進んで快適な生活に必要な活動を行う。 ・自分の健康に関心をもち、進んで病気の予防に必要な活動をする。 ・自分の生活時間の予定を立てて、計画的に行動する。 ・家庭での生活を充実させ、就学への期待を膨らませる。
接続期 前期 5歳児 1～3月	・新しい環境に関心をもって、自分でできることを増やしていこうとする。 ・授業と休み時間の切り替えなど、気持ちを切り替えて学習に集中する。 ・学校生活や学習に関心をもち、進んで必要な活動をする。 ・自分の健康に関心をもって、集団での生活の仕方がわかり行動する。 ・家庭での望ましい生活リズムを実感し、就学への期待を膨らませる。
接続期 後期 1年生 4～7月	・生活習慣で望ましい学習習慣を身に付け、自分たちで学校生活を進めていこうとする。 ・「けいこ」や「そうじ」の生活リズムを身に付ける。 ・学習準備を整え、係などの活動に取り組む。 ・学校生活のきまりや、身の回りの整理整頓などについて、自分なりに行動する。 ・赤ちゃん・小さな生活リズムを実感し、好ましい生活リズムで過ごす。
1年生 8月～	

Figure 9-4　共通カリキュラム（基本的な生活習慣）（高松市・高松市教育委員会, 2011）

注　0歳児から小学校1学年までの発達の連続性の中で接続性の子どもの姿が提示されている。

は自分の健康に関心を持ち，進んで病気の予防に必要な活動を行うこと，江東区は健康・体力につながる基本的な生活習慣，品川区は保育室・教室環境の変化への適応，台東区は食材や調理する人への感謝の気持ちを想定していた。

9.4　全体的考察

　本章ではアプローチカリキュラムとスタートカリキュラムから構成される接続期カリキュラムを作成した地方自治体のみを対象として，保幼小連携担当者の接続期カリキュラムに対する認識と接続期カリキュラムの中で重視されている子どもの力の共通点・相違点の内容を検討した。その結果，接続期カリキュラムの共通項は0歳からの就学前の保育・教育を踏まえたカリキュラムであること，接続期カリキュラムには地方自治体の保育・教育の課題や地域で育てたい子ども像が反映されていることが示された。

　アプローチカリキュラムとスタートカリキュラムから構成される接続期カリキュラムの共通項とは，接続期の子どもの姿や子どもに対する援助・指導のみを考えるのではなく，接続期以前の子どもの発達あるいは子どもに対する援助についての記述があることであった。

　「高松っ子いきいきプラン」では，0歳児から小学1年生を対象として「ねらいと内容」，「環境構成（状況づくり）と援助のポイント」について記述されていた。「江東区保幼小連携教育プログラム（別冊）〜『江東のこどもたち』の育ちをつなぐ〜」では，0歳児から小学校1年生の子どもの発達の特徴と育ちの姿が3つの視点別に整理されていた。「〜保幼小ジョイント期カリキュラム〜しっかり学ぶしながわっこ」では対象はジョイント期のみであるが，0歳から小学校入学までの保育課程のモデルである乳幼児教育プログラムの「のびのび育つしながわっこ」が作成されており，保育・教育活動にあたってはこのプログラムを活用することが推奨されていた。「台東区幼児教育共通カリキュラム　ちいさな芽」では，3つの柱の観点から0歳児か

ら小学1年生までの子どもの発達の特徴と育ちの連続性が示されていた。

　アプローチカリキュラムとスタートカリキュラムから構成される接続期カリキュラムは，保育者が小学校での子どもの活動につながる援助を行い，小学校教諭が幼児期の教育との連続性を保った指導を行うためのカリキュラムであるだけではなく，接続期以前の0歳児から接続期に至るまでの子どもの発達の特徴や連続性が示されていることが特徴といえる。このことから，接続期カリキュラムの内容の決定の際に保育所で0歳児から5歳児までの保育を行っている保育士が参加することの重要性が示唆される。これを可能にするためには，地方自治体が保育所・幼稚園・認定こども園という枠にとらわれない就学前教育の充実を図ることが求められる。4地方自治体の教育施策をみると，いずれにおいても就学前教育の充実が掲げられており，保育園と幼稚園を所管する窓口の一元化（品川区）や保育園を所管する部署を教育委員会へ移管（台東区）といった所管の変化もみられた。このようにして，所管にかかわらず，幼児期における子どもの育ちを連続したものとしてとらえる環境を整えていくことが接続期カリキュラム開発につながり，接続期カリキュラムの内容にも反映されたと考えられる。

　子どもの力を具体的にどのような体験によって育てていくのかという方針は，地方自治体の保育・教育の課題や地域で育てたい子ども像に基づいて決定されていた。高松市は，乳幼児と小学校1年の課題が「生活習慣」，「自制心」，「コミュニケーション能力」，「遊び・体験（小学1年生は「社会的ルール体験」）」であることを踏まえ，保育・教育を進めていくための視点を「基本的な生活習慣」，「身近な環境とのかかわり」，「人とのかかわり」，「しなやかで健康な体つくり」としていた。規範意識と生活習慣の独自要素に焦点を当てると，規範意識ではルールのある活動としての体を動かす遊びや運動，生活習慣では自分の健康に関心を持ち，進んで病気の予防に必要な活動を行うことが挙げられ，「しなやかで健康な体つくり」を考慮して規範意識や生活習慣におけるねらいと内容が決定されていたと推測される。このようにし

て，「高松っ子いきいきプラン」では，地域の子どもの発達の課題から保育や教育で力をいれるべき要素を導き，それを接続期カリキュラムに反映させたと考えられる。

　江東区は，幼児期に子どもの発達に応じて体験させたい内容の視点として，「基本的な生活習慣」，「運動」，「協同」，「信頼」，「規範」，「思考」，「言葉」，「創造」を設定していた。規範意識では活動にあわせたルールの変更・状況に応じた行動の決定，人と関わる力では友人関係における信頼感，生活習慣では，健康・体力につながる基本的な生活習慣に着目しており，それぞれの視点ごとに発達段階に沿って子どもに必要となる体験を導き出したと推測される。「江東区保幼小連携教育プログラム（別冊）〜『江東のこどもたち』の育ちをつなぐ〜」では，幼児期と小学校の時期のそれぞれにおいて身につけてほしい力を着実にバランスよく育成することが重視されていたと考えられる。

　品川区の接続期カリキュラムでは，規範意識として市民科学習と連動させたあいさつやルールの順守が挙げられた。市民科学習という地方自治体独自の学習内容と接続期カリキュラムの内容を連動させており，小学校の通常の教育課程とのつながりを考慮したものとなっていた。また，人と関わる力としては，学級担任との親和的な関係の中で学級の活動を行うこと，生活習慣として保育室・教育環境の変化への適応が挙げられた。学級の一員としての担任との関わりや保育室・教育環境は，幼児期の教育環境と小学校の教育環境において大きく変化する要素であり，子どもがその違いを知り変化に対応することに力点が置かれていたと考えられる。「〜保幼小ジョイント期カリキュラム〜しっかり学ぶしながわっこ」では，接続期に変化する要素への対応が重視され，小学校の教育課程との連続性が考慮されていたと考えられる。

　台東区の接続期カリキュラムでは，規範意識としてルールを守らないことによる気持ちの変化への気付き，人と関わる力として年齢や文化の異なる他

者への親しみ，生活習慣として食材や調理する人への感謝の気持ちが挙げられた。いずれにおいても自分自身の内的状態への気付きや他者の気持ちの理解，自分と他者の気持ちの交流に着目していた。台東区は，幼児教育共通カリキュラムで重視する内容を「規範意識の芽生えの育成」，「こころざし教育」，「食育」，「体力の向上」，「生活習慣・学習習慣の共通化・段階化」，「地域財産等の活用」としていた。これらの重視する内容が存在することで，子どもたちに身に付けさせたい3つの力に地域で育てたい子ども像が反映されていたと推測される。「台東区幼児教育共通カリキュラム　ちいさな芽」では，地域で育てたい子ども像が明確化され共有されることにより幼児期の教育と児童期の教育をつなげることを意識していると考えられる。

　接続期カリキュラムにおいて育てたい子どもの力を選択する基準は，地方自治体の接続期の子どもの育ちに対する考え方が反映されたものであったと考えられる。特定の力に着目するというのではなく，バランスよく複数の力を伸ばすことに力点をおいた接続期カリキュラムがある一方で，地域で育てたい独自の子ども像があり，その子ども像がカリキュラムの中核となっている接続期カリキュラムもみられた。また，発達上の課題からそれを乗り越える子どもの力を伸ばすことに力点を置いた接続期カリキュラムや幼児期の教育と児童期の教育で変化する要素に着目し子どもがその変化に対応することに力点を置く接続期カリキュラムもあった。接続期カリキュラムの開発とは，保幼小の相互理解というだけではなく，接続期カリキュラムをどのように活用するかという議論が十分になされた上で行われるものだといえる。

9.5　第Ⅳ部のまとめと課題

　第8章では，接続期カリキュラム未作成の地方自治体と接続期カリキュラムを作成した地方自治体の両方を対象として，接続期に育てたい子どもの力，接続期の始期と終期，カリキュラム作成手順，行政支援の在り方に関する保幼小連携担当者の認識を示した。第9章では，接続期カリキュラムの共

通項は0歳からの就学前の保育・教育を踏まえたカリキュラムであること，接続期カリキュラムにおいて育てたい子どもの力を選択する基準は，地域の子どもの発達上の課題から育てたい子どもの力を導く，幼児期と児童期に身につけてほしい力をバランスよく育成する，幼児期の教育と児童期の教育で変化する要素に着目して子どもがその変化に対応することに力点を置く，地域で育てたい子ども像をカリキュラムの中核に据える，であったことが示された。

　第Ⅳ部の課題として，通常の保育課程・教育課程との関連における接続期カリキュラムの位置づけが挙げられる。この位置づけが明確になることで，接続期カリキュラムの実践者である保育者や小学校教諭は系統的な指導を行うことができる。また，保護者に，接続期カリキュラムはある一定の時期だけの特別なカリキュラムであると受け止められることも避けられる。接続期カリキュラムの役割を長期的な見通しの中でみることをしなければ，単なる学校への適応プログラムとみなされてしまい，学びの連続性を保障する観点が見落とされてしまう危険性がある。したがって，通常の保育課程・教育課程とのつながりを考慮し長期的な視点によって接続期カリキュラムを考える必要がある。

第Ⅴ部　結　論

第10章　考　　察

　幼児期の教育と児童期の教育の手法や内容の違いから生じる不連続性を子どもが自分の力で乗り越えていくことが可能になるように支援していくことが保幼小連携の取り組みであるといえる。カリキュラムの開発や保育者・小学校教諭の研修会，幼児と児童の交流活動に代表される保幼小連携の取り組みを持続的なものとしていくために，保育・教育の実践者，子どもの保護者，地域住民の意見を取り入れた連携体制作りが求められる。本論文の目的は，保幼小連携の持続可能性，地方自治体レベルでのカリキュラム開発，保護者・地域住民の参加の観点から次の3つの分析を行うことであった。

　第一の目的は全国の地方自治体における保幼小連携体制の構築の方針や取り組み内容の現状を把握し検討することであった。保幼小連携体制の構築にあたっては一度に全ての取り組みに着手できるわけではなく，段階を踏んで実行可能と思われる取り組みを選択していく作業が必要になる。地方自治体が備えるどのような要因が実施可能な取り組みを選択する過程に影響を与えているのかを検討した。

　第二の目的は幼児期と児童期の教育の連続性を保つための接続期カリキュラム開発で考慮されている事項を分析し，カリキュラム開発を行っている地方自治体の保幼小連携の取り組み内容を検討することであった。これらの事項にみられる地方自治体の保幼小連携の方針と取り組み内容から，地方自治体において教育の連続性に寄与すると認識されている要素とそのような認識を持つために有効であった連携の取り組みを検討した。

　第三の目的は接続期カリキュラムにおける移行期の教育の連続性を保つための地方自治体の方針を検討することであった。接続期カリキュラムは地域の要望や特性を踏まえて開発されるものであるため，全国で同一の内容・構

成とはならない。接続期カリキュラムの持つ共通性と独自性から，地域の特性と移行期の連続性の保障とを両立させる接続期カリキュラムの在り方を検討した。

10.1 結果の総括

10.1.1 保幼小連携体制の構築

第3章では，4市の保幼小連携の行政の担当者へのグループ・インタビューから，保幼小連携体制に寄与する要因として，人的環境，研修や講座，カリキュラムが見出された。課題を克服し，連携の取り組みを持続性のある保幼小連携体制へとつなげていくためには，地方自治体の保幼小連携の行政の担当者が保育や教育の現場の試みや意見を汲み上げて地域の特性に適したカリキュラムの開発や研修制度の創設などに主要な役割を果たしていくことが有効であることが示唆された。

保幼小連携の行政の担当者に求められる役割には学校・園（所）に対する専門的事項の指導・助言，政策の立案・実施・推進，諸機関・関係者との調整などがある。保幼小連携の取り組みが進むにつれて，これらの役割の中では，政策の立案・実施・推進，諸機関・関係者との調整の2つの役割がより重要になると予想される。研修制度の創設やカリキュラム開発には政策立案能力が必要となり，保護者・地域住民と学校・園（所）の情報・意見の交換や，所管の異なる専門職間での専門知識・技能の共有の場の設定には調整能力が必要となるためである。

第4章では78地方自治体の保幼小連携担当者への質問紙調査により，保幼小連携の取り組み段階によって取り組み内容が異なっていることが示された。取り組み段階別に今後の課題と課題への対処を整理すると，連携初期の課題は予算などの連携に割ける資源の不足であると考えられる。対処方法は既存の資源を利用し保幼小連携の構築につなげていくことであり，取り組みの成果の周知，既存の巡回相談の活用，保育所児童保育要録・幼稚園幼児指

導要録・認定こども園こども要録の活用が挙げられる。複数の取り組みをおこないつつある段階の課題はカリキュラムの開発であると考えられる。対処方法は子どもの発達を見据えて保育・教育を行う保育士・幼稚園教諭・小学校教諭の育成であり，継続的な保幼小合同の研修，保育・授業参観の工夫が挙げられる。体系的に保幼小連携が行われている段階の課題は保幼小連携の視点の見直しである。対処方法として保幼小連携の位置づけの議論，保育・教育の実践の質に対する評価が挙げられる。さらに，地方自治体が中心となった保幼小連携の促進のためには，地方自治体から学校・園（所）への連携の方針を示すなどのトップダウンの働きかけと学校・園（所）から地方自治体への評価・提案などのボトムアップの働きかけという双方向性を保障することが有効であることが示唆された。

　第5章では218地方自治体の保幼小連携担当者への質問紙調査により，地方自治体の人口規模によって連携の取り組み内容が異なっていることが示された。人口規模別に今後の課題と課題への対処を整理すると，人口規模の大きい地方自治体の課題は，公立私立の違いや保育所・幼稚園・認定こども園の存在にみられる幼児期の子どもの環境の多様性であると考えられる。対処方法として研修内容の充実，公立私立や保育所・幼稚園・認定こども園の間にある教育理念や方針の違いに関する議論の場の設置が挙げられる。人口規模の小さい地方自治体の課題は，地方自治体全体を対象とした制度化が必要となる連携の取り組みが行いにくいことあると考えられる。対処方法として，研修制度の枠組みの中での人材の育成，保幼小連携以外の職務や活動において築かれた人材ネットワークの利用が挙げられる。また，保幼小連携の在り方の一つとして，特別な支援を必要とする子どもへの対応のような保育・教育上の課題に対して保幼小連携という枠組みで対応することで支援の効果を高める可能性が示唆された。

10.1.2 接続期カリキュラムの開発

第6章では，9地方自治体の接続期カリキュラムの分析から，接続期カリキュラムの開発において議論すべき事項が示された。接続期の観点から，子どもの行動や意識の変化が起きやすい時期によって接続期を区切ることの重要性と移行期における接続期の位置づけの多様化が示された。実践者に求められる能力の観点から，カリキュラムの方針と実践の両方を地方自治体が方向づけることを想定している接続期カリキュラムでは実践例を子どもの姿に合わせて調整していく実践者の能力，実践については学校・園（所）に委ねることを想定している接続期カリキュラムでは子どもの姿から必要とされる支援の手立てを抽出する実践者の能力が求められることが示された。保護者への支援の観点から，子どもを支える保護者としてではなく移行の当事者としての保護者に対する支援の検討が必要であることが示された。

第7章では，接続期カリキュラムを作成した7地方自治体の保幼小連携担当者への質問紙調査により，接続期カリキュラムの開発を可能にする保幼小連携体制の構築への示唆が得られた。保幼小連携の認識の観点から，実践者・管理職・地方自治体の保育・教育担当者が，保幼小連携の取り組みとは子どもの発達に応じた教育を行うための取り組みであるという認識を持っていると，連携に長期的に取り組むことで効果が得られるという理解を共有でき，発達に応じた教育を行うことは公立私立，保育所・幼稚園・認定こども園の違いに関係なく必要であるという認識を得やすいといえる。接続期カリキュラム開発の困難さの観点から，連携のとらえ方の違いがカリキュラム開発の進まない原因になり得ること，カリキュラム開発は接続期カリキュラムという成果物を生み出すだけのものではなくカリキュラム開発のプロセスに相互理解や情報共有が含まれていることが指摘できる。保幼小連携の仕組み作りの観点から，接続期カリキュラムの開発に取り組んでいる地方自治体では，接続期カリキュラムの開発が研修制度などに関連づけられており，接続期カリキュラムの活用に関して，地方自治体から現場へ，現場から地方自治

体へという双方向の情報伝達手段が確保されていることが指摘できる。

10.1.3　地域の特性と接続期カリキュラム

　第 8 章では119地方自治体の保幼小連携担当者への質問紙調査により，接続期カリキュラム作成に対する方針が明らかとなった。育てたい能力として接続期カリキュラムに求められている内容は，アプローチカリキュラム・スタートカリキュラム共に，規範意識や友だちと関わり協力する力，話す力聞く力など子どもが生活し他者と関わり集団での活動に参加していく力であった。また，子どもの発達の大きな節目となるようなできごとによって接続期を設定することは，できごとが子どもに与える影響が一様でないため接続期カリキュラムでは取り入れられにくかった。さらに，地方自治体の役割は接続期カリキュラムの方針の共通化であり，実践は学校・園（所）に任せるという方針の下に，学校・園（所）の自律性を高めることが重視されていた。

　第 9 章では，アプローチカリキュラムとスタートカリキュラムから構成される 4 地方自治体の接続期カリキュラムの分析から，接続期において育てたい子どもの力の共通点・相違点の内容が示された。4 地方自治体の接続期において育てたい子どもの力の選定方法は，地域の子どもの発達上の課題から育てたい子どもの力を導く，幼児期と児童期に身につけてほしい力をバランスよく育成する，幼児期の教育と児童期の教育で変化する要素に着目して子どもがその変化に対応することに力点を置く，地域で育てたい子ども像をカリキュラムの中核に据える，であることが示された。

10.2　総合的考察

10.2.1　保幼小連携体制の構築における双方向性

　保幼小連携体制は人的環境の整備，研修や講座の実施，カリキュラム開発の取り組みを通して構築されている（第 3 章）。保幼小連携体制の構築とは，連携に関わる地方自治体の保幼小連携担当者，保育士・幼稚園教諭・小学校

教諭，保護者，地域住民の間の双方向性を高める活動であるといえる。

　そして，保幼小連携体制を構築する方法としては，二つの進め方があると考えられる。一つは相対的に双方向性が低い連携の取り組みから相対的に双方向性が高い取り組みへと進み，複数の取り組みを実践していく進め方である。双方向性が低いとは送り手が情報や技術を受け手に伝え，その結果として受け手の技能や態度が変化しても，その変化が送り手に伝えられることがない状態である。これに対して双方向性が高いとは情報や技術が一方的に伝えられるのではなく，情報をやり取りする両者が情報や技術を交換し，その結果として両者の技能や態度が変化することである。たとえば，保幼小連携に関する研修として講演会を実施した場合，講演者が発信した内容は聴衆に伝わり，聴衆は保幼小連携に関する知識を深めたり，新しい教育の技法を知ったりする。ただし，講演を聴いた結果聴衆の振る舞いが変化するかどうかまでは予測できず，そのような変化が起こらなくても研修は成立する。

　相対的に双方向性が低い連絡協議会の設置や子ども同士の交流活動，保幼小連携に関する研修会から始め，保育・授業の相互参観，地域に対する啓発活動，保護者も含めた交流会の開催，保幼小連携合同研修会へと進み，最後に接続期カリキュラム開発に進む。さらに可能であれば保幼小間の教職員の派遣を行う。

　このような形での保幼小連携の進め方の例として，京都市（第7章）がある。保幼小連携の始まりは「古くは，隣接された小と幼は自然な形で連携をしていた。生活科研究会の立ち上げに伴い，隣接された公立小・幼の交流から始まった」というものであり，1980年代から「幼小連携講座（幼小の授業と保育を見て研修）」が実施された。2001～2004年度には連携の在り方を考える幼小連携研究プロジェクトが実施された。さらに，保幼小連携の取り組みとして，2006～2007年には幼稚園と小学校間の人事交流が行われ，2009～2010年度には接続期のカリキュラム開発（保育所・幼稚園・小学校参加）が行われた。およそ20年の長期的なスパンの中で，連携の対象を幼稚園と小学校

から保育所・幼稚園と小学校へと広げ，複数の取り組みを実施してきた。

　もうひとつは，取り組み自体の双方向性を高めていく進め方である。たとえば，保幼小連携に関する研修会は相対的に双方向性が低いが，聴衆である保育者や小学校教諭が講演後に自分の考え方が変化したことを表明する場を設けたり，講演後に保育や教育の実践内容が変化したことを同僚が観察し評価し講演の成果として公開したりすれば，保幼小連携担当者と実践者，あるいは保育士・幼稚園教諭と小学校教諭の間の双方向性は高まったといえる。保幼小連携の取り組みにおける双方向性を高める手段としては，連携の取り組みに対する評価を取り入れていくことが有効である。講演会の例では，保幼小連携に関する講演会後に聴衆である保育者や小学校教諭が自分の考え方が変化したことを表明することは，実践者が自己の考えや態度のありように対して自己評価を行ったということであり，同僚が実践者の保育・教育の実践内容の変化を観察することは他者評価を行ったといえる。

　このような形での保幼小連携の進め方の例として，さいたま市（第7章）がある。さいたま市では，保育参観・体験研修や5年経験者研修に位置づけられた保育・幼児教育体験研修が実施され，研修時に情報交換や協議の時間をとるよう配慮された。また，「各研修会や講演会後にアンケート調査を行い，その結果をまとめて，幼児教育振興協議会の場で報告し，ご意見を頂いたことを次年度の事業に反映させていく」とされ，保育者と小学校教諭が幼児期の保育・教育について議論する機会が提供され，さらに研修を改善していくための仕組みもつくられていた。

　保幼小連携体制の構築に寄与する保幼小連携担当者の役割は，地方自治体の取り組み段階（第4章）や規模（第5章）などの要因を考慮し，実態に応じて最も求められる能力を発揮していくことであるといえる。保幼小連携にこれから取り組もうとしている地方自治体は，保幼小連携の取り組みに何があり，どのように進めていけばよいのかという指導や助言を最も必要としていると推測される。次に，連携の取り組みが進むと，地方自治体の保幼小連携

担当者，保育士・幼稚園教諭・小学校教諭，保護者・地域住民の間に情報や
意見の交換が可能なルートを築くことが求められる。さらに，保幼小連携の
取り組みが進んだ場合には，接続期カリキュラム開発を行う立案能力が必要
とされる。

10.2.2　保幼小連携における接続期カリキュラム開発の位置づけ

　教育の連続性の保障のためには，幼児期と児童期（低学年）の特徴を踏ま
え，幼児期の終わりまでに育ってほしい具体的な幼児の姿と小学校低学年の
児童の具体的な姿を関連するものとしてとらえることによって移行期の教育
における目標を設定し，その目標を達成する手立てが提供された接続期カリ
キュラムが有用であると考えられる。

　保育所保育指針・幼稚園教育要領と小学校学習指導要領は，いずれも子ど
もの発達段階や発達の個人差に応じた指導を行うことを方針としているとい
う類似点がある。同時に，子どもの発達の特性に配慮したゆえに内容や指導
方法の違いが存在する。小学校学習指導要領においては，各教科や道徳，外
国語活動，特別活動の中で具体的な達成目標が定められ，児童期の教育では
目標に児童が到達するよう指導することが求められる。これに対して，保育
所保育指針や幼稚園教育要領においては各教科等の区別は行われず，幼児が
主体的に探索し体験できる適切な環境の構成や人的環境である保育者と幼児
との信頼に基づいた関係性が重視され，環境の中で幼児が主体的な活動を行
えるよう援助していくことが求められる。

　このような通常の保育課程や教育課程に加えて接続期のカリキュラムを開
発することの有用性について，次の4つの意義があると考えられる。第一
に，接続期カリキュラムでは，幼児期の保育・教育の「領域」と児童期の教
育の「教科」の内容を対応させるのではなく，子どもの活動とそこで育つ子
どもの力を単位として教育の連続性が図られることが挙げられる。4つの接
続期カリキュラム（第9章）は育てたい子どもの力を選び，子どもの力をと

らえる視点・観点・柱から子どもの活動を示すことによって，教育の連続性を保障しようとしていた。

　第二に，接続期カリキュラムの対象となる接続期が固定化された特定の時期ではなく，子どもの発達の状態を踏まえて設定されることが挙げられる。第9章から接続期カリキュラムのねらいや内容が示された区切りをみると，高松市では接続期前期（5歳児1-3月）・接続期後期（1年生4-7月），江東区では進級期（年長組4-5月），充実期（年長組6-12月），移行期（年長組1-3月），入学期（小学校1年4-7月），品川区では保育園・幼稚園の年長児の10月頃から小学校1年生の1学期頃まで，台東区では5歳児（10-12月）・5歳児（1-3月）・1年生（4-5月）・1年生（6-7月）となっていた。このように子どもの力を育成する時期を子どもの発達の個人差に合わせて設定することで，従来の教育課程の区切りの中で力を発揮することが難しく，新しい環境に慣れていくことに時間のかかる子どもの移行を助けることになる。

　第三に，接続期カリキュラムは保育者・小学校教諭の意見だけではなく，保護者の要望も考慮されて作成されるものであることが挙げられる。仙台市教育委員会から示されたスタートカリキュラム作成のための作業日程（例）（第6章）に保護者対象のアンケートの実施が含まれていることにみられるように，接続期カリキュラムが保育士・幼稚園教諭・小学校教諭・保護者の意見を取り入れて作成されることで，家庭を取り巻く状況や子どもの育ちの実態・課題に沿った接続期カリキュラムの作成が可能になる。

　第四に，接続期カリキュラムで育てたい子どもの力，ねらい・内容，援助や指導の工夫が示されることで，保育士・幼稚園教諭・小学校教諭・保護者・地域住民が共通に保幼小連携の在り方を論じることが可能になることが挙げられる。江東区（第9章）は，接続期カリキュラム編成時に大事にしたことの1つとして，「連携教育推進に向けた体制づくりや取り組みの第一歩を示す指針となるものであること」を挙げている。接続期カリキュラムによって保育者と小学校教諭が教育内容と方法を改善することが可能になること

に加えて，保護者が保育所・幼稚園・認定こども園から小学校へ移行しても，接続期カリキュラムという共通の基盤に基づいて子どもの育ちについて小学校教諭に相談し教育に対する意見を表明することが可能になる。

　しかしながら，接続期カリキュラムの開発には困難が伴う。接続期カリキュラムの開発が困難である理由の一つは，接続期カリキュラムの開発はその開発のプロセスに相互理解や情報共有が含まれ，子どもの発達に応じた教育を行うための取り組みであるという認識の共有が求められることである。たとえば，参加者がどのような保幼小連携に対する認識を持っていたとしても，交流活動や保幼小連携に関する講演会が実施できなくなることはない。しかし，接続期カリキュラムの開発では，開発に関わる各人が持つ異なる認識が最終的には一つの認識としてまとまることがなければ実施することができない。

　接続期カリキュラムの開発が困難である二つ目の理由は，接続期カリキュラムにおけるカリキュラムの構成，接続期の捉え方，カリキュラムの内容，カリキュラムの具現化，保護者への支援について決定しなくてはならないことである（第6章）。これらの事項について接続期カリキュラム開発に関わる各人が意見を持ち，議論を尽くさねばならない。そのためには，接続期カリキュラムの開発を始める前に，各事項に関する知識を持ち議論することが可能な人材が育っていなければならないことになる。

　接続期カリキュラム開発の課題を乗り越えるための方法は，接続期カリキュラムの開発に取り組み始める前に，保幼小連携の必要性に対する認識を話し合うことのできる取り組みを実施することであると考えられる。京都市（第7章）の取り組み例では，隣接された公立小・幼の交流，幼小の保育・授業の参観研修，連携の在り方を考えるプロジェクトを経て接続期のカリキュラム開発を行っていた。接続期カリキュラムの開発が重要であるからといって，保幼小連携に取り組む際にいきなり開発に着手することは困難である。接続期カリキュラム開発の前に，交流活動，保幼小合同研修会，保育参観・

授業参観などの取り組みを通して，保幼小連携の在り方について意見の交換
をおこなっておくことが求められる。

10.2.3　接続期カリキュラムにおいて育てたい能力

　接続期カリキュラム開発の過程には相互理解や情報共有が含まれており，
その中で接続期に育てたい子どもの力，接続期の始期と終期，カリキュラム
作成手順，行政支援の在り方に関して意思の統一がなされている。

　育てたい子どもの力に関する接続期カリキュラムの共通性の一つは，家
庭・学校・地域において自分の能力で問題を解決していくことのできる子ど
もを目指している点である（第 8 章）。幼児期の教育は小学校以降の教育の準
備をする時期でありそれ以降の学校教育に必要な言語的・数学的能力を育成
するという方針はみられなかった。接続期カリキュラム開発の中で，実践者
は幼児期から児童期への移行を「与えられた社会的状況に順応することによ
って，個人が生活し対処することを学ぶという連続した社会的行為から構成
される複雑なプロセス（Fabian, 2007）」ととらえるようになったのかもしれ
ない。

　育てたい子どもの力に関する接続期カリキュラムのもう一つの共通性は，
子どもが安心感を得ることが重視されている点である（第 8 章）。これは単に
小学校という異なる環境へと移った子どもが不安に思うから安心させようと
いうのではなく，幼児期の保育のありようから導き出されたと考えられる。
保育所保育指針と幼稚園教育要領は，幼児が主体的に探索し体験できる適切
な環境の構成や人的環境である保育者と幼児との信頼に基づいた関係性を重
視するという類似点を持っており，保育者が幼児の情緒的安定に働きかける
存在であることが示されている。このような保育者の人的環境としての在り
方が児童期の小学校教諭と子どもの関係においても重視されたといえる。

10.2.4　保護者への支援の在り方

　子どもを支える援助者としての保護者に対する支援と移行の当事者としての保護者に対する支援の両方を保幼小連携に組み込んでいくことが課題であるといえる。

　接続期カリキュラムにみられる保護者への支援の分析によると（第6章），保護者会や学級だよりによって連携の取り組み内容やねらいを伝え，アンケートによる保護者の要望の聞き取りを行うといった情報のやり取りに関する支援が中心であることが示された。情報の交換によって，保護者は子どもが置かれた環境を知り，保育・教育の内容や手立てを知ることができる。これは子どもを支える援助者としての保護者に対する支援といえる。

　これに対して，移行の当事者としての保護者に対する支援といえるものは，千葉市の保護者間交流であった。これは，学級懇談会の導入時に保護者間交流の場を設けて保護者同士の関係構築を狙ったものであった。このような活動は保護者の感情のコントロールや移行期にいる保護者の連帯を目標としていると考えられる。ただし，このような当事者としての保護者への支援においては，保護者の不安を取り除く方法や保護者間の交流で得られる効果など十分に明確にされていない部分もある。したがって，保護者が移行によって経験する不安を取り除き子どもの発達像を共有するための具体的な方策を明らかにする必要がある。

10.2.5　保幼小連携推進のモデル

　保幼小連携体制の構築における双方向性，保幼小連携における接続期カリキュラム開発の位置づけ，接続期カリキュラムにおいて育てたい能力，保護者への支援の在り方を踏まえた保幼小連携推進のための段階的なモデルは次のようなものである（Figure 10-1）。

　第一段階として連携の理念の明確化がある。この段階で求められるのは，幼児期の教育と児童期の教育の連続性とは何かを議論し明確にすることであ

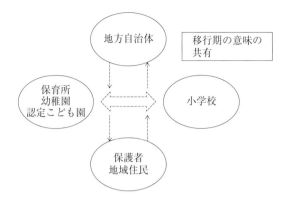

1　連携の理念の明確化

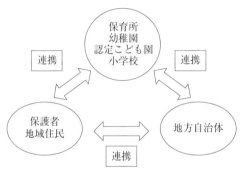

2　3者による保幼小連携の実施

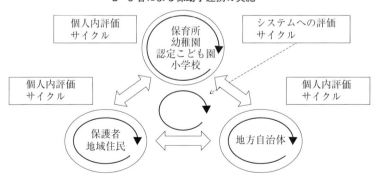

3　連携体制の継続性の確保

Figure 10-1 保幼小連携推進のための段階的なモデル

る。保育士・幼稚園教諭・小学校教諭は互いの保育・教育の内容や子どもの発達の状態について話し合い，移行期に生じる不連続性の性質を吟味する。地方自治体の保幼小連携の担当者は，地域の学校・園（所）で実施可能な取り組みを提案する。子ども同士の交流活動や保幼小連携に関する研修会，保育や授業の相互参観を通じて，実践者一人ひとりが幼児期の教育と児童期の教育の役割について理解を深める。

　連携の理念の明確化の際に明らかにすべき論点として，保幼小連携の目的，移行期の教育の目標，幼児期の保育・教育の性質がある。

　保幼小連携の目的には小学校低学年の問題行動の解決のため，子どもの発達に適した教育内容や方法を実現するため，保護者が長期的な子どもの発達の見通しを持てるようにするためなどが挙げられる。これらの中から地域で目指す保幼小連携の目的について認識の共有化を行う。

　移行期の教育の目標として，小学校は子どもの知的能力を向上させる場所であり，その小学校の教育に遅れずについていくために幼児期の教育があるという認識を持っている場合，例えば接続期カリキュラムの開発において，小学校の教科と幼児期の幼稚園教育要領の5領域はいかなる知的な要素において接続がなされるのかという問いが生じる。これに対して，幼児期の教育は基礎的な認知的・社会的能力を育てる時期であるという認識を持っている場合，幼児期に培われた力をさらに伸ばすための環境や手立てとはどのようなものかという問題意識が生じる。どのような目標が移行期の目標として適切であるのかについて認識の共有化を行う。

　幼児期の保育・教育においては，保育所・幼稚園・認定こども園といった異なる保育・教育指針を持つ施設が存在するため，小学校以降の教育と比較して多様性を持っている。保育所・幼稚園・認定こども園で行われている保育・教育を検討して，施設の形態によらず幼児期で大切にされる子どもの力について認識の共有化を行う。

　異なる認識を持つ保育・教育の専門家がいるとすれば，子どもへの支援が

一貫しないものとなり，持続的な保幼小連携が困難になることが予想される。このような事態を避けるために幼児期と小学校以降の教育の連続性についての認識を共有するための意見交換の場を設けることがこの段階の目標となる。

　第二段階として，3者（地方自治体，保育・教育の実践者，保護者・地域住民）による保幼小連携の実施がある。前段階において連携の理念の明確化がなされることで，地方自治体の保幼小連携の方針を保護者や地域住民に示しその方針に対する保護者と地域住民の意見や提案を反映することが可能となる。保育所・幼稚園・認定こども園と小学校は，前段階においてカリキュラムの開発・指導方法の改善や保育者・小学校教諭の相互理解・情報の交換によって移行期の教育の連続性を保つという共通認識を得ている。このことから，地方自治体は移行の支援者としての教育場面での目標や子どもの発達の見通しを保護者や地域住民に提供し，実践者は地方自治体に対して実践の成果や連携の取り組みで生じた課題を報告することが可能となる。保護者や地域住民は，保幼小連携の理念や地域での取り組みの計画については地方自治体と，理念に基づいた教育の実践の具体的な実践目標や方法，内容については保育所・幼稚園・認定こども園・小学校と話し合う機会を持つことができる。

　幼児期から児童期への移行に従って，子どもの生活は家庭以外の場所である小学校や地域で過ごす時間が増え，子どもと保護者，子どもと地域住民の関わり方も変化する。このとき，保護者や地域住民が，子どもの発達の個人差，幼児期の教育と児童期の教育の違い，移行期における学校・園（所）での保幼小連携の取り組みの3点を理解していることが重要である。そのために，幼児期から児童期への移行の時期の重要さ，移行期の子どもを支援するための保育・授業の内容，保育・教育の専門家の専門性などについての情報を公開し，幼児期から児童期にかけての教育の内容と成果を保護者と地域住民に対して示す手段を確保する。保幼小連携の成果について知ることができ

れば，保護者や地域住民が連携の取り組みに参加する意欲が高まることが期待できる。その上で，保護者説明会や地域懇談会への参加などを促し，家庭や地域において子どもの発達に応じた生活環境を準備するよう要請することで移行期の子どもへの支援が可能となる。さらに，保護者に対しては，移行の当事者である保護者への支援として，移行期の環境の変化やそれに伴う子どもの変化から生じる保護者の不安を取り除き，保護者が移行を乗り越える仲間を探すことのできる個人面談や保護者会を行う。

　保幼小連携の取り組み内容については，保護者も含めた交流会の開催，地域に対する啓発活動，保幼小連携合同研修会などの取り組みなどの中から，地方自治体の予算や人的資源が十分で地域全体を対象とした取り組みが可能か，私立保育所・幼稚園・認定こども園が連携の理念を共有し保幼小連携の取り組みに意欲を示しているか，幼児期の教育と児童期の教育の理念と実践を理解している地方自治体の保幼小連携担当者と管理職が配置されているかなど地域の特性を考慮して決定する。予算や人的資源と私立保育所・幼稚園・認定こども園の協力は十分であるが，保幼小連携担当者や管理職の数は十分ではないという場合は，保幼小連携の理念と実践について理解を深めた人材を育てるために，保幼小の実践者を対象とする研修を行うことが選択肢となる。予算や人的資源と私立保育所・幼稚園・認定こども園の協力が十分ではない場合は，近隣の公立の小学校と保育所・幼稚園・認定こども園の間で子どもの情報の共有や保護者との個人面談による支援を行い，その成果を公開することで私立保育所・幼稚園・認定こども園の協力を求めていくことが選択肢となる。

　第三段階として連携体制の継続性の確保がある。計画～実践～評価・内省～改善というサイクルを用いて，保幼小連携の取り組みの双方向性を高める段階である。保幼小連携の取り組みとしては，地方自治体によっては接続期カリキュラム開発が選択肢となる。

　評価を用いて取り組みの双方向性を高めるためには，何をどのような視点

で評価するかという議論が必要である。例えば，接続期カリキュラムが作成
されたとして，その結果生じたのは保育・教育の質の向上なのか，幼児期と
児童期の教育に対する認識の変化なのか，質の向上が生じたとすればそれは
具体的にどの現象を測定することによって示されるものなのかといったこと
を明確にしなければならない。このような評価のための視点が定められない
限り保幼小連携の取り組みが想定されている成果をもたらしているかどうか
確認することができず，効果のない取り組みを続けてしまう危険性がある。

　評価は，保幼小連携担当者，保育・教育の実践者，保護者・地域住民のそ
れぞれの行動の振り返りと保幼小連携体制に対する評価の両方から成り立
つ。佐々木・鳴門教育大学附属幼稚園（2004）は，小学校と幼稚園が幼小連
携を促進するための評価項目（試案）として，幼稚園教育に関する項目，小
学校教育に関する項目，連携に関する項目を挙げている。幼稚園教育に関す
る項目・小学校教育に関する項目は，⑴幼稚園教育（小学校教育）について
の専門的知識を持っているか，⑵幼児（児童）と友好的な信頼関係が築けて
いるか，⑶日々の保育（授業）についての工夫や改善はあるか，⑷見通しを
もった学級経営や指導が行われているか，⑸保護者との友好的な信頼関係が
築けているか，⑹保育者（教師）の誰にたずねても保育内容（教育内容）や幼
小連携の内容や活動について答えられるか，の６つである。連携に関する項
目は，⑴幼小互いの指導内容について関心をもっているか，⑵交流活動など
をおこなっているか，⑶合同保育／授業などを具体的な指導計画に位置付け
ているか，⑷互いの幼児，児童に関する記録をはじめとする情報を提供し合
っているか，⑸保護者に対して幼小連携の成果などについて説明している
か，⑹全教職員に対して幼小連携の成果などについて説明し協力を促してい
るか，の６つである。幼稚園教育に関する項目と小学校教育に関する項目は
保育者と小学校教論の実践の振り返りのための評価項目であり，連携に関す
る項目は保幼小連携体制に対する評価項目である。

　これと同様に，保幼小連携担当者も，学校・園（所）に対する専門的事項

の指導・助言，政策の立案・実施・推進，諸機関・関係者との調整などの役割の実践と，地域の学校・園（所）の取り組み状況の把握という観点から保幼小連携体制に対する評価を行うことができる。また，保護者と地域住民は家庭や地域での子どもの育ちを支える行動の実践と，保護者と地域住民に対する連携の取り組みの有用性の観点から保幼小連携体制を評価することが可能である。

　地方自治体の保幼小連携担当者，保育・教育の実践者，保護者・地域住民が自己の実践に対する内省と保幼小連携体制に対する評価を行う仕組みができた段階で，保幼小連携体制が整ったと考えられる。この段階に達したということは，保幼小連携の目的と移行期の教育の目標と幼児期の保育・教育の性質の共有化がなされており，地域の子どもの発達上の課題や地域で育てたい子どもの力と移行期の子どもに対する援助や指導の方法が提示されており，保幼小連携体制を改善するための枠組みが提案されているからである。

　以上のように，連携の理念の明確化，3者による保幼小連携の実施，連携体制の継続性の確保という手順を踏むことにより持続的な保幼小連携が可能になると考えられる。特に理念の明確化は重要であり，すでに第二段階，第三段階にある地方自治体であっても，保幼小連携の目的，移行期の教育の目標，幼児期の保育・教育の性質に対する再吟味の機会を設けていくことが求められる。

10.3　保幼小連携への示唆

10.3.1　モデルの構築

　保幼小連携推進のモデルは，横断的な研究のデータから保幼小連携に取り組む地方自治体に共有され得る道筋として組み立てられたものである。今後保幼小連携の取り組みのモデル化を行う際には，モデルの前提を3点から検討し直すことが必要と考えられる。

　第一に，モデルに想定されている段階性である。保幼小連携推進のモデル

では，保幼小連携への取り組み期間が長くなるとそれにつれて連携が進むこ
と，保幼小連携は地方自治体が主導していくものであることが前提となって
いる。これは，地方自治体が主導することで保幼小連携が実践されたケース
から導き出されたものである。しかしながら，地方自治体の主導がなくても
学校・園（所）が積極的に保幼小連携に取り組むケースや保幼小連携に長期
的に取り組んだ結果地方自治体の強力な主導が必要とされないケースもあり
得る。これらのケースを取り上げて地方自治体の規模のような地域の特性と
の関連をふまえてモデル化を検討することが求められる。

　第二に，地方自治体の主導性の解釈である。保幼小連携推進のモデルでは
地方自治体が積極的に関わり保幼小合同研修会の開催や移行期のカリキュラ
ムの作成・実践を行っていることを「保幼小連携がより進んだ状態」を示す
ものとして解釈してきた。しかしながら，たとえば，人口規模の大きい地方
自治体における保幼小合同研修会の開催や接続期カリキュラムの開発の割合
が高いことは，地方自治体の主導によって保幼小連携に取り組んでいること
を示すと同時に，多様な就学前施設が存在し，移行期に対する期待が異なる
地域を保育者・小学校教諭が異動するような人口規模の大きい地方自治体で
はそのようなフォーマルな形をとらざるをえないことを示しているともいえ
る。人口規模の小さい地方自治体では保育・教育実践の中で育ってきた移行
期の実践者同士のつながりといったインフォーマルな関係を基礎として学
校・園（所）単位での保幼小連携が実践されているので，地方自治体の主導
による取り組みを必要としていない可能性もある。また，全地域を対象とし
た連携の実施には対象となる地域全体で目的を共有することが必要となるた
め，学区内で連携に取り組む方が実践に結びつきやすいという実現可能性の
問題も考えられる。

　第三に，複数のモデルの設定である。保幼小連携推進のモデルは，保幼小
連携を進める地方自治体にある程度共通する道筋を描き出すことを目的とし
たものであったため，単一のモデルの構築を行った。しかしながら，モデル

の段階性や地方自治体の主導性の解釈における課題を考慮すると，単一のモデルは多様な地方自治体の保幼小連携の実態を示していない可能性がある。多様な経路を想定するモデルを想定することが保幼小連携の実態にも合致し，保幼小連携を進める手がかりとしても有効であると考えられる。

10.3.2　子どもの視点

　本論文では地方自治体を対象とした横断的な研究のデータに基づく考察を行ってきた。また，研究の方法として質問紙調査や資料分析を主に用いてきた。そのため，地方自治体，保育・教育の実践者，保護者・地域住民の３者の間で意見交換を行い保幼小連携に取り組むことで生じる意識や行動の変化は十分に解明されていない。また，移行の当事者である子どもの気持ちや行動の変化についても明らかにされていない。子ども，地方自治体，保育・教育の実践者，保護者・地域住民それぞれの保幼小連携への期待が保幼小連携の取り組みを進めることでどのように変化し，それに伴って実践の内容がどのように変化していくのか（あるいは変化しないのか）という過程の解明が今後の課題と考えられる。

　保幼小連携の行政の担当者を対象とした分析では，地方自治体の基本計画や教育ビジョン，接続期カリキュラムのように地域で共有できる保幼小連携の方針が保幼小連携体制の基盤となっていること，地方自治体が連携の理念を明確にし幼児期と児童期の保育・教育の実践者が互いの教育を理解することの重要性が指摘された。ただし，地方自治体，保育・教育の実践者，保護者・地域住民がこれらの要素を活用し，独立に移行期の子どもを支援するのではなく，共同して連携に取り組むように働く仕掛け・仕組みの検討は課題として残されている。

　保幼小連携の取り組みによって生じる変化と変化を生じさせる仕掛けについては，移行期の子どもの視点を軸として検討する必要があると考えられる。たとえば，保幼小連携の目標の一つとして子どもの授業中の問題行動の

減少が挙げられることがある。この目標の遂行手段として，単純に小学校の
1 学年の環境を限りなく幼児期の環境に近づけることは問題の解決にはなら
ない。小学校に期待される連携の取り組みは，保育所・幼稚園・認定こども
園の手法を取り入れることで限りなく幼児期に近い環境を作り，問題行動を
起こす子どもに段差を感じなくさせるのではなく，すべての子どもが幼児期
に培ってきた能力を十分に発揮できる環境を構築することだと考えられるか
らである。

　子どもが能力を十分に発揮できる環境作りのためには，小学校入学前後の
子どもが移行期に感じていること，期待していることを明らかにする必要が
ある。移行期の子どもは，小学校という新しい環境で周囲から期待されるよ
うに振舞えるかどうかといった不安を持つと同時に，今まで培ってきた能力
を発揮する環境を学校が準備してくれるのかという不安も持つ。教師の説明
を中心として進む授業や教科書を用いた学習という今までとは異なる学習習
慣に慣れ，小学校の明示的・暗黙的なルールに従う子どもは周囲から見ると
適応的にみえる。しかし，その子どもは，心の中では幼児期に経験してきた
自分の決定によって自分の行動をコントロールするという能力を思うように
発揮できないこと，また，そのような能力が評価されないことに落胆してい
る可能性がある。このような子どもの期待を環境に反映していくという視点
を持って，小学校低学年のスタートカリキュラムを作成し，共有する情報の
内容を見直すことが必要である。方法としては，就学前における小学校への
期待や小学校教育の経験について子どもを対象としたインタビューを行い，
移行期の子どもの感情や子どもが感じた環境の違いを問う手法（濱田，2010；
椋田・鈴木，2009）が考えられる。また，保育・教育の実践者，保護者がどの
ような環境を子どもの移行に適した環境と想定しているのか，そのような考
えを持つに至った体験や考えの変化の過程を問う手法も有効である。

　スタートカリキュラム開発においては，子どもにとって挑戦しがいのある
環境作りに焦点を当てた接続期カリキュラムの内容を検討することが必要に

なる。新しい環境になじむことに不安を抱いている子ども，新しい環境で自ら行動を選択し決定することを期待している子どもなど多様性を踏まえた環境作りがスタートカリキュラムに盛り込まれていることが求められる。

　また，子どもが移行期に十分な力を発揮できる環境作りを目指すならば，移行期の子どもの情報の扱いについても変化が生じる。子どもが小学校に入学したときに情報を文書の形で受け取り，必要なときに参照するという方法だけではなく，保育者と小学校教諭が直接会って子どもの行動を話し合うという形での情報の共有が大切になる。保育所・幼稚園・認定こども園という場においてある状況ではこのような行動をとる子どもであるという形での情報提供がなされることで，小学校教諭も入学してくる子どものふるまいを環境とのかかわりにおいて理解し，それを小学校の環境作りに活用することができる。

　そして，このような子ども視点にたったとき，保護者だけではなく地域住民が保幼小連携に参加することの意義が明確になってくると考えられる。保護者と実践者の関係性の中では，その保護者の子どもの遊びや学びが関心の中心となってくる。そこに地域住民が加わることで，さまざまな個性を持つ子どもがいる中で，すべての子どもが能力を発揮できる環境となっているのかという観点から保幼小連携の在り方を問うことができる。実践者は，保護者に対して個別に子どもの発達に対する環境の与える影響を説明するとともに，地域住民に対しては移行期のすべての子どもに対していかなる環境が準備されているのかを説明できることが期待される。

10.4　本論文の意義

　第一の意義として，保幼小連携体制を構築することは連携に関わる地方自治体の保幼小連携担当者，保育士・幼稚園教諭・小学校教諭，保護者・地域住民の間の双方向性を高める活動であることを指摘した点が挙げられる。

　保幼小連携の取り組みを段階としてとらえる考え方はあったが（木下，

2010），段階が進むことは何が変化することであるのかについては十分に検討されてこなかった。保幼小連携体制の構築にあたって，全ての地方自治体が同じような取り組みを実践することは不可能であり，また地域で求められる試みが同じであることもない。人口規模が小さく連携に取り組み始めたばかりである地方自治体が，人口規模が大きく連携に取り組んだ実績がある地方自治体と同じ取り組みを実施することはできない。しかしながら，どのような状況におかれている地方自治体であっても，保幼小連携体制の構築が双方向性を高める試みである点は共通している。

保幼小連携体制を構築する方法には，相対的に双方向性が低い連携の取り組みから相対的に双方向性が高い取り組みへと進み複数の取り組みを実践していく進め方と，取り組み自体の双方向性を高めていく進め方がある。それにもかかわらず，保幼小連携体制を構築する手段は保幼小連携に挙げられる全ての取り組みを実施することであるととらえてしまうと，人口規模が小さかったり人的資源が十分でなかったりする地方自治体では保幼小連携体制の構築は不可能となってしまう。しかし，そのような地方自治体においても，巡回相談の活用，保育所児童保育要録・幼稚園幼児指導要録・認定こども園こども要録の活用，取り組みの成果の周知などによって既存の資源を利用することで保幼小連携の構築を進めることができる。

第二に，保幼小連携体制の段階に応じて求められる地方自治体の保幼小連携担当者の役割が変化することを指摘した点が挙げられる。保幼小連携担当者の役割として，学校・施設種を超えた共通性・連続性のある課題を明示し統一した方針を計画することや各学校の取り組みを後押しし，地域全体の教育方針の意義を家庭・地域団体・住民に啓発していくことなどが挙げられているが（玉井，2009），保幼小連携体制と関連してとらえられてはこなかった。保幼小連携の行政の担当者の役割には学校・園（所）に対する専門的事項の指導・助言，政策の立案・実施・推進，諸機関・関係者との調整などがある。いずれの役割も保幼小連携体制の構築に寄与するものであるが，最も

必要とされる役割は地方自治体の連携の段階によって変わることと，保幼小連携の方針の決定が保幼小連携担当者のリーダーシップに委ねられる点が大きいことを指摘した点に本論文の意義がある。

　第三に，接続期カリキュラムにおいて重視されている子どもの力を指摘した点が挙げられる。接続期において育てたい子どもの力は子どもが生活し他者と関わり集団での活動に参加していく力であり，接続期カリキュラムは家庭・学校・地域において自分の能力で問題を解決していくことのできる子どもを目指していることが示された。幼児期を小学校教育の準備期間だとみなし，幼児期のカリキュラムにおいて幼児期以降の学校教育に必要な言語的・数学的能力を育成すべきだという考え方が存在することが指摘されてきたが（OECD 2006），接続期カリキュラム作成に関わる保幼小連携担当者の中でそのような考え方が重視されているかどうかについては検討されてこなかった。その点を明らかにしたことが本論文の意義である。

10.5　今後の課題

　今後も保幼小連携の取り組みを進めていくにあたっての第一の課題は，移行期が子どもにとってどのような意味を持つ時期であるのかという議論を深めることに関する次の二点である。

　第一点として，Moss（2013）の考え方を論点とした議論の深化の方向性がある。Moss（2013）は，幼児期の教育と児童期の教育の関係性について，学校への準備，強く平等なパートナーシップ，出会いの場としてのビジョンの3つの考え方があると述べている。

　第一の関係性である学校への準備とは，学校教育でよい成果を得られるように幼児期の教育は子どもに知識やスキル，学校教育で成功するために必要な特性を効率的に獲得させるというものである。しかしながら，この考え方は学校教育に必要な特定の知識やスキルを幼児期に教え込むべきという圧力を幼児期の教育に与え，学校教育の内容や方法を幼児期に持ち込むという危

険性がある。そこで，第二の関係性である強く平等なパートナーシップという考え方が生まれた。しかし一方の当事者が他方よりもやりとりにおいて優勢さを持っている場合，平等なパートナーシップを築くことは難しい。よって，第三の出会いの場という提案がなされた。出会いの場とは，伝統や価値，イメージ，アイディアだけではなく教育的実践についても省みたり，再構成したりする場という考え方である。

　保幼小連携の取り組みは，この3つのいずれかに分類されるというのではなく，それぞれの考え方を部分的に取り入れた形で成り立っていると考えられる。ただし，保幼小連携に取り組み始める場合や再考する場合には，いずれの方向性に基づいて連携を実践していくのかという議論及び方向性の共有は必要である。

　第二点に，学校・施設種間の不連続性の性質を論点とした議論の深化の方向性がある。保育所・幼稚園・認定こども園と小学校の間だけではなく，学校・施設種間にはそれぞれの持つ文化や教育内容・方法の違いがあり，子どもはその違いを乗り越えていくことを期待されている。幼児期の教育と児童期の教育の間にある不連続性は他の学校・施設種間にある不連続性とは異なる性質を持つものであるのか，学校・施設種間の不連続性には何らかの共通の要素があるのかといった点を明確にする必要がある。

　第二の課題として，地方自治体を中心とする保幼小連携体制の確立に関する次の二点が挙げられる。第一点は，公立私立の枠組みや所管官庁の枠組みを超えた連携を実現する要素の分析である。第Ⅱ部の分析の結果から，公立私立の枠組みが保幼小連携の取り組みを阻む要因の一つとなっていること，保育所・幼稚園・認定こども園の所管に関する首長部局や教育委員会の在り方も保幼小連携体制の構築に影響を与える重要な要因であることが示された。幼児教育実態調査（文部科学省，2013）においても，私立幼稚園と小学校の連携よりも公立幼稚園と小学校の連携の取り組みが多いことが示されている。連携を望んでいるがまだ取り組みに参加していない保育所・幼稚園・認

定こども園が認識している課題を分析し実践につなげていくことが求められる。

　第二点は，接続期カリキュラムの実践方法の分析である。地方自治体が接続期カリキュラムを開発し，移行期に培われる子どもの能力について方針を示した後，各学校・園（所）が実際にどのような形で接続期カリキュラムを実践に取り入れていくのかを検討する必要がある。地方自治体が接続期の教育に関する方針を示したとしても，それを実際に学校・園（所）のカリキュラムとして取り入れるかどうか，また学校・園（所）の独自の保育・教育の実践との整合性をどうとるのかといった実践の実態については十分に報告されていない。したがって，接続期カリキュラムを作成した地方自治体内の学校・園（所）での接続期カリキュラムの実践について詳しく検討することが求められる。

　第三の課題は，研究の手法に関する次の三点である。第一点は，保育・教育の実践者，保護者，地域住民の認識を対象としていないことである。保幼小連携の取り組みは地方自治体と保育・教育の実践者，保護者・地域住民によって支えられるものである。しかしながら，本論文は，地方自治体の担当者の認識と地方自治体が関与して作成された資料を基に分析を行ったため，地域で取り組む保幼小連携に対して，保育・教育の実践者，保護者・地域住民がどのような認識を持ち，自分の役割をどのようにとらえているかという点には踏み込めていない。保幼小連携に関わる者の立場によって連携に求める内容は異なってくることが予想される。そのような認識の違いを分析することによって，地域で求められる連携の在り方を導きだすことが求められる。

　第二点は，保育士・幼稚園教諭と小学校教諭が互いの保育や教育を理解していくプロセスの分析に踏み込めなかった点である。分析の結果から，教育の連続性を保つ上で保育士・幼稚園教諭と小学校教諭が互いの保育・教育を理解していくことが重要であること，そして保幼小合同研修会やカリキュラ

ム開発などが相互理解の生じる場として機能していることが示唆されたが，実際に相互理解が生じるプロセスの分析は行っていない。どのような議論によって実践者の相互理解が深まっていくのかについて事例分析などによって明らかにしていくことが求められる。

　第三点は，保幼小連携体制と接続期カリキュラムの変化の可能性をとらえていないことである。保幼小連携体制の構築は現在進行中のプロセスであり，特に接続期カリキュラムの開発はここ数年の進捗が急速である。2010年頃から，接続期カリキュラムの構成は多様化し，子どもの経験を階層的に生かしたカリキュラム（井上・朝倉・池田・中山・吉原・青原・石井・金田，2010），小学校の「教科」別のカリキュラム（長瀬・田中・峯，2015），幼小中連携を視野にいれたカリキュラム（熊本大学教育学部・四附属学校園，2015）の開発が行われている。

　接続期カリキュラムで取り上げられる要素も多岐にわたり，かかわる力（安藤・鵜戸・瀬戸山・河原，2016），主体性（鈴木・小岩・佐藤・神山・森・菊地・芝田・渡辺・堀口・荻野・上野・竹井・德富，2015），道徳性と協同性（中島・東・佐藤・荒松・西島・島崎・白川，2013），入学後の子どもの戸惑い（善野，2012），安全教育（荒谷・川崎・井上・桑田・高橋・内海・雨宮，2014），算数教育（松尾，2014）などの検討がなされている。そのため，本論文の調査内容は調査時点での一時的なものであり，今後より多様な保幼小連携が生まれると考えられる。

引 用 文 献

赤木信介・田部絢子・石川衣紀・内藤千尋・髙橋智（2016）．就学前教育と小学校の接続・連携に関する調査研究——「松江市保幼小接続カリキュラム」の検討を通して—— 東京学芸大学紀要 総合教育科学系Ⅱ, *67*, 53-68.

秋田喜代美・有馬幼稚園・小学校（2002）．幼小連携のカリキュラムづくりと実践事例 小学館

秋田喜代美・第一日野グループ（2013）．保幼小連携——育ちあうコミュニティづくりの挑戦—— ぎょうせい

秋山和夫（1991）．幼稚園と小学校との一貫性 幼児の教育, *90*(11), 4-5.

網野武博・増田まゆみ・秋田喜代美・尾木まり・高辻千恵・一前春子（2010）．保育所，幼稚園，小学校の連携等に関する現状分析及び今後の展望に関する研究 東京家政大学生活科学研究所研究報告, *33*, 1-14.

安藤真二・鵜戸周成・瀬戸山由香里・河原国男（2016）．「かかわる力」を育成する幼小中一貫教育の活動とその特質（その１）——宮崎大学教育文化学部附属学校園の取組①「かかわる力」の目標系統表とその成立経緯を中心に—— 宮崎大学教育文化学部附属教育協働開発センター研究紀要, *24*, 123-138.

青木絹子（2009）．熊谷市における幼保小連携の取組みについて 日本教育, *382*, 18-21.

新井美保子・千田隆弘（2010）．幼保小における学びの接続の探究（その１）——遊びにおける学びの要素に着目して—— 愛知教育大学研究報告 教育科学編, *59*, 55-63.

荒谷美津子・川崎裕美・井上由子・桑田一也・高橋法子・内海和子・雨宮恵子（2014）．中教審答申における安全科を見据えた健康安全教育——幼小中一貫教育における防災教育の在り方—— 広島大学学部・附属学校共同研究機構研究紀要, *42*, 201-206.

朝日素明（2007）．市町村教育委員会の教育行政機能に関する調査研究——指導行政と人事行政に焦点をあてて—— 摂南大学教育学研究, *3*, 1-14.

浅見均（2010）．保・幼・小の連携の現状と課題 日本教材文化財団研究紀要, *40*, 62-66.

吾田富士子（2011）．初年度の保育要録活用の現状と幼保小連携——札幌市内全小学校への調査から——　藤女子大学紀要第Ⅱ部，*48*，113-124．

Bronfenbrenner, U.（1979）. *The ecology of human development: Experiments by nature and design*. Cambridge, MA: Harvard University Press.

CIDREE（2007）. *The education of 4- to 8-year-olds : Re-designing school entrance phase*. Retrieved from CIDREE website: http://www.cidree.org/publications/yearbooks-since-2001

Clifford, R. M., & Crawford, G. M.（2009）. Learning from one another. In R. M. Clifford & G. M. Crawford（Eds.）, *Beginning School: U.S. policies in international perspective*（pp. 111-135）. New York: Teachers College Press.

Cunha, F., Heckman, J. J., Lochner, L., & Masterov, D. V.（2005）. Interpreting the evidence on life cycle skill formation. IZA Discussion paper series, No. 1675, Institute for the study of labour, Bonn, Germany, July.

遠座知恵・橋本美保（2011）．近代日本における進歩主義幼小連携カリキュラムの受容——三校の女子師範学校の研究体制を中心に——　東京学芸大学紀要 総合教育科学系Ⅰ，*62*，7-17．

Fabian, H.（2007）. Informing transitions. In A. Dunlop & H. Fabian（Eds.）, *Informing transitions in the early years : Research, policy and practice*（pp. 3-17）. Berkshire: Open University Press.

Fabian, H., & Dunlop, A.（2002）. Conclusions: Debating transitions, continuity and progression in the early years. In H. Fabian & A. Dunlop（Eds.）, *Transitions in the early years : Debating continuity and progression for young children in early education*（pp. 146-154）. London: Routledge.

Fabian, H., & Dunlop, A.（2007）. *Outcomes of good practice in transition processes for children entering primary school*. Retrieved from University of Strathclyde website: http://strathprints.strath.ac.uk/43857

藤江康彦（2007）．生活科における異年齢交流活動の意味——幼小連携の視点から——　關西大學文學論集，*56*，85-110．

藤井利譽（1919）．幼稚園と小學校との聯絡問題　幼兒教育，*19*(9)，347-351．

藤田東洋（1909）．幼稚園より小學校へ入學したる兒童の實際成績如何　婦人とこども，*9*(9)，21-27．

藤田英典（2012）．現代の貧困と子どもの発達・教育　発達心理学研究，*23*，439-449．

福元真由美（2014）．幼小接続カリキュラムの動向と課題——教育政策における2つ
のアプローチ——　教育学研究, *81*, 396-407.

濱田祥子（2010）．幼小交流活動は幼児にとってどのような体験であるか——交流前
後のインタビューの分析から——　広島大学大学大学院 幼年教育研究年報, *32*,
11-19.

Hamre, B. K., & Pianta, R. C.（2007）. Learning opportunities in preschool and early
elementary classrooms. In R. C. Pianta, M. J. Cox & K. L. Snow（Eds.）, *School
readiness & the transition to kindergarten in the era of accountability*（pp. 49-
83）. Baltimore: Paul H. Brookes Publishing Co.

長谷部比呂美・池田裕恵・日比曉美・大西頼子（2015）．保育者評定による最近の幼
児に見られる変化——小1プロブレムの背景要因——　淑徳大学短期大学研究紀
要, *54*, 31-48.

橋本美保（2009）．明石女子師範学校附属幼稚園における保育カリキュラムの開発過
程——アメリカ進歩主義の幼小連携カリキュラムの影響を中心に——　東京学芸
大学紀要 総合教育科学系, *60*, 39-51.

林浩子（2007）．幼小の交流活動から見えてくるもの——幼小連携におけるもう一つ
の意味——　保育学研究, *45*, 175-182.

蛭田政弘（1997）．指導主事の資質形成を図る研修プログラムの在り方——指導主事
のライフステージに応じて——　学校経営, *42*(11), 16-23.

市島貞三（1918）．小學校に現はれた幼稚園の成績　婦人とこども, *18*(5), 193-194.

一前春子・秋田喜代美・増田まゆみ・高辻千恵（2011）．幼小連携に対する視点の変
化——『幼児の教育』の記事の分析から——　国際幼児教育研究, *19*, 29-38.

井口眞美（2011）．要録の有効な活用に関する提言——保育所保育要録と幼稚園指導
要録の記述における5歳児の見とりの比較を通して——　淑徳短期大学研究紀
要, *50*, 115-127.

池本美香（2011）．経済成長戦略として注目される幼児教育・保育政策——諸外国の
動向を中心に——　教育社会学研究, *88*, 27-45.

井上弥・朝倉淳・池田明子・中山芙充子・吉原智恵美・青原栄子・石井信孝・金田敏
治（2010）．子どもの経験を階層的に生かす幼小連携カリキュラムの開発（7）
——自然事象に焦点を当てて——　広島大学学部・附属学校共同研究機構研究紀
要, *38*, 137-142.

伊勢正明（2016）．生活科の指導内容・方法が示す保幼小連携のモデル　帯広大谷短
期大学紀要, *53*, 67-76.

岩立京子（2012）．幼保小連携の課題と今後の方向性　保育学研究, *50*, 76-84.

門田理世（2011）．乳幼児期から児童期への移行期教育における現状と課題――アメリカ合衆国の事例を基に――　西南学院大学人間科学論集, *6*, 179-194.

Kaga, Y., Bennett, J., & Moss, P.（2010）. *Caring and learning together. A cross-national study on the integration of early childhood care and education within education.* Retrieved from UNESCO website: http://unesdoc.unesco.org/images/0018/001878/187818E.pdf

神田直子・山本理絵（2007）．幼児期から学童期への移行期における親の子育て状況と不安,支援ニーズ――「第4回愛知の子ども縦断調査」結果第1報――　愛知県立大学文学部論集 児童教育学科編, *56*, 17-34.

河口麻希（2015）．「就学支援シート」を用いた特別なニーズのある幼児の移行支援――移行の時期に着目して――　保育学研究, *53*, 174-184.

河崎道夫・朝田かおり・北谷正子・杉澤久美子・西原信孝・藤本尚・松本敬子・山崎征子・山田康彦・吉田京子（2003）．幼小連携接続問題の実践的研究報告――児童間交流・教師間交流の取り組みを中心に――　三重大学教育学部附属教育実践総合センター紀要, *23*, 55-62.

菊池知美（2008）．幼稚園から小学校への移行に関する子どもと生態環境の相互調節過程の分析――移行期に問題行動が生じやすい子どもの追跡調査――　発達心理学研究, *19*, 25-35.

木村吉彦（監修）・茅野市教育委員会（編）（2016）．実践 接続期カリキュラム――育ちと学びをつなぐ「幼保小連携教育」の挑戦――　ぎょうせい

木村吉彦（監修）・仙台市教育委員会（編）（2010）．「スタートカリキュラム」のすべて――仙台市発信・幼小連携の新しい視点――　ぎょうせい

木下一雄（1927a）．幼稚園と尋常一年との聯絡について　幼兒の教育, *27*(4), 2-8.

木下一雄（1927b）．幼稚園と尋常一年との聯絡について（二）　幼兒の教育, *27*(5), 10-14.

木下一雄（1927c）．幼稚園と尋常一年との聯絡について（三）　幼兒の教育, *27*(6), 2-6.

木下光二（2010）．育ちと学びをつなげる幼小連携――小学校教頭が幼稚園へとび込んだ2年間――　チャイルド本社

木下康仁（2003）．グラウンデッド・セオリー・アプローチの実践――質的研究への誘い――　弘文堂

北野幸子・中野道子（2009）．教育委員会と大学の協働による保幼小連携推進の試み

——宗像市の事例—— 福岡教育大学 教育実践研究, *17*, 73-79.

木山徹哉・中山智哉・小林久美・平山静男・白瀬浩司・長谷川勝久・山田英俊・柳昌子（2009）．保育者の年長児に対する現状認識と保・幼・小連携への対応——質問紙調査の分析を中心に—— 九州女子大学紀要, *45*, 35-57.

木山徹哉・山田英俊・中山智哉・小林久美・長谷川勝久・白瀬浩司・柳昌子（2008）．新入児童の状況と保・幼・小連携の課題——福岡県行橋市の小学校教員を対象とした質問紙調査の分析を中心に—— 九州女子大学紀要, *44*, 31-49.

小林小夜子・白川佳子・野崎秀正・森野美央（2008）．就学前集団保育と小学校との連携に関する研究——幼稚園教諭・小学校教諭の研修内容に関する全国調査から—— 広島大学大学院教育学研究科 幼年教育研究年報, *30*, 15-21.

小泉裕子・高垣マユミ・冨田久枝・松田広則・田爪宏二・鈴木樹・榎本至・内藤知美（2010）．接続期の子どもの発達を支えるアーティキュレーション・サポート・システム（A・S・S）——地域ネットワーク環境の在り方に関する研究—— 鎌倉女子大学学術研究所報, *10*, 7-15.

国立教育政策研究所（編）（2010）．生きるための知識と技能4——OECD生徒の学習到達度調査（PISA）2009年調査国際結果報告書—— 明石書店

国立教育政策研究所教育課程研究センター（2005）．幼児期から児童期への教育 ひかりのくに

小谷宜路（2004）．わが国における「幼小連携」研究をめぐる史的変遷 兵庫教育大学 幼年児童教育研究, *16*, 33-44.

熊本大学教育学部・四附属学校園（編）（2015）．論理的思考力・表現力育成のためのカリキュラム開発——教科間連携，幼・小・中連携を視野に入れて—— 渓水社

倉橋惣三（1923）．幼稚園から小學校へ——幼稚園と小學校幼年級の眞の聯結—— 幼兒教育, *23*(4), 133-139.

倉橋惣三（1940）．幼稚園と小學校の聯絡 幼兒の教育, *40*(3), 1-3.

倉橋惣三（1941a）．國民幼稚園の名に於て（三）——國民學校との連繼性—— 幼兒の教育, *41*(4), 1.

倉橋惣三（1941b）．國民幼稚園の名に於て（四）——國民學校への正しき連絡—— 幼兒の教育, *41*(5), 1.

倉橋惣三（1941c）．國民幼稚園の名に於て（五）——國民學校への正しき連絡—— 幼兒の教育, *41*(6), 1.

鞍馬裕美（2015）．保幼小連携推進に関する一考察——東京都品川区における連携事例の分析を通じて—— 明治学院大学心理学紀要, *25*, 21-33.

松井剛太（2007）．障害のある幼児の就学支援システムの構築——サポートファイル
　　の活用による小学校への接続の試み——　保育学研究, *45*, 191-198.

松井とし（2005）．幼稚園と小学校の連携——接続期を設けて考える——　お茶の水
　　女子大学子ども発達教育研究センター（編）　幼児教育と小学校教育をつなぐ
　　——幼小連携の現状と課題——（pp. 53-57）　お茶の水女子大学子ども発達教育
　　研究センター

松尾七重（2014）．就学前教育と小学校教育の連続性を考慮した算数教育プログラム
　　案——数と計算, 量と測定領域を中心にして——　千葉大学教育学部研究紀要,
　　62, 183-190.

三村真弓・吉富功修・北野幸子（2008）．ハンガリーにおける保幼小連携音楽カリキ
　　ュラム——就学前教育から小学校1年生への系統性に着目して——　広島大学大
　　学院教育学研究科 音楽文化教育学研究紀要, *20*, 1-12.

文部科学省（2010）．幼児期の教育と小学校教育の円滑な接続の在り方について　文
　　部科学省　Retrieved from http://www.mext.go.jp/b_menu/shingi/chousa/
　　shotou/070/houkoku/1298925.htm

文部科学省（2013）．平成24年度幼児教育実態調査　文部科学省　Retrieved from
　　http://www.mext.go.jp/b_menu/houdou/25/03/1332302.htm

文部科学省・厚生労働省（2009）．保育所や幼稚園等と小学校における連携事例集
　　文部科学省　Retrieved from http://www.mext.go.jp/a_menu/shotou/
　　youchien/1258039.htm

森上史郎（2005）．大きく変わる保育の制度——子どもの視点から——　発達, *104*
　　(26), 2-8.

Moss, P.（2013）. The relationship between early childhood and compulsory educa-
　　tion: A properly political question. In P. Moss（Ed.）, *Early childhood and com-
　　pulsory education: Reconceptualising the relationship*（pp. 2-49）. London: Rout-
　　ledge.

椋田善之（2014）．幼稚園から小学校の移行期における保護者の子どもへの期待と不
　　安の変容過程——入学前と入学後の保護者へのインタビューを通して——　東京
　　大学大学院教育学研究科紀要, *53*, 233-246.

椋田善之・鈴木正敏（2009）．就学前後の子どもが感じる幼小の違いに関する研究
　　——5歳と1年生時点での子どものインタビューを通して——　兵庫教育大学
　　学校教育学研究, *21*, 23-31.

長瀬美子・田中伸・峯恭子（編著）（2015）．幼小連携カリキュラムのデザインと評価

　　風間書房

中川智之・西山修・高橋敏之（2009）．幼保小の円滑な接続を支援する学級経営観尺
　　度の開発　乳幼児教育学研究，*18*，1-10.

中島千惠（2010）．アメリカ合衆国における保幼小連携を推進する多機関コラボレー
　　ション　京都文教短期大学研究紀要，*49*，85-95.

中島千惠（2013）．カリフォルニア州における移行期における保護者支援の理念と取
　　り組み　京都文教大学 心理社会的支援研究，*4*，37-50.

中島朋紀・東ゆかり・佐藤康富・荒松礼乃・西島大祐・島崎真由美・白川佳子
　　（2013）．幼小連携のカリキュラムについての研究――「道徳性」「協同性」の育
　　成――　鎌倉女子大学学術研究所報，*13*，1-8.

Neuman, M. J.（2002）. The wider context: An international overview of transition
　　issues. In H. Fabian & A. Dunlop（Eds.）, *Transitions in the early years : Debat-
　　ing continuity and progression for young children in early education*（pp. 8-22）.
　　London: Routledge.

日本保育協会（2010）．保小の連携実践事例集――なめらかに育ちをつなぐ保育の工
　　夫――　日本保育協会

日本保育協会（2011）．保育所児童保育要録を中心とした保小連携推進事業報告書
　　日本保育協会

新潟大学教育人間科学部付属長岡校園（2007）．科学をつくりあげる学びのデザイン
　　――学びの壁を超える幼・小・中連携カリキュラム――　東洋館出版社

新潟県見附市教育委員会（2007）．見附市における幼保小連携活動――「レインボー
　　プラン」の推進――　教育委員会月報，*59*(9)，116-124.

丹羽さがの・酒井朗・藤江康彦（2004）．幼稚園，保育所，小学校教諭と保護者の意
　　識調査――よりよい幼保小連携に向けて――　お茶の水女子大学子ども発達教育
　　研究センター紀要，*2*，39-50.

野口隆子・秋田喜代美・芦田宏・淀川裕美・鈴木正敏・門田理世・箕輪潤子・小田豊
　　（2011）．園文化から学校文化への移行経験に関する日本・台湾比較研究（1）
　　――保護者の認識の変化――　日本発達心理学会第22回大会論文集，656.

野口隆子・秋田喜代美・淀川裕美・箕輪潤子・門田理世・芦田宏・鈴木正敏・小田豊
　　（2009）．幼稚園から小学校への移行に関する縦断的分析（2）――移行経験によ
　　る保護者の認識の変化――　日本教育心理学会第51回総会発表論文集，444.

野口隆子・鈴木正敏・門田理世・芦田宏・秋田喜代美・小田豊（2007）．教師の語り
　　に用いられる語のイメージに関する研究――幼稚園・小学校比較による分析――

教育心理学研究, *55*, 457-468.

小保方晶子・佐久間路子・堀江まゆみ（2008）．特別支援教育における幼小連携に向けた就学前教育における実践的課題——障害のある子どもへの支援に関する保育現場ニーズ調査より——　白梅学園短期大学教育・福祉研究センター研究年報, *13*, 61-65.

小渕隆司・山本理絵・神田直子（2008）．広汎性発達障害傾向を持つ子どもの小学校移行期における学校・生活状況と支援ニーズ——「第4回愛知の子ども縦断調査」より——　愛知県立大学文学部論集 児童教育学科編, *57*, 13-35.

お茶の水女子大学附属幼稚園・小学校（2006）．子どもの学びをつなぐ——幼稚園・小学校の教師で作った接続カリキュラム——　東洋館出版社

お茶の水女子大学附属幼稚園・小学校・中学校・子ども発達教育研究センター（2008）．「接続期」をつくる——幼・小・中をつなぐ教師と子どもの協働——　東洋館出版社

OECD（2001）. *Starting strong: Early childhood education and care*. Paris: OECD Publishing.

OECD（2006）. *Starting strong Ⅱ : Early childhood education and care*. Paris: OECD Publishing.

OECD（2012）. *Starting strong Ⅲ : A quality toolbox for early childhood education and care*. Paris: OECD Publishing.

岡田正章（1971）．中教審の「試案」から「中間報告」へをめぐって　幼児の教育, *70*(4), 20-25.

押田貴久（2010）．カリキュラム開発における指導主事の役割——品川区を事例に——　東京大学大学院教育学研究科教育行政学論叢, *29*, 1-7.

Pianta, R. C., & Cox, M. J. (1999). The changing nature of the transition to school: Trends for the next decade. In R. C. Pianta & M. J. Cox (Eds.), *The transition to kindergarten* (pp. 363-379). Baltimore: Paul H. Brookes Publishing Co.

ランブレヒト・マティアス（2013）．保幼小連携における移行期の理論と実践モデル——統一後ドイツの動向を中心に——　東京家政大学研究紀要, *53*, 13-21.

埼玉大学教育学部（2008）．「協働する実践者」としての幼稚園教員養成——幼小5年間のスペシャリスト養成をめざす地域連携型プロジェクト——　埼玉大学　Retrieved from http://www.saitama-u.ac.jp/sakura/gp-zentai.pdf

酒井朗（2010）．移行期の危機と校種間連携の課題に関する教育臨床社会学——「なめらかな接続」再考——　教育学研究, *77*, 132-143.

酒井朗（2014）．教育方法からみた幼児教育と小学校教育の連携の課題——発達段階論の批判的検討に基づく考察—— 教育学研究, *81*, 384-395.

酒井朗・横井紘子（2011）．保幼小連携の原理と実践——移行期の子どもへの支援—— ミネルヴァ書房

坂元彦太郎（1960）．幼児教育における「教育課程」の問題 幼児の教育, *59*(11), 2-5.

坂元彦太郎（1962）．「教育課程」と「指導計画」 幼児の教育, *61*(11), 2-5.

坂元彦太郎（1970）．幼児教育と中教審の基本構想 幼児の教育, *69*(9), 6-20.

坂元彦太郎（1971）．中教審の答申と幼児教育 幼児の教育, *70*(11), 4-23.

佐久間路子・金田利子・佐々加代子・小松歩・林薫・川喜田昌代（2008）．小平市における保幼小連携の課題を探る——小学校1年生担任教諭対象の調査から—— 白梅学園短期大学教育・福祉研究センター研究年報, *13*, 66-77.

Sanders, D., White, G., Burge, B., Sharp, C., Eames, A., McEune, R., & Gravson, H.（2005）. *A study of transition from the foundation stage to key stage 1.*（DfES Research Repot SSU/2005/FR/013）. London: DfES.

佐々木宏子・鳴門教育大学附属幼稚園（2004）．なめらかな幼小の連携教育——その実践とモデルカリキュラム—— チャイルド本社

佐々木吉三郎（1911）．幼稚園と小學校との課業上の聯絡 婦人と子ども, *11*(7), 10-14.

佐々木幸寿（2013）．小規模教育委員会の効果的な組織運営——自治体の教育施策と学校カリキュラムを連動させる工夫：秋田県東成瀬村—— 東京学芸大学紀要 総合教育科学系Ⅰ, *64*, 39-54.

佐藤智恵（2013）．特別な支援が必要な子どもの保育所から小学校への移行に関する研究——子ども，保護者，保育者・小学校教諭の3者の語りの質的分析より—— 保育学研究, *51*, 393-403.

佐藤曉・堀口貞子・二宮信一（編著）（2008）．保幼—小が連携する特別支援教育——就学準備→通学のサポート実務百科—— 明治図書

佐藤真・椋田善之（2011）．子どもの視点を取り入れたスタートカリキュラムの開発 兵庫教育大学研究紀要, *39*, 225-231.

佐藤康富（2010）．幼小の接続期におけるカリキュラムに関する一考察 鎌倉女子大学紀要, *17*, 113-120.

Sharp, C., White, G., Burge, B., & Eames, A.（2006）. Making a successful transition to year 1. *Practical research for education, 35,* 20-27.

清水一彦（2001）．学校教育制度におけるアーティキュレーションの問題――課題意識の変容と教育課題――　教育制度研究, *8*, 8-23.

新保真紀子（2010）．「くぐらせ期」からスタートカリキュラムへ――就学前教育と学校教育の学びをつなぐ――　神戸親和女子大学 児童教育学研究, *29*, 169-198.

鈴木一成・小岩大・佐藤洋平・神山雅美・森顕子・菊地圭子・芝田千香子・渡辺行野・堀口純平・荻野聡・上野敬弘・竹井秀文・德富健治（2015）．竹早地区幼小中連携研究における主体性の育成と連携カリキュラムの位置づけに関する一考察　東京学芸大学附属学校研究紀要, *42*, 99-108.

Sylva, K.（2010）．Re-thinking the evidence-base for early years policy and practice. In K. Sylva, E. Melhuish, P. Sammons, I. Siraj-Blatchford, & B. Taggart（Eds.）, *Early childhood matters: Evidence from the effective pre-school and primary education project*（pp. 223-235）. London: Routledge.

高橋直之（2011）．緒川小学校の実践から得られるスタートカリキュラムへの示唆　愛知教育大学生活科・総合的学習研究, *9*, 85-92.

高野牧子・堀井啓幸（2013）．イギリスにおける幼小連携の現状と課題（その1）――ロンドンにおける事例調査から――　山梨県立大学人間福祉学部紀要, *8*, 37-48.

高野牧子・堀井啓幸（2014）．イギリスにおける幼小連携の現状と課題（その2）――ダンス教育に焦点を絞って――　山梨県立大学人間福祉学部紀要, *9*, 27-36.

高辻千恵（2008）．保育所と小学校の連携に関する今後の課題――保育所児童保育要録を中心に――　埼玉県立大学紀要, *10*, 15-23.

高辻千恵・増田まゆみ・網野武博・秋田喜代美・尾木まり・一前春子（2012）．保育所と小学校の連携に関する教職員の意識（2）――計画・記録・評価と要録の関係――　日本保育学会第65回大会発表要旨集, 730.

玉井康之（2009）．連携・一貫教育における教育委員会の役割は何か　高階玲治（編）幼・小・中・高の連携・一貫教育の展開（pp. 104-107）　教育開発研究所

田宮縁・池田優・鈴木富美子（2014）．保育者の語りにみる幼稚園における保護者支援――幼小連携に関する語りの分析――　静岡大学教育実践総合センター紀要, *22*, 53-62.

テンプル・アリス（1920a）．幼稚園と小學校との聯絡問題（一）　幼兒教育, *20*(5), 174-179.

テンプル・アリス（1920b）．シカゴ大學付屬小學校――幼稚園と小學校との聯絡問

題 (二) ―― 幼児教育, *20*(6), 207-214.

寺井茶妃・松本謙一・茂貴子 (2014). 入学直後に設定する「遊び単元」の在り方 ――1年生活科「ひろばであそぼう〜さそいあって〜」の実践を通して―― 富山大学人間発達科学研究実践総合センター紀要 教育実践研究, *8*, 105-116.

東京都教育委員会 (2009). 東京都公立小・中学校における第1学年の児童・生徒の学校生活への適応状況にかかわる実態調査について 東京都教育庁 Retrieved from http://www.k yoiku.metro.tokyo.jp/buka/soumu/choho/558/page7.htm

津守真 (1956). フレーベル以後の幼稚園10 幼児の教育, *55*(6), 60-63.

津守真 (1971). 現在, 幼児教育に必要なことは何か――中教審答申をみて―― 幼児の教育, *70*(11), 36-38.

上田礼子 (2012). 子どもの発達と地域環境――発達生態学的アプローチ―― 発達心理学研究, *23*, 428-438.

Vaughn, S., Schumm, J. S., & Sinagub, J. M. (1996). *Focus group interviews in education and psychology.* California: Sage publications. (ヴォーン , S.・シューム , J. S.・シナグブ, J. 井下理 (監訳) 田部井潤・柴原宜幸 (訳) (1999). グループ・インタビューの技法 慶應義塾大学出版会)

渡部昭男 (2002). 「小学校1年生問題」と教員配置・学級編制施策――T県における「小学校1年生支援事業」の効果―― 鳥取大学教育地域科学部教育実践総合センター研究年報, *11*, 5-14.

渡部昭男 (2003). 「小学校1年生問題」と教員配置・学級編制施策 (第Ⅱ報) ――H県における「小学1年生はばたきプラン」の効果―― 鳥取大学教育地域科学部紀要 教育・人文科学, *4*, 137-176.

Willig, C. (2001). *Introducing qualitative research in psychology. Adventures in theory and methods.* Buckingham: Open University Press. (ウィリッグ, C. 上淵寿・大家まゆみ・小松孝至 (訳) (2003). 心理学のための質的研究法入門――創造的な探求に向けて―― 培風館)

矢島毅昌・山下由紀恵・鹿野一厚 (2014). 地域資源を活用した保幼小連携カリキュラムにおける課題と可能性の考察――地域資源と協同的な体験を保育教育課程に生かす「ふるさと基盤教育」―― しまね地域共生センター紀要, *1*, 23-31.

山田千明・清水亜紀・相原佑美 (2012). 幼児期の教育と小学校教育の円滑な接続――教科活動につながる協同的な遊びと学びについて考える―― 山梨県立大学人間福祉学部紀要, *7*, 59-68.

山田有希子・大伴潔 (2010). 保幼・小接続期における実態と支援のあり方に関する

検討──保幼 5 歳児担任・小 1 年生担任・保護者の意識からからとらえる──
　　東京学芸大学紀要 総合教育科学系Ⅱ，*61*，97-108.

山口美和（2016）．幼保小連携における「接続期カリキュラム」の意義と課題　長野
　　県短期大学紀要，*70*，155-167.

山下俊郎（1960）．いわゆる準備教育について　幼児の教育，*59*(1)，2-5.

山下俊郎（1964）．準備教育について　幼児の教育，*63*(9)，2-5.

安尾健也（2009）．コミュニケーション能力を育てる──千早赤阪村における幼小中
　　連携── 日本教育，*382*，14-17.

横井紘子（2007）．幼小連携における「接続期」の創造と展開　お茶の水女子大学子
　　ども発達教育研究センター紀要，*4*，45-52.

横井紘子・酒井朗（2005）．都道府県・政令指定都市教育委員会調査の報告　お茶の
　　水女子大学子ども発達教育研究センター（編）　幼児教育と小学校教育をつなぐ
　　──幼小連携の現状と課題──（pp. 17-21）　お茶の水女子大学子ども発達教育
　　研究センター

横井志保（2009）．幼保・小の連携に関する研究（3）──小牧市における 6 年間の交
　　流・連携活動の調査より── 名古屋柳城短期大学研究紀要，*31*，153-158.

横山真貴子・木村公美・竹内範子・掘越紀香（2013）．幼稚園の 5 歳児クラスにおけ
　　る環境構成と保育者の援助のあり方──幼小のカリキュラム接続に着目して──
　　奈良教育大学教育実践開発研究センター研究紀要，*22*，45-56.

善野八千子（2012）．幼小接続期におけるカリキュラム開発Ⅲ──入学後の子どもの
　　戸惑いに着目して── 奈良文化女子短期大学紀要，*43*，73-85.

初 出 一 覧

一前春子・秋田喜代美（2011）．取り組み段階の観点からみた地方自治体の幼小連携
　　体制作り　乳幼児教育学研究，*20*，13-26．

一前春子・秋田喜代美（2012）．地方自治体の接続期カリキュラムにおける接続期と
　　カリキュラムの比較　国際幼児教育研究，*20*，85-95．

一前春子・秋田喜代美（2012）．人口規模の観点からみた地方自治体の保幼小連携体
　　制作り　国際幼児教育研究，*20*，97-110．

一前春子・秋田喜代美（2012）．自治体による保幼小接続期カリキュラムの分析　日
　　本乳幼児教育学会第22回大会研究発表論文集，142-143．

一前春子・秋田喜代美（2012）．全国地方自治体による幼小接続期カリキュラム開発
　　の検討　日本教育心理学会第54回総会発表論文集，43．

一前春子・秋田喜代美（2013）．全国自治体による保幼小接続期カリキュラムと実践
　　事例の分析　日本保育学会第66回大会発表要旨集，560．

一前春子・秋田喜代美・網野武博（2011）．持続可能な幼小連携の分析――自治体の
　　機能――　日本保育学会第64回大会発表要旨集，562．

一前春子・秋田喜代美・網野武博・尾木まり・高辻千恵（2012）．持続可能な幼小連
　　携の分析（2）――接続カリキュラムから――　日本保育学会第65回大会発表要
　　旨集，731．

一前春子・秋田喜代美・増田まゆみ・高辻千恵（2011）．幼小連携に対する視点の変
　　化――『幼児の教育』の記事の分析から――　国際幼児教育研究，*19*，29-38．

あ と が き

　本書は，東京大学大学院教育学研究科に学位論文として提出し，2014年10月に博士（教育学）の学位を授与された論文に加筆修正したものです。

　本論文をまとめるにあたり，ご指導と激励を賜りました東京大学大学院教育学研究科の秋田喜代美教授に心より感謝申し上げます。秋田教授の貴重なご助言と暖かい励ましなしに，論文を完成することはできませんでした。

　学位論文審査において，研究の内容及び今後の方向性についてご指導とご助言をいただいた東京大学大学院教育学研究科の遠藤利彦教授，勝野正章教授，藤村宣之教授，藤江康彦准教授に心より感謝申し上げます。

　保幼小連携研究にお誘いいただきました東京家政大学の網野武博教授，東京家政大学の増田まゆみ教授，子どもの領域研究所の尾木まり所長，東京家政大学の高辻千恵准教授に心よりお礼申し上げます。

　調査の実施にあたり，インタビューや質問紙調査にご協力いただきました地方自治体の担当者の方々に深くお礼申し上げます。

　大学院において，東京大学名誉教授の大村彰道先生にご指導いただけたことは，貴重な経験です。心より感謝申し上げます。

　風間書房代表取締役風間敬子氏には，出版についての助言を受けました。深くお礼申し上げます。

　本論文を構成する研究の一部は，東京家政大学生活科学研究所総合研究プロジェクト（研究代表者：網野武博）の助成によるものです。また，本書の出版にあたって，独立行政法人日本学術振興会平成28年度科学研究費助成事業（科学研究費補助金）（研究成果公開促進費　課題番号16HP5213）の助成を受けました。関係各位にお礼申し上げます。

　2016年11月25日　　　　　　　　　　　　　　　　　　一前　春子

資　　料

資料 1　質問項目

1　貴自治体の規模や学校・園・保育施設の数についてお書きください。

【貴自治体の名称】

〔　　　　　　　　　　　　　　　　　　　　　　　　　　　　　　　　　　　〕

【貴自治体の人口】

（　　　　　　　　　　　人）

【質問紙にお答えくださった方の担当部署（ご担当者名)】

〔　　　　　　　　　　　　　　　　　　　　　　　　　　　　　　　　　　　〕

【連絡先住所】

〔　　　　　　　　　　　　　　　　　　　　　　　　　　　　　　　　　　　〕

【貴自治体の学校・園・保育施設の数】

　　幼稚園　　　　　（公立　　　　私立　　　　国立　　　　）

　　小学校　　　　　（公立　　　　私立　　　　国立　　　　）

　　保育所　　　　　（公立　　　　私立　　　）

　　認定こども園　　（公立　　　　私立　　　）

2　保幼小連携への取り組みが始まった時期と経緯についてお尋ねします。

2-1　貴自治体事業としての保幼小連携への取り組みは，何年前に始まりましたか。
　　　該当するもの 1 つに○をつけてください。

　　（　）(a) 現在～ 5 年前

　　（　）(b) 6 年～10年前

　　（　）(c) 11年～15年前

　　（　）(d) 16年～20年前

　　（　）(e) 21年～25年前

　　（　）(f) 26年～30年前

　　（　）(g) 31年以上前

　　（　）(h) 現在でも取り組んでいない

2-2　貴自治体として保幼小連携事業への取り組みが始まった経緯はどのようなもの
　　　ですか。具体的にお書き下さい。保幼小連携の取り組みとは，自治体や学校・
　　　園・関連団体等組織が関与して，モデル園や地域全体で実施される子ども同士の

交流活動・教職員の交流活動・教育課程の作成などを指します。質問3の選択肢となっている取り組みも含みます。

3　現在の保幼小連携の取り組みについてお尋ねします。

3-1　現在，貴自治体で行っている保幼小連携の取り組みにあてはまるものすべてに○をつけてください。

（　　）（a）保育所・幼稚園・認定こども園と小学校等の関係者による連絡（連携）協議会の設置

（　　）（b）保幼小連携に関する研修会の開催

（　　）（c）保育・授業の相互参観

（　　）（d）保幼小間の教職員の長期派遣

（　　）（e）接続期カリキュラムの開発

（　　）（f）保育・授業への相互参加による子ども同士の交流活動

（　　）（g）保護者も含めた交流会の開催

（　　）（h）地域社会に対する啓発活動

（　　）（i）保育所・幼稚園・認定こども園及び小学校向け各研修会の保幼小合同研修会としての開催

（　　）（j）その他

〔　　　　　　　　　　　　　　　　　　　　　　　　　　　　　　　　　　　　　〕

3-2　現在行っている保幼小連携において，特に力を入れている取り組み，地域の特
　　色に基づいて行っている取り組みがありましたら，質問〔3-1〕の選択肢（a）〜
　　（j）から選び，力を入れている理由や地域の特色も含めて具体的に内容をお書き
　　ください。

```



```

3-3　取り組みの必要性を感じているが，実施していない取り組みにはどのようなも
　　のがありますか。また，実施できない理由としてはどのようなものがあります
　　か。質問〔3-1〕の選択肢（a）〜（j）から選び，実施できない理由も含めて具体
　　的に内容をお書きください。

```



```

4　貴自治体の保幼小連携の体制作りはどの段階にあると思われますか。該当するも
　の1つに○をつけてください。
（　）（a）連携の予定・計画がまだ無い
（　）（b）連携・実施に着手したいが，まだ検討中である
（　）（c）年数回の授業，行事，研究会などがあるが，接続を見通した教育課程の
　　　　　編成・実施は行われていない
（　）（d）授業，行事，研究会などの交流が充実し，接続を見通した教育課程の編
　　　　　成・実施が行われている
（　）（e）接続を見通して編成・実施された教育課程について，実践結果を踏ま
　　　　　え，さらによりよいものとなるよう検討が行われている

5　保幼小連携を長期的に持続していくために重要なポイントは何であるとお考えですか。大事なものを選び，大事だと思われるものから順に1，2，3の数字をお書きください。

（　）(a) 管理職の配置や人材育成等の人的環境において保幼小連携を促進する環境が整っていること

（　）(b) 幼児期から児童期への子どもの育ちの姿をイメージした保育課程・教育課程を編成すること

（　）(c) 教育委員会を中心とする地方自治体がリーダーシップを発揮して連携体制作りを行うこと

（　）(d) 教職員の資質向上に役立つ各学校・施設研修や行政主催研修を開催すること

（　）(e) 幼児期と児童期をつながりとして意識すること

（　）(f) 家庭や地域社会と連携・協力すること

（　）(g) その他（以下に具体的内容をご記入ください）

〔　　　　　　　　　　　　　　　　　　　　　　　　　　　　　　　　　　　　　〕

6　保幼小連携を長期的に持続していくために重要なポイントと考えられる，(1)人的環境，(2)研修体制，(3)教育課程の編成に関して，貴自治体が取り組んでこられた事業があればそれをもとに，そのポイントをお書きください。

(1) 管理職の配置や人材育成等の人的環境

(2) 教職員の資質向上に役立つ各学校・施設研修・行政主催研修

（3）幼児期から児童期への子どもの育ちの姿をイメージした教育課程の編成

```





```

7　持続可能な保幼小連携の体制作りを阻む要因として特に大きいと思われるものを選び，○をつけてください。

（　）（a）私立保育所・幼稚園・認定こども園の多さ

（　）（b）教職員の多忙

（　）（c）保幼小連携への管理職の理解不足

（　）（d）保幼小連携への保育士・幼稚園教諭の理解不足

（　）（e）保幼小連携への小学校教諭の理解不足

（　）（f）支援事業の予算

（　）（g）連携のキーパーソンの不在

（　）（h）その他（以下に具体的内容をご記入ください）

〔　　　　　　　　　　　　　　　　　　　　　　　　　　　　　　　〕

8　貴自治体が策定した連携の基本方針や支援方策を踏まえて，各学校・施設に連携を進めてもらうために工夫されている点はありますか。また，課題となる点はありますか。

```




```

9　各学校・施設での取り組みを貴自治体の連携に関する基本方針や支援方策に十分に反映するために工夫されている点はありますか。また，課題となる点はありますか。

10　保幼小連携に関して，教育委員会に期待される役割とはどのようなものであるとお考えですか。あてはまるものすべてに○をつけてください。

(　) (a) 幼児期の教育と小学校教育への深い理解を持った上で指導できるような教職員の育成

(　) (b) 保幼小連携に関する保護者への理解・啓発を図ることによる家庭との連携

(　) (c) 保幼小連携に関する基本方針や支援方策の策定

(　) (d) 保幼小連携の進捗状況の把握・評価と，それに基づく各学校・施設に対する指導・助言

(　) (e) 連携を進める上での保育所・幼稚園・認定こども園・小学校の間の調整

(　) (f) その他

〔　　　　　　　　　　　　　　　　　　　　　　　　　　　　　　　　　　　〕

ご協力ありがとうございました。これで質問紙は終わりです。

心より御礼を申し上げます。

資料2　質問項目2

1　貴自治体の規模や学校・園・保育施設の数についてお書きください。

【貴自治体の名称】
〔　　　　　　　　　　　　　　　　　　　　　　　　　　　　　　〕

【貴自治体の人口】
（　　　　　　　　人）

【質問紙にお答えくださった方の担当部署（ご担当者名)】
〔　　　　　　　　　　　　　　　　　　　　　　　　　　　　　　〕

【連絡先住所】
〔　　　　　　　　　　　　　　　　　　　　　　　　　　　　　　〕

【貴自治体の学校・園・保育施設の数】

幼稚園　　　　（公立　　　　私立　　　　国立　　　　）
小学校　　　　（公立　　　　私立　　　　国立　　　　）
保育所　　　　（公立　　　　私立　　　　）
認定こども園　（公立　　　　私立　　　　）

2　保幼小連携への取り組みが始まった時期についてお尋ねします。
　貴自治体事業としての保幼小連携への取り組みは，何年前に始まりましたか。該当するもの1つに○をつけてください。
　　（　　）（a）現在〜5年前
　　（　　）（b）6年〜10年前
　　（　　）（c）11年〜15年前
　　（　　）（d）16年〜20年前
　　（　　）（e）21年〜25年前
　　（　　）（f）26年〜30年前
　　（　　）（g）31年以上前
　　（　　）（h）現在でも取り組んでいない

3　貴自治体の保幼小連携の体制作りはどの段階にあると思われますか。該当するも
の1つに○をつけてください。

（　）（a）連携の予定・計画がまだ無い

（　）（b）連携・実施に着手したいが，まだ検討中である

（　）（c）年数回の授業，行事，研究会などがあるが，接続を見通した教育課程の
編成・実施は行われていない

（　）（d）授業，行事，研究会などの交流が充実し，接続を見通した教育課程の編
成・実施が行われている

（　）（e）接続を見通して編成・実施された教育課程について，実践結果を踏ま
え，さらによりよいものとなるよう検討が行われている

4　現在の保幼小連携の取り組みについてお尋ねします。

4-1　現在，貴自治体で行っている保幼小連携の取り組みにあてはまるものすべてに
○をつけてください。

（　）（a）保育所・幼稚園・認定こども園と小学校等の関係者による連絡（連携）
協議会の設置

（　）（b）保幼小連携に関する研修会の開催

（　）（c）保育・授業の相互参観

（　）（d）保幼小間の教職員の長期派遣

（　）（e）接続期カリキュラムの開発

（　）（f）保育・授業への相互参加による子ども同士の交流活動

（　）（g）保護者も含めた交流会の開催

（　）（h）地域社会に対する啓発活動

（　）（i）保育所・幼稚園・認定こども園及び小学校向け各研修会の保幼小合同研
修会としての開催

（　）（j）その他

〔　　　　　　　　　　　　　　　　　　　　　　　　　　　　　　　　　　　〕

4-2 現在行っている保幼小連携において，特に力を入れている取り組み，地域の特色に基づいて行っている取り組みがありましたら，質問〔4-1〕の選択肢（a）〜（j）から選び，力を入れている理由や地域の独自性も含めて具体的に内容をお書きください。

4-3 取り組みの必要性を感じているが，実施していない取り組みにはどのようなものがありますか。また，実施できない理由としてはどのようなものがありますか。質問〔4-1〕の選択肢（a）〜（j）から選び，実施できない理由も含めて具体的に内容をお書きください。

5 保幼小連携を長期的に持続していくために重要なポイントは何であるとお考えですか。大事なものを選び，大事だと思われるものから順に1，2，3の数字をお書きください。

（　）（a）管理職の配置や人材育成等の人的環境において保幼小連携を促進する環境が整っていること

（　）（b）幼児期から児童期への子どもの育ちの姿をイメージした保育課程・教育課程を編成すること

（　）（c）教育委員会を中心とする地方自治体がリーダーシップを発揮して連携体制作りを行うこと

（　）（d）教職員の資質向上に役立つ各学校・施設研修や行政主催研修を開催すること

（　）（e）幼児期と児童期をつながりとして意識すること

（　）（f）家庭や地域社会と連携・協力すること

（　）（g）その他（以下に具体的内容をご記入ください）

〔　　　　　　　　　　　　　　　　　　　　　　　　　　　　　　　　〕

6　保幼小連携を長期的に持続していくために重要なポイントと考えられる，(1)人的環境，(2)研修体制，(3)教育課程の編成に関して，貴自治体が取り組んでこられた事業があればそれをもとに，そのポイントをお書きください。

(1) 管理職の配置や人材育成等の人的環境

(2) 教職員の資質向上に役立つ各学校・施設研修・行政主催研修

(3) 幼児期から児童期への子どもの育ちの姿をイメージした教育課程の編成

7　持続可能な保幼小連携の体制作りを阻む要因として特に大きいと思われるものを
　選び，○をつけてください。
　（　）(a) 私立保育所・幼稚園・認定こども園の多さ
　（　）(b) 教職員の多忙
　（　）(c) 保幼小連携への管理職の理解不足
　（　）(d) 保幼小連携への保育士・幼稚園教諭の理解不足
　（　）(e) 保幼小連携への小学校教諭の理解不足
　（　）(f) 支援事業の予算
　（　）(g) 連携のキーパーソンの不在
　（　）(h) その他（以下に具体的内容をご記入ください）
　〔　　　　　　　　　　　　　　　　　　　　　　　　　　　　　　　　　　〕

8　保幼小連携に関して，教育委員会に期待される役割とはどのようなものであると
　お考えですか。あてはまるものすべてに○をつけてください。
　（　）(a) 幼児期の教育と小学校教育への深い理解を持った上で指導できるような
　　　　　　教職員の育成
　（　）(b) 保幼小連携に関する保護者への理解・啓発を図ることによる家庭との連
　　　　　　携
　（　）(c) 保幼小連携に関する基本方針や支援方策の策定
　（　）(d) 保幼小連携の進捗状況の把握・評価と，それに基づく各学校・施設に対
　　　　　　する指導・助言
　（　）(e) 連携を進める上での保育所・幼稚園・認定こども園・小学校の間の調整
　（　）(f) その他
　〔　　　　　　　　　　　　　　　　　　　　　　　　　　　　　　　　　　〕

　　　　　　　　　　ご協力ありがとうございました。これで質問紙は終わりです。
　　　　　　　　　　　　　　　　　　心より御礼を申し上げます。

資料3　質問項目3

1　貴自治体の規模や学校・園・保育施設の数についてお書きください。

【貴自治体の名称】
〔　　　　　　　　　　　　　　　　　　　　　　　　　　　　　　〕
【貴自治体の人口】
（　　　　　　　　　　人）
【質問紙にお答えくださった方の担当部署（ご担当者名)】
〔　　　　　　　　　　　　　　　　　　　　　　　　　　　　　　〕
【連絡先住所】
〔　　　　　　　　　　　　　　　　　　　　　　　　　　　　　　〕
【貴自治体の学校・園・保育施設の数】

　　幼稚園　　　　（公立　　　　私立　　　　国立　　　　）
　　小学校　　　　（公立　　　　私立　　　　国立　　　　）
　　保育所　　　　（公立　　　　私立　　　　）
　　認定こども園　（公立　　　　私立　　　　）

2　保幼小連携への取り組みが始まった時期についてお尋ねします。
　貴自治体事業としての保幼小連携への取り組みは，何年前に始まりましたか。該当するもの1つに○をつけてください。
　　（　）(a)　現在～5年前
　　（　）(b)　6年～10年前
　　（　）(c)　11年～15年前
　　（　）(d)　16年～20年前
　　（　）(e)　21年～25年前
　　（　）(f)　26年～30年前
　　（　）(g)　31年以上前
　　（　）(h)　現在でも取り組んでいない

3　貴自治体の保幼小連携の体制作りはどの段階にあると思われますか。該当するもの1つに○をつけてください。

（　）(a) 連携の予定・計画がまだ無い

（　）(b) 連携・実施に着手したいが，まだ検討中である

（　）(c) 年数回の授業，行事，研究会などがあるが，接続を見通した教育課程の編成・実施は行われていない

（　）(d) 授業，行事，研究会などの交流が充実し，接続を見通した教育課程の編成・実施が行われている

（　）(e) 接続を見通して編成・実施された教育課程について，実践結果を踏まえ，さらによりよいものとなるよう検討が行われている

4　接続期カリキュラムについてお尋ねします（接続期カリキュラムを編成されていない場合も，接続期カリキュラムに対する考え方としてお答えください）。

4-1　接続期カリキュラムの編成とその実践についてどのようにお考えになりますか。該当するもの1つに○をつけてください。

（　）(a) 自治体が接続期カリキュラムの中で基準は示すが，実践についてはそれぞれの保育所・幼稚園・認定こども園・小学校に任せるほうがよい

（　）(b) 自治体が接続期カリキュラムを編成した上で，実践の方法についても自治体全体に共通する方向づけを図るほうがよい

（　）(c) 自治体は接続期カリキュラム編成・実践のすべてを各学区の保育所・幼稚園・認定こども園・小学校に任せるほうがよい

（　）(d) （小学校入門期スタートカリキュラムの方向づけは考えていないが），就学前のアプローチカリキュラムは保育所・幼稚園・認定こども園合同で編成する必要があり，自治体共通に方向づける必要がある

4-2　アプローチカリキュラムでは，どのような内容に力点を入れることが必要とお考えになりますか。最も大事なものを3つ選び，大事だと思われるものから順に1，2，3の数字をお書きください。

（　）(a) 生活習慣としての時間通りの起床や整理整頓

（　）(b) 相手に分かるように話す力や落ち着いて話を聞く力

（　）(c) 生活や遊びのルールを守るなどの規範意識

（　）(d) 友だちと関わり協力する力

（　）(e) 知的好奇心や学習への意欲

（　）（f）主体的に選択したり実行したりする力
（　）（g）数や量への関心
（　）（h）かなのよみかきなどへの関心
（　）（i）起床時間や食事時間などの生活リズム
（　）（j）小学校の生活についての具体的な期待
（　）（k）その他（以下に具体的内容をご記入ください）
〔　　　　　　　　　　　　　　　　　　　　　　　　　　　　　　〕

4-3　スタートカリキュラムでは，どのような内容に力点を入れることが必要とお考
　　えになりますか。最も大事なものを3つ選び，大事だと思われるものから順に
　　1，2，3の数字をお書きください。
（　）（a）生活習慣としての時間通りの起床や整理整頓
（　）（b）相手に分かるように話す力や落ちついて話を聞く力
（　）（c）生活や遊びのルールを守るなどの規範意識
（　）（d）友だちと関わり協力する力
（　）（e）知的好奇心や学習への意欲
（　）（f）主体的に選択したり実行したりする力
（　）（g）数や量に関する学習習慣
（　）（h）かなのよみかきなどの学習習慣
（　）（i）授業時間に合わせた生活リズム
（　）（j）幼児期と異なる環境に対する子どもの安心感
（　）（k）その他（以下に具体的内容をご記入ください）
〔　　　　　　　　　　　　　　　　　　　　　　　　　　　　　　〕

4-4　接続期カリキュラムを編成する手順をどのようにお考えになりますか。該当す
　　るもの1つに○をつけてください。
（　）（a）接続期カリキュラムとしてアプローチカリキュラムとスタートカリキュ
　　　　　ラムを同時に編成する
（　）（b）スタートカリキュラムを編成し，それを足がかりにしてアプローチカリ
　　　　　キュラムの編成へとつなげる
（　）（c）アプローチカリキュラムを編成し，それを足がかりにしてスタートカリ
　　　　　キュラムの編成へとつなげる

4-5　〔4-4〕において，その選択肢を選ばれた理由はどのようなものですか。

（空欄）

4-6　接続期カリキュラムの対象となる接続期をどのようにお考えになりますか。該
　　当するもの1つに○をつけてください。

（　）（a）月や学期により区切りを設定する。始期は保育所・幼稚園・認定こども
　　　　　　園年長10月から3月までの間とし，終期は小学校入学から1学年1学期
　　　　　　までの間とする

（　）（b）月や学期により区切りを設定する。始期は保育所・幼稚園・認定こども
　　　　　　園年少から年長10月までの間とし，終期は小学校1学年1学期以降の時
　　　　　　期とする

（　）（c）月や学期による区切りではなく，子どもの発達に大きな変化が生じると
　　　　　　思われる時期や行事を区切りとして設定する（例：小学校1学年のゴー
　　　　　　ルデンウィーク明けを接続期の終期とする）
　　- - - - -▶　接続期の区切りとなる時期や行事にどのようなものがありますか。
　　　　　　　　下の欄にご記入ください。
　　　　　　　　〔　　　　　　　　　　　　　　　　　　　　　　　　　　　　〕

（　）（d）その他（以下に具体的内容をご記入ください）
　〔　　　　　　　　　　　　　　　　　　　　　　　　　　　　　　　　　　　〕

4-7　接続期カリキュラムを編成された自治体にお尋ねします。貴自治体の接続期カ
　　リキュラムの特徴や編成時に大事にしたこととはどのようなものでしょうか。

（空欄）

　　　　　　　　　　ご協力ありがとうございました。これで質問紙は終わりです。
　　　　　　　　　　　　　　　　　　　心より御礼を申し上げます。

著者略歴

一前　春子（いちぜん　はるこ）

1994年　立教大学文学部心理学科卒業
1996年　東京大学大学院教育学研究科教育心理学専攻修士課程修了
2001年　東京大学大学院教育学研究科総合教育科学専攻博士課程単位取得退学
2012年　共立女子短期大学文科准教授
　　　　現在に至る
2014年　博士（教育学）（東京大学）

専攻

発達心理学・教育心理学・保育学

保幼小連携体制の形成過程

2017年1月31日　初版第1刷発行

著　者　　一　前　春　子
発行者　　風　間　敬　子
発行所　　株式会社風間書房
〒101-0051　東京都千代田区神田神保町1-34
電話 03(3291)5729　FAX 03(3291)5757
振替 00110-5-1853

印刷　藤原印刷　　製本　井上製本所